SENDAI DESIGN LEAGUE
卒業設計日本一決定戦
2016
Official Book

CONTENTS

せんだいデザインリーグ2016
卒業設計日本一決定戦
Official Book

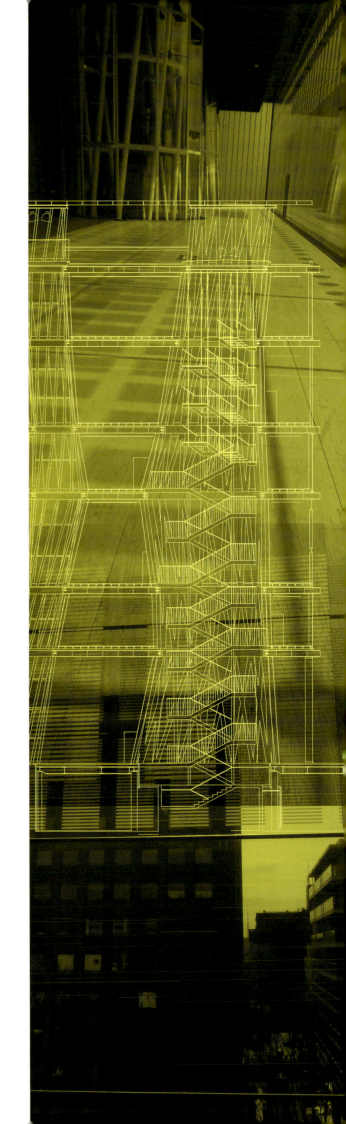

- 4 大会趣旨
  「到達点のさらに先へ──境界を解く」
  文：堀口 徹

- 6 総評
  「すごい建築」
  文：西沢 立衛（審査員長）

FINALIST
ファイナリスト・入賞作品

日本一
- 8 ID394「初音こども園」
  小黒 日香理　日本女子大学

日本二
- 14 ID366「金魚の水荘──街を彩る金魚屋さん」
  元村 文春　九州産業大学

日本三
- 18 ID037「壁の在る小景」
  倉員 香織　九州大学

特別賞
- 22 ID029「micro Re: construction」
  國清 尚之　九州大学
- 24 ID350「まなざしの在る場所──『写真のこころ』から読み解く視空間」
  平木 かおる　東京都市大学

ファイナリスト5作品
- 26 ID030「百年地図。──2つの器から始まる鞆の浦の未来」
  持井 英敏　大阪工業大学
- 27 ID090「そして、自閉症のままおじいさんになればいい。
  ──自閉症者と一般の人々が共生する設計手法の提案」
  高野 哲也　名城大学
- 28 ID109「虚（うろ）の家」
  須藤 嘉顕　千葉大学
- 29 ID367「子育ての芽」
  岡部 絢子　東京都市大学
- 30 ID452「劇テキ・サカ場
  ──北区赤羽一番街の演劇を核としたコミュニティ空間の提案」
  田中 太樹　芝浦工業大学

31 PROCESS
審査過程

PROCESS_1
- 32 Preliminary Round
  予選
- 34 予選投票集計結果
- 36 ボーダーラインを浮沈した37作品
  コメント：佃 悠
- 40 2016 今年の傾向
  コメント：予選審査員

PROCESS_2
- 44 Semi-Final Round
  セミファイナル
  #### 01_Group　グループ審査
- 46 セミファイナル グループ審査 作品選出結果
- 47 グループ_1：手塚 貴晴＋倉方 俊輔
  グループ_2：田根 剛＋福屋 粧子
  グループ_3：成瀬 友梨＋小野田 泰明
  グループ_4：西沢 立衛（審査員長）
- 51 総評：「選外になったものの……。」
  文：西沢 立衛（審査員長）

  #### 02_Discussion　ディスカション審査
- 52 セミファイナル審査員プレゼンテーション
- 56 ファイナリスト選出のためのディスカション
- 63 ファイナリスト最終選考過程の俎上に載ったモノたち
  コメント：土岐 文乃
- 65 セミファイナル「セリ」の全貌：「『多面的な検証に耐える』
  ──想定外の角度からの問いかけにも応答でき得る作品か」
  文：本江 正茂

PROCESS_3
- 66 Final Round
  ファイナル（公開審査）
  #### 01_Presentation>>>Q&A　プレゼンテーションと質疑応答
- 68 ID029「micro Re: construction」
  國清 尚之／九州大学
- 70 ID030「百年地図。──2つの器から始まる鞆の浦の未来」
  持井 英敏／大阪工業大学
- 72 ID037「壁の在る小景」
  倉員 香織／九州大学
- 74 ID090「そして、自閉症のままおじいさんになればいい。
  ──自閉症者と一般の人々が共生する設計手法の提案」
  高野 哲也／名城大学
- 76 ID109「虚（うろ）の家」
  須藤 嘉顕／千葉大学
- 78 ID350「まなざしの在る場所──『写真のこころ』から読み解く視空間」
  平木 かおる／東京都市大学
- 80 ID366「金魚の水荘──街を彩る金魚屋さん」
  元村 文春／九州産業大学
- 82 ID367「子育ての芽」
  岡部 絢子／東京都市大学
- 84 ID394「初音こども園」
  小黒 日香理／日本女子大学
- 86 ID452「劇テキ・サカ場
  ──北区赤羽一番街の演劇を核としたコミュニティ空間の提案」
  田中 太樹／芝浦工業大学

- 88 02_Final Discussion　ファイナル・ディスカション

101 JURY
審査員紹介

ファイナル＆セミファイナル審査員……それぞれの卒業設計
- 102 西沢 立衛（審査員長）「反省の果てに」
- 103 手塚 貴晴「永遠のライバル」
  田根 剛「建築から学んだこと」
- 104 成瀬 友梨「その先にあるワクワク感」
  倉方 俊輔「20年前、10年前、そしていま」
- 105 小野田 泰明「ものづくりの原点──SDL初代『日本一』の成長」
  福屋 粧子「図面を1枚も描かない卒業設計を描ききる、無謀な試みの意味を思い出してみた」

予選審査員……2016年卒業設計日本一決定戦に寄せて
- 106 櫻井 一弥／佃 悠／土岐 文乃
- 107 中田 千彦／西澤 高男／堀井 義博
- 108 堀口 徹／本江 正茂／厳 爽

- 110 Curator's View
  「9年ぶりにせんだいメディアテークに集約されたSDL
  ──次の第15回記念大会に向けて」
  文：清水 有

112 EXHIBITOR
出展者・作品一覧

- 147 出展者名索引
- 149 学校名索引

150 APPENDIX
付篇

Exhibitors' Data　出展者データ2016
Program　開催概要2016
- 152 Finalist Q&A　ファイナリスト一問一答インタビュー
- 154 表裏一体──ウラ日本一決定戦（ファイナル中継サテライト会場）
  「コメンテータの意見が割れる場面も」
  ──東京エレクトロンホール宮城（宮城県民会館）サテライト会場
  文：堀口 徹

  「ほぼ満席の会場で公開審査の行方を見守る」
  ──smt7階サテライト会場シアター
  文：中田 千彦
- 156 Award Winners　過去の入賞作品 2003-2015
- 158 関連企画やイベントに参加して　SDLをもっと楽しむ
  ──仙台建築都市学生会議とは

Cover, pp1-3: Photos by Toru Ito, Izuru Echigoya.
pp8-30: Photos by Toru Ito.
＊本書中の出展作品の作品名は、登録時のものから出展時のものに変更した

大会趣旨

到達点のさらに先へ ── 境界を解く

堀口 徹
Tohru Horiguchi
仙台建築都市学生会議アドバイザリーボード*1

■ 守り続ける3原則
「せんだいデザインリーグ 卒業設計日本一決定戦」は、今年の2016年大会で14回目を迎えた。2001年1月のせんだいメディアテーク開館を機に開かれた前身大会を経て、2003年に「せんだいデザインリーグ 卒業設計日本一決定戦」（以下、SDL）と銘打ってから、毎年、北は北海道から南は沖縄まで、全国大会の呼び名に相応しく野心的な卒業設計が集まる場であり続けている。
それはSDLが掲げ守り続けている3つの原則、すなわち「公平性」（大学の枠を超えて個人として出展できる）、「公開性」（すべての議論を会場と記録集で共有する）、「求心性」（せんだいメディアテークというシンボリックな場で、時代を牽引する審査員を招いて開催する）によって、この大会が卒業設計展であることを超えた、建築の未来に向けた議論の場として多くの期待や共感を生んでいるからであろう。

■ 評価する場ではなく議論する場として
SDLでは、所属する大学であまり評価されなかった作品が注目を集めることがある。大学の中で卒業設計は常日頃の設計教育の集大成として位置付けられ、そこに至る設計教育の延長に評価基準が設定されることもあれば、それまでの設計演習への個人の取組みへの評価が影響することもあるだろう。しかしSDLでは、まず作品自体が前景化される。そしてSDLは作品や学生を評価する場ではなく、作品が開く可能性をめぐる議論の場である。ファイナルの舞台に立つファイナリストは、学生としてではなく、1人の建築家として状況に対峙することが求められる。建築家として毅然と立ち、質疑を通して開かれていく多角的な可能性に向けて、作品の意味や価値を審査員と共に創造することが求められる。

■ 審査方法の見直し
審査員とファイナリストとの議論がかみ合わない積年のフラストレーションはSDLに限った話ではないが、SDLではそれが前年の2015年大会で1つのピークに達したと真摯に受け止め、今大会を迎えるにあたりセミファイナル以降の審査方法を見直した。全審査員がすべてを万遍なく審査する方法をやめて、予選通過100作品を3つに分け、それぞれを3グループに分かれた審査員が分担して審査し、審査員長は100作品すべてを審査するという方法をとった（本書44ページ〜参照）。これにより審査員が1つ1つの作品と向き合う時間が増えるとともに、ファイナルへと絞り込む過程から審査員とファイナル作品（ファイナリスト）との間に「創造的な共犯関係」が結ばれることを期待したのだ。
前述のように、SDLは3つの原則を守り続けている。しかし運営のフォーマットは年々更新されている。13年間の継続の歴史には大会の存続を脅かす想定外の事態への対応もあれば、大会運営中の気づきに基づいた修正もあった。学生会議*2、アドバイザリーボード*1、せんだいメディアテークの3者は、問題を感じ取ればその都度それを共有し、創造的更新の機会として受け止め対処してきた。今回の審査方法の更新も、SDLが建築の可能性に向けて開かれた議論の場であり続けるための創造的更新であると信じている。

■ 創造性が改めて問われる時代
ところで、この大会に至る1年はどんな年だったのか。東日本大震災から5年が経過し、待望の復興住宅で生活の立て直しを始めた人がいる一方で、いまだ新しい生活環境の見通しがたたない人も多数いる。各地で進む大規模な宅地造成や長大な防潮堤建設は、土地の風景や生活の記憶を継承することと未来をつくることの両立の難しさを生々しく突きつけてくる。ここ数年議論が続く新国立競技場*3は、2015年、ついに当初採用案の白紙撤回が発表され、「出直しコンペ」により新案が決定したが、さまざまな禍根を残すこととなった。一方、空き家や古くなったニュータウンの再生と解体をめぐる課題、集落や都市のたたみ方をめぐる議論、高層ビル解体をめぐる技術競争など、建築界での創造性のベクトルは、いよいよ多方向化してきている。
こういった動きを反映してか、SDL2016では、例年以上に空き家や空き地を扱う作品、再利用や縮退の手法の提案に関する作品、風化や記憶など失われていくことをテーマとした作品が目についた。しかし、現実に対して斜に構え、後ろ向きになっている場合ではない。そんな時代だからこそ、今大会では予選、セミファイナル、ファイナルを通して「建築的創造性とは何か？」が改めて問われた。建築は、未来の創造にポジティブに携われるのか。未来の創造に向き合う態度が問われた大会だったかもしれない。

■ 新しい世界に向き合う強さ
卒業設計において、やり遂げたと思える達成感は大切だが、それ以上に、卒業設計を通して見たことがない世界に向き合うための強さを身につけることも大切だ。等身大の切迫した「問い」を手がかりに、自分の限界を超えて、他者に開かれた世界をつくること。それは卒業設計を起点に始まる終わりのない挑戦かもしれない。SDLは、卒業設計を世界に解き放つ場であり続けたい。

註
*1 仙台建築都市学生会議アドバイザリーボード：仙台建築都市学生会議と定期的に情報交換を行なう。また、仙台建築都市学生会議の関係する企画事業の運営に関して必要なアドバイスを行なう。UCLAの阿部仁史（建築学科チェアマン）、近畿大学の堀口徹講師、神戸大学の槻橋修准教授、東北大学大学院の五十嵐太郎教授、石田壽一教授、小野田泰明教授、本江正茂准教授、佃悠助教、土岐文乃助教、東北学院大学の櫻井一弥教授、東北芸術工科大学の竹内昌義教授、馬場正尊准教授、東北工業大学の福屋粧子准教授、宮城大学の中田千彦准教授、宮城学院女子大学の厳爽教授から構成される。
*2 学生会議：仙台建築都市学生会議。SDLをせんだいメディアテークと共催し、運営する学生団体（本書158ページ〜参照）。
*3 新国立競技場：新国立競技場デザイン・コンクール（2012年）で選ばれた最優秀案をもとに計画を進める中、当初予算を大幅に上回る総工事費の判明をきっかけに、各方面から苦情が殺到し、日本中に議論を呼び起こした。

総評

すごい建築

西沢 立衛
Ryue Nishizawa
審査員長

■運営側の自己批評精神
「せんだいデザインリーグ　卒業設計日本一決定戦」(以下、SDL)は大学単位の垣根を越えた、スーパージュリー(審査員が第一線の建築家)的卒業設計大会の先駆け的存在で、全国各地で毎年のように行なわれている卒業設計(以下、卒計)講評会の、いわば雛形になったと僕は理解している。今年は、前年の反省を踏まえて、今までとは異なる新しい選考方式を採用したそうだ。主催者をはじめとした運営スタッフの全員が、既存システムに安住せずに、より良い講評会をめざして努力していることが感じられた。その自己批評精神は今回参加して、最も印象的だったことだ。
丸1日かけた長丁場の選考会で、大変、密度が高く、充実した楽しい会だった。イベント全体から、運営スタッフや出展者の熱気を感じた。
個人的な反省としては、385の全出展作品をしっかり理解しようと努めたものの、作品数の多さと時間的制約から、駆け足的な選考となってしまったことがある。最後に残ったファイナリストの10選、また前日の予選審査を勝ち抜いた100選以外にも、良い作品は少なからずあったと思われる。それらに注目できなかったのが残念だ。

■建築には明るさが必要
応募作品の全体の印象や感想について、400近くの多彩な作品群の傾向を一言でまとめるのは難しいが、やはり卒計だけあって力作揃いで、どの作品からも大変な情熱を感じた。
また、全体的な傾向として、作者の身近にある等身大のテーマを扱った作品が多かった。歴史や時間、人類史、地球環境、未来、といった壮大なテーマを感じさせる作品は少なく、もう少し身近な、現在の社会不安に即したプロジェクトが多かった。切実な問題に向かっているという設計にはリアリティがあって、また自分の等身大の問題に向かうという誠実さもあって、そこには共感したものの、他方で、ある種の暗さも感じた。暗さといっても、お墓のプロジェクトや癒しの空間が多い、とかいう建築用途の問題ではなくて、どの作品も作者の姿勢というのだろうか、「文体」が暗かった。
僕自身が暗い男なので思うのだが、建築に明るさは必要だ。それは室内が明るいとかいうことではなくて、どれだけ室内が暗くても、どれだけ重いテーマを背負っていても、建築の調子全体が明るいということは重要、ということだ。建築の明るさは人を勇気づけるし、社会に力を与えるのだ。むしろ重いテーマを背負う建築であればあるほど、明るさが必要だ。そういう意味でも若い人たちには、今の社会の暗さは無視して、光を放つ建築、暗い社会を光で照らすような建築を志してほしいと思う。

■創造的であること
僕の審査基準は簡単に言ってしまえば、「すごい建築かどうか」。と言っても、「すごいってなんだ」「すごくないってなんだ」と思う人も多いと思う。いろいろなすごいがあっていいが、僕にとっては、「創造的かどうか」ということが大きな指標だ。
再生産的な、どこかから借りてきたようなことをやっているか、もしくは創造的なことをやっているか、は大きな違いだ。そういう意味では、今回の出展作品にも、建築創造を目標にするというよりは、賞獲りをめざした作品づくりをやっているように見える作品がいくつかあったように感じた。
建築がインパクトをもち、人を驚かすことは、ダメなことではない。入賞するかどうか、評価されるかどうかは、たしかに重要なことだが、それにも増して、生まれてはじめて建築に出合った時の気持ち、はじめて設計した時の驚きや喜びを捨てずに設計してほしいと思う。「こうやったほうが作品のメッセージは強くなる」と学生の1人がファイナル審査の舞台で言ったことは、大変気になった。
そういう中でむしろ僕は、たとえ作品が地味でも、どれだけ稚拙な内容だったとしても、他案との勝負を意識した作品よりも、建築にまっすぐ向かう作品、建築を打ち立てる喜びが多少なりとも感じられるすごい作品に、票を投じた。
そして、詳細は別項(本書50~51ページ)に譲るが、ファイナリストに選出されなかった作品の中にも、僕が個人的に共感した案が複数あったことをここで言及しておきたい。

FINALIST

394

日本一

小黒 日香理
Hikari Oguro

日本女子大学
家政学部 住居学科

初音こども園

都市で育つ子供のための建築。
マチのなかでいろいろな人と出会うとき、
小さな生き物に触れるとき、
走り回って遊ぶとき、
子供たちが、はじめて都市を感じる瞬間に
私はそっと手を差し伸べたい。

審査講評
自分の言葉で……。

今大会で見事に1等賞を獲得した作品だ。ただし、ぶっちぎりの1等というわけではなくて、相当な僅差での1等で、批判的な見解をもつ審査員もいた。この作品の魅力は、街とつながり、人々とつながる建築というもの。そして、それらをつなげるだけではなく、つなげることで違う形に成長していくという点である。僕は中でも、この作品がもっている建築生成論理に、ある種の生命性と動物性、また歴史性を感じて、ひかれた。

ただ、作者が本当にその点に意識的だったかどうか、はっきりしなかったし、もしかしたらほとんど無意識だったような気がしなくもない。特に、複数の建築言語による建築を同時に作ってしまって、歴史がわからなくなっているところとか、リング形状にこだわっているところなどを見ると、やはり、あまりわかっていないのかもしれないという印象は拭えなかった。

しかし、作者の意図は無視したとしても、プロジェクトがもっている、表と裏が互いに影響し合って街全体が成長していくイメージには、少なからず魅力を感じた。また作者には、自前の考え方で建築を作ろうという、自分の言葉で建築を考えようという、言ってみれば当たり前だが、そういう姿勢があるように感じられた。

(西沢 立衛)

FINALIST

366

金魚の水荘
―― 街を彩る金魚屋さん

金魚の住処を見たことはありますか？
縁日や夏祭、幼い頃に金魚と触れ合った経験は、誰しもあるのではないでしょうか。
金魚は自然界では生きていけない生き物です。では、その美しい金魚たちはどこで生活しているのでしょう。
小さな金魚の住処から新たな街の風景を考える提案。

日本一

元村 文春
Fumiharu Motomura

九州産業大学
工学部 建築学科

補完する動線	金魚の食堂	金魚の別荘	移り変わる風景
日陰に集まる金魚		飛び石漁礁	
金魚の公園	収納の場		舟の停留所

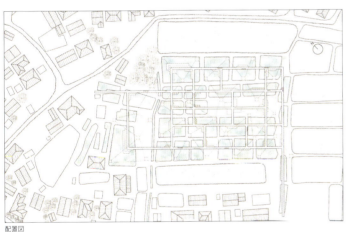

配置図

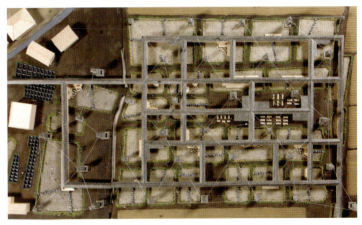

審査講評
水面の情景

金魚屋さんという今まで私が想像だにしなかったテーマには驚かされた。それも実に天真爛漫でありながら現実の機能を織り込みつつ解ききっている。瓦屋根を支える木構造は丁寧に組み込まれ、その静かな水面の上に浮遊する屋根付きの廊下は、和風とも中国風とも言えぬ不可思議な魅力を醸し出しながら、プロジェクト全体のリズムを司っている。日除けスクリーンを吊るすタワーは、機能的であるかどうかは別としてフォリー*1としてのメッセージ力を十分に発揮している。極め付けは軒先に無数にぶら下げられた赤提灯。審査員の中からはここで一杯飲みたいという一言も出た。しかしながら建物の機能は渡り廊下と日除けのスクリーンでしかない。いわゆる居室に相当するものは見当たらない。良いではないか。

青い金魚屋さん組合のはっぴに七三分けで現れた元村文春君は金魚屋さんの営業に成り切っていた。惜しむらくは金魚に感情移入し過ぎてしまったこと。金魚を愛するあまり、なんの為に金魚を飼っているのか忘れてしまった。金魚屋さんは金魚を愛でる為に広大な池を維持しているのではない。金魚は出荷される為にあるのである。彼は素晴らしいヒントの写真（左ページ左上写真参照）を持っていた。金魚の入った無数の箱が池を埋め尽くす情景である。あの箱の群れの中心から目当ての金魚を引っ張り出す手管にこそ、金魚屋さんが金魚屋さんたる本分があることに気づいて欲しかった。　（手塚 貴晴）

註
*1 フォリー（folly）：特別な機能を持たない東屋のような構築物。

FINALIST

037

壁の在る小景

壁という建築。建築(壁)が集まった建築。壁のくぼみに込められた小景。

日本三
倉員 香織
Kaori Kurakazu

九州大学
芸術工学部 環境設計学科

審査講評
努力の行き着くところ

建築空間という抽象的な課題に立ち向かって斜に構えず猪突猛進玉砕した素晴らしい作品である。なぜ素晴らしいのかと言えば、建築空間の可能性に一筋の疑念も抱かず、遂に唯一無二の力強い造形を作り上げてしまっている。エントランスから覗き込んだ空間は美しく、その異次元度合いは尋常ではない段階に昇華されていた。自分史という主題の意味する通り、この建物の機能に他人を呼び込む余地はない。壁に穿たれた凹みに収められるものは、あくまでも作者個人の身の回り品でしかない。鏡に映り込んだ自らを覗き込み、その入ることを許されない深淵にひたすら向き合う無言の業である。壁の間には幾らかの階段が挟み込まれている。この階段を上ればどこに行き着くかと言えば屋根の上。特段何か仕掛けや景色があるわけでもない。

「審査員として何故ここまで社会性のない作品を選んだのかという訝りに反論するつもりはない。しかしながら新しい建築の地平というものは、口当たりのよい理屈を積み重ねただけでは生まれない。昨今の卒業設計審査会では物語が全てであるかのような勘違いが横行している。勿論社会性は大切である。しかしながら完成した名建築を見て欲しい。社会性に建築家が言及できる幸運なプロジェクトは基にそうそう転がっていない。埋もれがちな前提条件を何とか良き方向に修正すべく空間や詳細で戦った先に道は開けるのだ。

(手塚 貴晴)

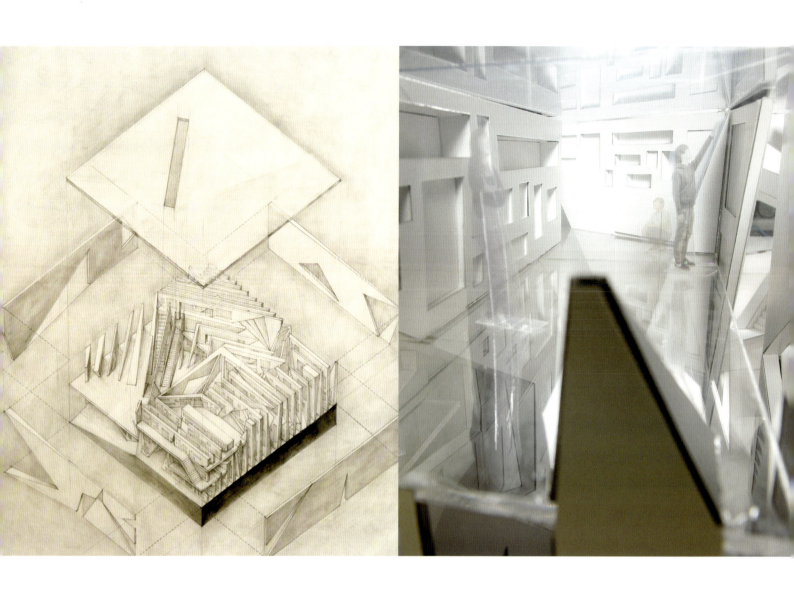

Plan

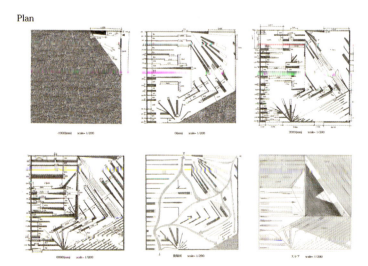

Section

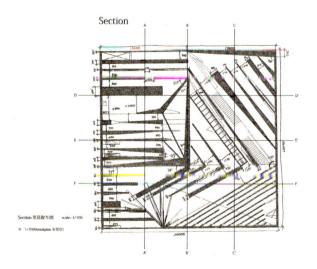

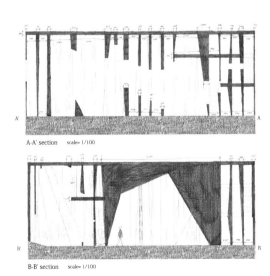

A-A' section scale= 1/100

B-B' section scale= 1/100

D-D' section scale= 1/100

E-E' section scale= 1/100

FINALIST

029

micro Re: construction

いつの時代も忌み嫌われてきた墓という存在は、実は現代の静的でつまらない世界の縮図である。
安心・便利さの仮面を被った永代供養墓に、現代の都市からサンプリングした虚構空間を与える、空間葬を提案する。
78の虚構空間に共通して見出した「奥」をもとに、聖域と俗域のせめぎ合いをデザインした。
その時、墓は現代の中で主体的に取り扱うべき真なる世界として再構築される。

特別賞

國清 尚之
Naoyuki Kunikiyo

九州大学
工学部 建築学科

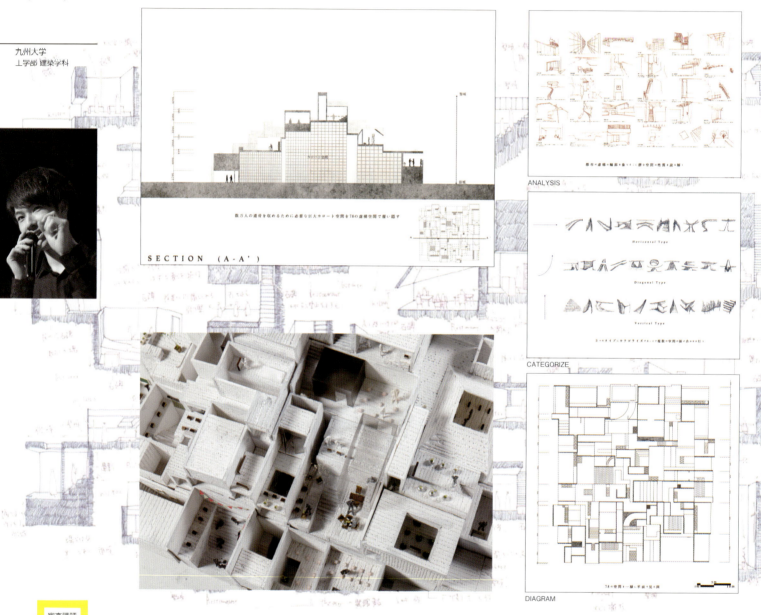

SECTION (A-A')

ANALYSIS

CATEGORIZE

DIAGRAM

審査講評
「死」と「空間」

コンセプチュアル（概念的）な思考でありながら、向き合うテーマは「死への鎮魂」と具体的であった。核家族化が進み、高齢化が進行する日本現代社会において、「死」という現実が家族または地域にとって希薄化していくという。
年間32,000人（2011年、NHK調べ）の行き先を失った個人の「死」は無縁死として、「還るべき場所＝墓場」を失っている現状からテーマが設定されていた。
特筆すべきは、建築全体を構成するボリューム（大きさ）は、周辺地域の観察をとおしてサンプリングされた日常の「虚空間」（日常の「実空間」からではない）を抽出し、「日常の虚＝祈りの場」の集積へと転換されている点にある。
しかしながら、この作品はある一点で崩壊した。この建築を利用する「ひと」のリアリティが欠落していたのである。「誰がこの空間を使うのか」、この根源的な建築の命題に向き合わなかったこと、それによりテーマ設定、問題意識、最終的な建築への試みのすべてが崩れてしまった。それでも作者が試みた「建築思考」に対する評価は高く、将来性が期待される。

（田根 剛）

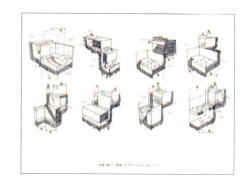

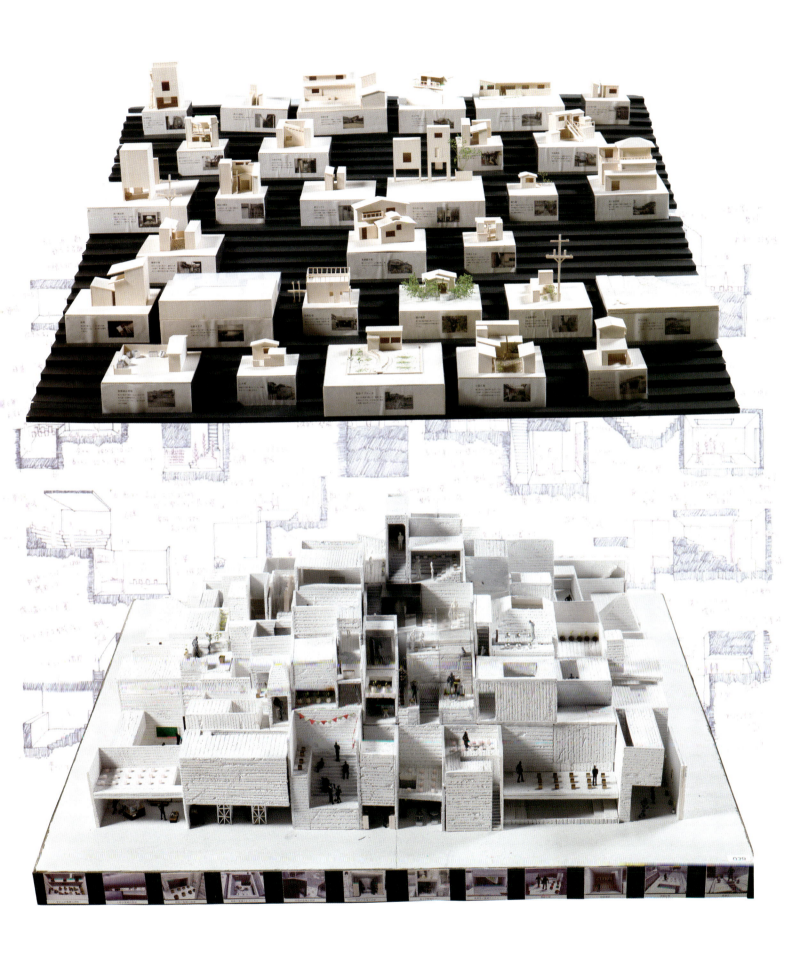

FINALIST

350

まなざしの在る場所
──『写真のこころ』から読み解く視空間

言葉と建築と写真。
作品としての写真を撮ること、見ること、価値を守り、愛でること。
写真評論家、平木収著『写真のこころ』を読み解きながら、人のまなざしと、写真のための空間を考える。

特別賞

平木 かおる
Kaoru Hiraki

東京都市大学
工学部 建築学科

審査講評
足を止めさせる強さ

父が著した本にしたがって、写真のための建築を作っていくという作品で、それは大変、私的なものだった。どの街のどこに立つのかとか、周辺との関係性はどうなのか、また構造はどういうものなのか、環境計画はどうなっているのか、など、公共的な課題への解答がほとんどなく、いろいろとケチをつけ始めたらキリがない。
ただ僕はこの案の、作者に特別な思いがあって、それがそのまま建築に結実しているその率直さ、ひたむきさにひかれた。また、プログラムへの愛と、建築への愛が一致しているところも感心した。「せんだいデザインリーグ 卒業設計日本一決定戦」のような、建築を作る喜びというよりはむしろ群の中でどう突出するかが課題になる競争社会の中で、平木さんの卒業設計は、自分に向き合いまた自分を超えていこうという単独性があり、膨大な作品群を審査する中でもその前で足を止めさせる強さがあった。

（西沢 立衛）

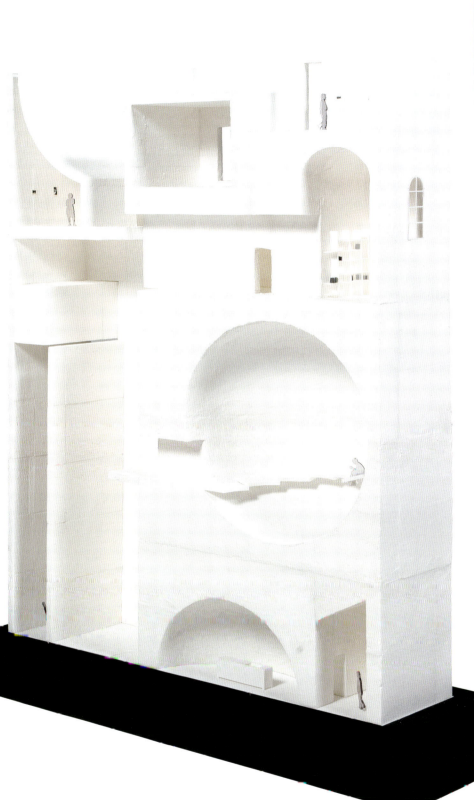
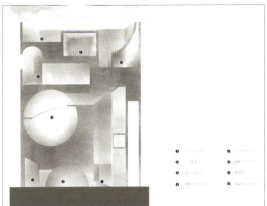
断面図

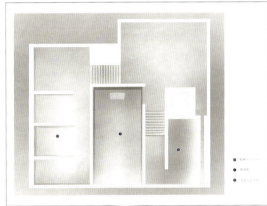
屋上階平面図

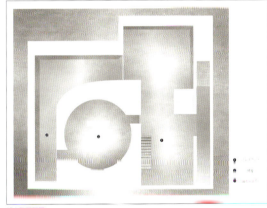
地上階平面図

FINALIST 030 　持井 英敏 Hidetoshi Mochii 　大阪工業大学 工学部 空間デザイン学科

百年地図。
――2つの器から始まる鞆の浦の未来

僕の生まれた街、広島県福山市。鞆の浦という小さな美しい港町。2つの器から始まる。百年地図。
100年後、僕の死んだ時、マチが生き続けるための始まりの日。

「観光の器」

「交通の器」断面図

審査講評
100年先の観光

広島県福山市の鞆の浦の観光を今後100年持続させるための提案である。「交通の器」として駐車場スペースを確保した上で、8つの浮体建築からなる「観光の器」が設計されている。
その姿が、港町として栄えた古い街並みや海岸景勝地といったノスタルジックなイメージに収まっていないところが、良くも悪くも、本作品の個性だ。デザインは変化と統一に富んでいて見飽きず、海に乗り出していくような姿は、ここがかつて海賊（村上水軍）ゆかりの地だったことを彷彿とさせる。新しい「鞆の浦」らしさをつくるんだ、とでもいうような

姿勢に共感した。
ただし、説明されていないことが多いのが気になった。旧来の街並みとの関係が不確かだし、浮体建築がどう動き、周囲に何をもたらすのかも不明瞭だ。作者は形骸化した街を保存するのではなく、もっと生活や感情や交通によって活性化し続け、この土地ならではの時の流れの中で生き続ける街を求めたに違いない。しかし、浮体建築とそれ以外との関係の説明不備により結局、この建築が血の通うものとして100年動き続けるイメージを与えられなかった。

（倉方 俊輔）

「交通の器」平面図

| FINALIST | 090 | 高野 哲也 Tetsuya Kono | 名城大学 理工学部 建築学科 |

そして、自閉症のままおじいさんになればいい。
―― 自閉症者と一般の人々が共生する設計手法の提案

私の卒業レポートは、アメリカの都市計画家ケビン・リンチの著作『都市のイメージ』(1960年)に基づき、
会話での意思疎通が困難な自閉症の障害を考慮し、会話ではなく手書きの地図を介する、彼らの空間把握の特徴に注目した。
そして調査対象の自閉症者の空間把握には、「風景を部分的に立面写真のように記憶する」といった特徴が見られた。
そこで、自閉症者のイメージマップから読み取れる空間把握を踏まえて、彼らにとっての「わかりやすさ」に配慮し、
都市部において、1人の自閉症者と一般の人々(家族5世帯)が共生していく集合住宅を設計した。

平面図

立面図

南　　　　　東　　　　　西　　　　　北

審査講評　ある建築家の回答

自身の自閉症の兄が、この生き辛い社会で、どう幸せに暮らしていけるのか。卒業論文では自閉症者の空間認識についての研究を進め、その研究成果を活かす形で、都市における自閉症者のための住居を立体的に設計した、大変、意欲的な作品である。患者の他に5家族が住まい、各家族と水まわりなどを共有しながら、ささやかな交流を生み出すことをめざしている。自閉症者の動線は基本的に緑豊かなガーデンで一見持ちよさそうだが、その庭はガラスと柵で覆われ、自閉症者は1日の活動の中で建物の外へは出られない。その理由を問うと、今の社会ではこうならざるを得ない、との回答が。建築は、社会や社会の問題に対して、ダイレクトに問いかけを行なうことができる、非常に希有な分野だ。それなのになぜアンチテーゼ(対立命題)として建築を示すのか。これだけの熱量をもってプロジェクトに取り組める作者に、建築の力を信じて、ポジティブな提案をつくってほしい、と思った。　(成瀬 友梨)

| FINALIST | 109 | 須藤 嘉顕
Yoshiaki Suto | 千葉大学
工学部 建築学科 |

虚(うろ)の家

私たちは住処に対して何かを貪欲に求めることを忘れてしまっている。
可もなく不可もない生活に満足しているのではないだろうか。
私は現状を変えんとする人間の力に可能性を見出した。
ここでは土木構造物という強く巨大なものに着目した。
ヒューマニズムを逸脱した住戸と土木構造物。
日常ではあり得ないこれらを組み合わせることで何が起こり得るのか。
これは、未来に続く人と土木構造物の物語。

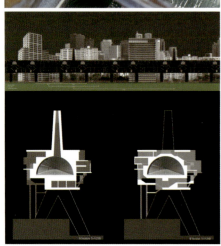

断面図

審査講評
絶望の未来

巨大な模型が、会場で異彩を放っていた。大規模更新の名の下に架け替えが予定されている首都高速1号羽田線に対する代案である。今よりも高い位置に道路面を設定するのは現状計画の通りだが、道路の周囲に住居を配している。橋脚や道路空間、換気塔などの形状も入念に練られていて魅力的だ。
「更新」されゆくものではなく、実体のあるものを構築したい。そんな強い意思が形態とプレゼンテーションに現れている。

建築どころか土木的なものすら流れ去る現況への批判意識を評価しながらも、私は上位作品として推薦し切れなかった。端的に言うが、形態が橋脚から煙突まであまりにマルセイユのユニテ[*1]であることに、永遠に到達できない「アンチテーゼ(対立命題)」に逃げ帰ろうとする懐古心が象徴されていないだろうか?「反対」を主張するだけでなく、自らのデザインを通じて、あるべき未来を提示することが、作者の強い意志とすぐれた設計力の延長上で可能だったはずだ。力量を感じる。もっと絶望して、もっとポジティブでいてほしい。

(倉方 俊輔)

註
*1 マルセイユのユニテ:フランスの建築家、ル・コルビュジエ設計の集合住宅、ユニテ・ダビタシオン(Unité d'Habitation)。(フランス、マルセイユ、1952年)。全世帯がメゾネット形式のユニットから構成される。

| FINALIST | 367 | 岡部 絢子 Ayako Okabe | 東京都市大学 工学部 建築学科 |

子育ての芽

共働き、片親家庭の子供と親を助ける
雨の日のカサのような建築。

審査講評
建築の芽を育め。

公園の一角に計画された、小規模単位で保育をする保育園の提案である。集団保育が一般的な日本の保育事情に対して、子供は本来家のような雰囲気で育てるのがよい、という主張もこめられている。
3～4人の子供たちのための小さな部屋が、たくさんのパラソルのような屋根の下に庭を介して展開する。1本脚の構造体のまわりは、ガラスで仕切られ、建具は雨戸のように跳ね上がる。パラソルは微妙に波打ち、高さもさまざま。子供たちが庭を駆け回ったり、テラスで食事をしたり、といったシーンが思い浮かぶ、非常に楽しい雰囲気の魅力的な提案だ。建築の形式が明快である一方で、これが保育園だと想定した時に、違和感が拭えなかった。全体はガラス張りで計画され、公園との境界も特に設計されていないため、保育するスタッフの執務空間や動線、内部の居心地、セキュリティに疑問が残った。そのリアリティにもっと肉薄できたら、より密度の高い提案になったのではないだろうか。
（成瀬 友梨）

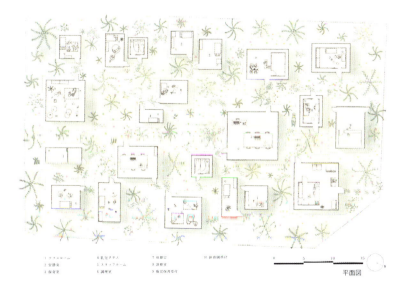

平面図

| FINALIST | 452 | 田中 太樹 Taiju Tanaka | 芝浦工業大学
工学部 建築・土木学群 建築学科 |

劇テキ・サカ場
――北区赤羽一番街の演劇を核としたコミュニティ空間の提案

混沌が人々を魅了する街、東京都北区赤羽。闇市由来の呑み屋が集まる赤羽一番街はさまざまな人をひきつける猥雑な世界。
しかし、そんな北区の個性が建物の老巧化や高層化、再開発により失われつつある。
現在ある北区の個性、地場劇団の演劇を核とし酒場を取り込むことでコミュニティ空間を形成する。
人間を人間たらしめる空間、酒場。そこには多種多様な人がそれぞれの個性をむき出しにし、表現し合っている。
活気に満ちあふれたその場所は予期せぬ出会いや出来事を演出する都市装置となる。

Plan level 0-2000

Plan level 3200-

審査講評
非日常と地域性

地域コミュニティの構築を促すプロジェクトであった。東京都北区赤羽一番街と具体的な地域が設定され、そこで営まれてきた「地域の風情=情緒性」に対して向き合おうとしていた。この提案は「開発」を大義名分とする地域の近代化に対しての違和感または憂いに端を発している。
赤羽一番街の界隈における賑わいと酒場の「盛り・酒リ・サカリ」への観察思考により、「コの字(inter-rocking)」という空間形式が導き出され、全体の計画へと翻訳されていく。一方で、日常の延長によって地域計画を延命させるのではなく、「劇テキ」と名付けた非日常としての劇場を設定し、「酒×劇」で地域を再生させようとする試みまではよかった。しかし、コンセプトが明解である一方、地域再生を主目的とするわりには、この敷地規模の大プロジェクトであるにも関わらず「酒」と「劇」以外の日常の利用者について考察されていない。劇場空間の研究が欠落している。審査の中でそれらがずるずると露呈したのは、作者の地域への想いとは裏腹に、思考の欠落として残念であった。

(田根 剛)

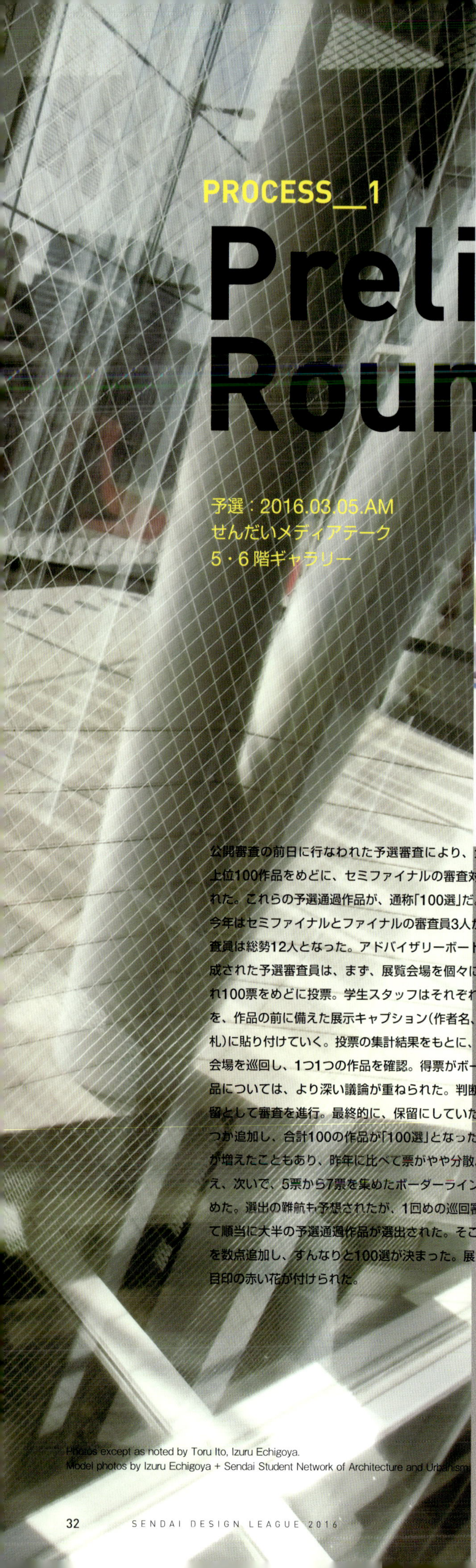

PROCESS__1
Preliminary Round

予選：2016.03.05.AM
せんだいメディアテーク
5・6階ギャラリー

公開審査の前日に行なわれた予選審査により、全385の出展作品から、上位100作品をめどに、セミファイナルの審査対象となる作品が選出された。これらの予選通過作品が、通称「100選」だ。
今年はセミファイナルとファイナルの審査員3人が審査に加わり、予選審査員は総勢12人となった。アドバイザリーボードとゲスト建築家から構成された予選審査員は、まず、展覧会場を個々に巡って審査し、それぞれ100票をめどに投票。学生スタッフはそれぞれの審査員の色のシールを、作品の前に備えた展示キャプション（作者名、作品名などを表示した札）に貼り付けていく。投票の集計結果をもとに、審査員全員でもう一度、会場を巡回し、1つ1つの作品を確認。得票がボーダーライン上にある作品については、より深い議論が重ねられた。判断に迷う作品は、一時保留として審査を進行。最終的に、保留にしていた作品を再検討していくつか追加し、合計100の作品が「100選」となった。今年は審査員の人数が増えたこともあり、昨年に比べて票がやや分散。1票の作品が大幅に増え、次いで、5票から7票を集めたボーダーライン付近の作品が多数を占めた。選出の難航も予想されたが、1回めの巡回審査で、ほぼ得票に応じて順当に大半の予選通過作品が選出された。そこに保留にしていた作品を数点追加し、すんなりと100選が決まった。展覧会場の該当作品には、目印の赤い花が付けられた。

Photos except as noted by Toru Ito, Izuru Echigoya.
Model photos by Izuru Echigoya + Sendai Student Network of Architecture and Urbanism.

PRELIMINARY JURY

Yasuaki Onoda
Kazuya Sakurai
Haruka Tsukuda
Takaharu Tezuka
Ayano Toki
Senhiko Nakata
Takao Nishizawa
Shoko Fukuya
Yoshihiro Horii
Tohru Horiguchi
Masashige Motoe
Shuang Yan

[予選投票集計結果]

合計	ID	氏名	学校名	小野田	櫻井	佃	手塚	土岐	中田	西澤	福屋	堀井	堀口	本江	厳
12	205	髙橋 洸太	千葉大学	1	1	1	1	1	1	1	1	1	1	1	1
11	029	國清 尚之	九州大学	1	1	1	1	1	1	1		1	1	1	1
11	030	持井 英敏	大阪工業大学	1	1	1	1	1	1	1	1		1	1	1
11	088	土田 稜	前橋工科大学	1	1	1	1	1	1	1	1	1	1		1
11	090	高野 哲也	名城大学	1	1	1	1	1	1	1	1	1		1	1
11	137	福島 啓奨	新潟工科大学	1	1	1	1	1	1	1	1	1	1		1
11	199	冨安 達朗	法政大学	1	1	1	1	1	1		1	1	1	1	1
11	366	元村 文春	九州産業大学	1	1	1	1	1	1	1	1	1		1	1
11	457	加藤 賢一	芝浦工業大学	1	1	1	1	1	1	1		1	1	1	1
10	037	倉員 香織	九州大学	1	1	1	1	1	1		1	1		1	1
10	109	須藤 嘉顕	千葉大学	1	1	1	1	1	1	1		1		1	1
10	212	日野 一貴	日本大学	1	1	1	1	1	1	1	1		1	1	
10	220	山本 稜	東京理科大学	1	1	1	1	1	1		1	1		1	1
10	285	釜谷 潤	千葉大学	1	1	1		1	1	1	1	1	1	1	
10	333	仁科 智貴	千葉大学	1	1	1	1		1	1	1	1		1	1
10	410	横江 優太	首都大学東京	1	1	1	1	1		1	1	1		1	1
10	534	宮本 凱土	東京都市大学	1	1	1	1	1	1		1	1		1	1
9	001	武谷 創	九州大学	1	1	1	1	1	1		1			1	1
9	021	田中 健一郎	京都大学	1	1	1	1		1	1	1	1			1
9	051	鈴木 叙久	東洋大学	1	1	1	1	1	1		1	1		1	
9	140	野嶋 淳平	九州大学	1	1	1	1	1	1		1	1			1
9	151	小山 恭史	日本大学	1	1	1	1	1	1		1			1	1
9	163	牧野 佑哉	東洋大学	1	1	1	1	1			1	1		1	1
9	182	飯田 美帆	昭和女子大学	1	1	1	1	1	1		1			1	1
9	210	小野 直輝	芝浦工業大学	1	1	1	1	1	1		1	1	1		
9	254	中村 遥	東京理科大学	1	1	1	1	1	1		1	1		1	
9	293	木村 貴将	工学院大学	1	1	1	1	1	1		1	1		1	
9	369	吉田 宗弘	慶應義塾大学	1	1	1		1	1		1	1		1	1
9	413	田原迫 はるか	京都大学	1	1	1	1		1	1		1	1	1	
9	448	大須賀 嵩幸	京都大学	1	1	1	1	1	1		1	1			1
9	456	福島 大地	名城大学	1	1	1	1	1	1	1	1	1			
9	536	水越 俊宇	筑波大学		1	1	1	1		1	1	1	1		1
8	006	西村 朋也	東京工業大学	1	1	1	1	1			1	1			1
8	014	谷 大蔵	神戸大学	1	1	1	1	1	1		1	1			
8	038	平山 雄基	京都工芸繊維大学	1	1	1		1	1		1	1			1
8	041	吉川 尚哉	東北大学	1	1	1	1	1			1	1			1
8	079	石川 一平	立命館大学	1	1	1	1		1	1		1			1
8	111	村上 裕貴	東京都市大学	1	1		1	1	1		1			1	1
8	206	伊達 一穂	九州大学	1	1	1		1	1			1		1	1
8	224	林 加奈	東京藝術大学	1		1	1	1	1		1	1			1
8	245	白鳥 大樹	東北工業大学		1	1	1	1	1		1			1	1
8	255	鵜沢 信吾	日本工学院専門学校	1	1	1	1	1			1	1			1
8	288	小黒 由実	千葉大学	1	1	1		1	1		1	1			1
8	312	小林 航也	日本大学	1	1	1	1	1	1		1			1	
8	350	平木 かおる	東京都市大学	1	1	1	1	1			1	1			1
8	360	深田 隼人	工学院大学		1	1	1	1	1		1	1			1
8	383	金箱 彰	新潟大学	1		1	1	1	1		1	1		1	
8	409	寺岡 波瑠	名城大学	1	1		1	1	1		1	1			1
8	472	佐藤 末和	東北工業大学		1		1	1	1		1	1		1	1
7	050	相見 良樹	大阪工業大学				1	1	1		1	1		1	1
7	055	小川 理玖	日本女子大学	1		1	1	1	1			1			1
7	058	大沼 美朝子	東京都市大学	1			1	1	1		1	1			1
7	124	鈴木 俊哉	琉球大学	1	1	1	1	1			1			1	
7	148	中村 教祐	明治大学	1	1		1	1			1	1			1
7	162	松岡 瑛美	京都工芸繊維大学	1	1	1		1	1		1				1
7	225	榎本 奈奈	室蘭工業大学	1	1	1	1				1	1			1
7	231	佐々木 広太郎	東北工業大学	1			1	1	1		1	1			1
7	281	平良 千明	芝浦工業大学		1	1		1	1		1	1			1
7	296	中村 駿介	東京理科大学		1		1	1	1		1	1			1
7	306	西野 翔	東洋大学	1	1		1	1	1			1		1	1
7	307	井上 喜乃	近畿大学	1	1	1	1		1		1				1
7	335	桐谷 万奈人	名城大学	1	1	1	1	1			1				1
7	352	渡辺 杏奈	千葉大学	1	1		1	1	1		1	1			
7	416	河中 宋一朗	北海学園大学	1		1	1	1	1		1	1			
7	452	田中 太樹	芝浦工業大学	1	1	1		1	1		1				1
7	495	関 隆史	東京電機大学		1		1		1		1	1		1	1
6	042	河野 裕太	長岡造形大学	1		1		1	1		1	1			
6	047	山口 薫平	東京理科大学	1		1	1				1	1			1
6	048	山本 雄一	豊田工業高等専門学校			1	1	1				1		1	1
6	054	加登 柊平	豊橋技術科学大学	1		1	1	1			1				1
6	066	塚越 仁貴	神戸大学				1	1	1		1	1			1
6	073	廣畑 佑典	大阪大学	1	1	1	1				1				1
6	092	川本 稜	京都大学	1	1	1	1	1			1				
6	113	市川 綾音	名古屋大学	1	1	1	1	1			1				
6	122	山森 久武	慶應義塾大学	1			1	1	1		1				1
6	126	加藤 采	京都造形芸術大学	1	1		1	1	1		1				
6	158	藤枝 大樹	名古屋大学		1	1	1	1	1					1	
6	207	森 知史	東京理科大学	1			1		1		1			1	1
6	253	橋本 卓磨	兵庫県立大学	1	1		1	1	1						1
6	258	福山 ふみの	芝浦工業大学	1	1			1	1		1			1	
6	297	中居 和也	近畿大学		1	1	1	1	1		1				
6	309	小室 龍昭	東京理科大学					1	1		1	1		1	1
6	358	奥村 光城	九州大学			1		1			1	1		1	1
6	367	岡部 絢子	東京都市大学	1	1	1		1			1				1
6	398	新冨 凌汰	千葉大学	1			1		1		1	1			1
6	438	三武 良輔	東京理科大学	1	1			1	1		1			1	
6	439	富永 美彩子	九州産業大学		1		1	1	1		1	1			
6	474	小池 潤	立命館大学			1	1	1			1	1			1
6	503	竹内 悠	千葉大学				1		1		1	1		1	1
6	525	横尾 周	慶應義塾大学		1		1	1			1	1			1
6	542	小杉 真一朗	日本大学	1			1	1	1			1			1
5	002	林 和希	京都大学												
5	007	杉 拓磨 新田 ベン 平井 七々子	早稲田大学芸術学校	1	1	1		1	1						
5	013	馬場 智美	神戸大学		1			1			1	1			1
5	039	森田 秀一	日本大学	1		1			1		1				1
5	062	洲脇 純平	大阪工業大学		1				1		1	1			1
5	080	戸田 勇登	千葉大学			1			1		1	1		1	
5	095	志藤 拓巳	京都大学		1		1	1	1		1				
5	170	高以良 陽太	東京理科大学		1		1	1			1				1
5	175	南野 騰志	大阪市立大学			1		1			1	1			1
5	190	常松 祐介						1	1		1			1	1
5	223	櫻井 康太	首都大学東京	1				1			1	1			1
5	234	東野 健太	大阪工業大学					1	1		1	1			1
5	266	津久井 森見	慶應義塾大学	1		1	1				1				1
5	275	吉村 凌	日本大学	1				1	1		1				1
5	289	櫻井 貴祥	名古屋工業大学	1			1				1	1			1
5	321	宮嶋 春風 小松 萌 北島 明	早稲田大学	1				1			1	1			1
5	337	杉山 花梨	芝浦工業大学		1		1		1		1	1			
5	349	町田 純一	神奈川大学	1	1	1						1			1
5	354	谷口 和広	九州大学		1		1				1	1			1
5	387	勝 孝	京都工芸繊維大学					1	1		1	1			1
5	394	小黒 日香理	日本女子大学					1	1		1	1		1	
5	418	若杉 美由紀 仙田 諭史 森崎 慧	早稲田大学						1			1			1
5	427	瀬田 周平	工学院大学	1		1	1	1			1				
5	432	川鍋 哲平	千葉大学				1		1		1	1			1
5	446	梅澤 佑太	慶應義塾大学						1		1	1		1	1
5	471	武藤 真理子	慶應義塾大学	1	1		1				1				1
5	491	藤田 海斗	工学院大学	1			1		1			1			1
5	493	土井 康永	近畿大学	1		1	1				1				1
5	498	御供 崇尚 成井 至 大岩 奈央	早稲田大学		1	1			1		1				1
5	527	内田 慎	名城大学				1		1		1	1			1
5	528	加藤 彩季	京都大学			1		1	1		1				1
4	067	高橋 祐太	日本大学			1		1			1	1			
4	081	草野 祥太	慶應義塾大学				1				1	1			1
4	110	竹澤 洸人	工学院大学	1	1			1							1
4	129	平岡 志織	大阪大学			1					1	1			1
4	136	堀部 芳樹	大阪市立大学		1				1		1	1			
4	152	折口 千秋	静岡文化芸術大学					1			1	1			1
4	155	藤本 雅広	大阪大学	1			1				1				1
4	164	片山 優樹	東京理科大学						1			1		1	1
4	181	藤田 雅大	東京理科大学				1				1	1			1
4	184	陣 昂太郎	名古屋大学				1		1		1				1
4	204	松田 茉利奈	名城大学		1			1			1	1			
4	215	片山 京祐	法政大学						1		1	1			1
4	300	宮崎 信	神戸大学	1	1						1				1
4	344	板倉 彰吾	大阪大学					1				1		1	1
4	375	古澤 えり	東京大学		1				1		1				1
4	475	市 嗣美	北海科学大学								1	1		1	1
4	520	本山 真一朗	東京理科大学				1				1	1			1
4	532	山﨑 すみれ	千葉大学		1						1	1			1
4	543	稲田 昌平	佐賀大学		1			1	1						1
3	003	王 雋斉	京都大学								1	1			1
3	026	前芝 優也	近畿大学						1		1				1
3	027	川崎 光克	東北大学		1						1				1

合計	ID	氏名	学校名	小野田	櫻井	佃	手塚	土岐	中田	西澤	福屋	堀井	堀口	本江	厳
3	036	矢野 ひかる	名古屋工業大学	1		1	1								
3	044	丸伊 紫仍	東北大学	1									1		1
3	052	菅野 達夫	日本大学					1	1					1	
3	086	石川 恵理	東京都市大学			1		1					1		
3	115	西尾 拓真	東京都市大学	1	1				1						
3	118	今田 夕稀	名城大学							1		1			1
3	128	枝元 翔子	大阪大学			1	1								1
3	134	林 健斗	立命館大学						1				1	1	
3	142	三井 崇司	愛知工業大学		1							1	1		
3	149	尾崎 健	日本大学						1		1	1			
3	174	木原 真慧	大阪工業大学						1		1		1		
3	187	小澤 拓夢	芝浦工業大学		1							1	1		
3	194	月森 健夫	名城大学				1							1	1
3	228	野田 裕介	大阪市立大学					1		1	1				
3	233	宮田 典和	東京理科大学	1						1		1			
3	238	新家 佐佐子	富山大学		1		1								1
3	249	鯵坂 康平	名古屋大学			1	1		1						
3	263	進藤 拓哉	京都大学						1		1				
3	299	杉山 颯俊	金沢工業大学						1				1	1	
3	323	小刀 夏未	大阪大学				1	1							1
3	332	辰己 祐輔	金沢工業大学						1		1	1			
3	339	大内 真理奈	東京工業大学							1	1		1		
3	341	種村 紘喜	福井工業大学		1				1			1			
3	397	達 吉洋	法政大学	1	1				1						
3	431	小松 寛征	東海大学				1			1		1			
3	454	佐藤 峻亮	立命館大学	1							1	1			
3	468	廣田 貴之	大阪工業大学								1	1	1		
3	524	松島 宏治郎	東北大学					1	1	1					
2	008	鬼塚 来未	富山大学	1									1		
2	061	高橋 佑輔	日本工学院専門学校	1				1							
2	064	藤田 拓	近畿大学							1		1			
2	084	永山 樹	東京都市大学									1	1		
2	091	馬籠 歩	慶應義塾大学									1	1		
2	102	小林 洵也	名古屋工業大学			1	1								
2	105	間宮 苗子	法政大学		1							1			
2	114	鈴江 佑弥	大阪工業大学					1	1						
2	146								1		1				
2	150	千賀 雄介	日本大学						1						1
2	179	伏見 啓希	近畿大学				1								1
2	183	浅井 翔平	滋賀県立大学	1									1		
2	214	丸山 良太	東京理科大学			1		1							
2	216	野田 歩夢	芝浦工業大学				1			1					
2	218	渡邉 文彦	近畿大学												
2	221	支 小咪	東京理科大学						1			1			
2	244	笠原 胡桃	東北芸術工科大学					1	1						
2	250	高嶋 健伍	室蘭工業大学					1	1						
2	262	坂口 佳	関西学院大学					1			1				
2	264	石本 遊大	芝浦工業大学								1	1			
2	290	頼田 奈菜子	京都工芸繊維大学					1		1					
2	272	竹俣 健人	関西学院大学					1	1						
2	305	伊藤 優太	日本大学		1										
2	313	牧田 光	工学院大学				1								1
2	326	富樫 賢也	新潟工科大学												
2	340	前田 祥明	近畿大学								1			1	
2	340	小林 和敬	立命館大学		1						1				
2	374	工藤 遼一	北海学園大学	1								1			
2	379	小林 周平	東洋大学					1	1						
2	385	内海 友博	東洋大学				1						1		
2	390	常川 雄太	新潟大学						1				1		
2	464	森泉 彩	千葉大学									1	1		
2	466	吉田 昂平	北海学園大学				1							1	
2	483	高良 大樹	東京工芸大学					1	1						
2	486	澤田 侑樹	大阪市立大学				1			1					
2	506	坂本 陽太郎	東京大学												1
2	516	春山 祐樹	法政大学						1				1		
1	010	徐 伴鄲	東京大学												
1	018	国分 将男	高知工科大学										1		
1	025	田島 雅己	慶應義塾大学										1		
1	033	萩野谷 早紀	東洋大学											1	
1	045	陳 奇勁	青山製図専門学校		1										
1	056	牧田 涼	東洋大学									1			
1	065	森 遊耶	芝浦工業大学									1			
1	069	佐藤 由基	近畿大学				1								
1	070	木村 友美	東京理科大学								1				
1	087	中西 海人	東京電機大学										1		
1	093	二島 冬太	九州大学						1						

合計	ID	氏名	学校名	小野田	櫻井	佃	手塚	土岐	中田	西澤	福屋	堀井	堀口	本江	厳
1	097	垣内 美帆子	京都大学						1						
1	112	舟橋 菜々子	大阪大学									1			
1	116	岩瀬 美緒	名古屋大学									1			
1	130	中村 勝広	大阪大学									1			
1	133	青葉 桜	北海道大学					1							
1	138	西蔵 祥大	神奈川大学					1							
1	139	市野 清香	名古屋大学									1			
1	141	川合 宏尚	長岡造形大学						1						
1	147	吉永 和真	京都大学						1						
1	154	三屋 晧紀	大阪大学					1							
1	161	山下 尚行	名古屋大学						1						
1	176	野下 啓太	日本大学									1			
1	195	塩田 直哉	日本大学									1			
1	200	平野 優太	芝浦工業大学							1					
1	201	穴水 宏明	千葉大学											1	
1	203	髙橋 翔	日本大学						1						
1	209	大江 優司	法政大学									1			
1	226	木下 雄貴	東洋大学						1						
1	229	藤岡 宗杜	大阪工業大学							1					
1	230	髙橋 衛	東京都市大学						1						
1	235	武山 加奈	東北芸術工科大学						1						
1	237	田村 桃子	富山大学						1						
1	239	西澤 佳歩	富山大学						1						
1	243	北村 将	名古屋大学									1			
1	257	竹之内 眞菜	宮城大学					1							
1	259	東田 夏海	名古屋工業大学									1			
1	272	菊池 毅	日本大学						1						
1	273	渡辺 結衣	昭和女子大学		1										
1	274	庄子 利佳	神奈川大学						1						
1	276	亀岡 貴彦	神奈川大学				1								
1	277	諏訪 匠	名城大学						1						
1	282	村上 智可	東洋大学										1		
1	291	長尾 柚希	成安造形大学						1						
1	301	森 優也	神戸大学						1						
1	308	三上 陽平	東京理科大学						1						
1	310	小林 大陸	摂南大学									1			
1	322	米澤 聡志	大阪市立大学			1									
1	324	楓 大起	千葉大学						1						
1	347	松田 京都	琉球大学					1							
1	362	伊藤 珠李	宮城大学						1						
1	373	早川 凌平	関西大学						1						
1	376	太田 悠香	工学院大学							1					
1	378	小林 泰典	千葉大学		1										
1	386	合田 知代	京都造形芸術大学									1			
1	393	田原 健太	九州産業大学									1			
1	395	新谷 明日香	九州産業大学									1			
1	400	岡田 政英	多摩美術大学								1				
1	403	土屋 柚貴	東洋大学					1							
1	405	橋本 悠希	九州産業大学									1			
1	407	山田 一眞	信州大学									1			
1	409	中原 一葉	和歌山大学									1			
1	414	柔谷 利貴	工学院大学						1						
1	417	大内 汚	北海道芸術デザイン専門学校					1							
1	423	羊腸 和也	九州産業大学									1			
1	425	竹中 政旗	千葉大学									1			
1	429	久井 雅丈	早稲田大学									1			
		今津 文沙													
		今井 梨花													
1	430	山口 将治	大阪市立大学									1			
1	433	李 熙徳	千葉大学										1		
1	441	丸山 鉄朗	東京工業大学									1			
1	449	柳原 逸聖	神戸芸術工科大学					1							
1	453	岡田 真弥	神戸芸術工科大学									1			
1	465	庭山 隼拓	総合学園ヒューマンアカデミー東京校					1							
1	494	伊藤 祐介	芝浦工業大学										1		
1	496	佐藤 仁美	東京電機大学					1							
1	499	大石 隆誠	東京電機大学										1		
1	504	藤波 凌	工学院大学									1			
1	517	大嶽 伸	名古屋工業大学									1			
1	518	今川 怜子	近畿大学		1										
1	535	門田 啓暉	大阪大学								1				
1	537	督海 正輝	近畿大学					1							
1	540	増田 清志	大阪大学	1											
1200		投票総数		100	100	100	100	100	100	100	100	100	100	100	100

＊0票のものは、未掲載。　＊ 　　　 は、予選通過（100選）。

少得票(5票以下)で予選通過
23作品

002[5] 解レ──社会の病理を愛するための建築
取り壊しが決定しているあいりん総合センターのリニューアル案。センターに備わる労働福祉施設、医療施設、集合住宅をそれぞれの利用状況や将来的に必要となる機能をもとに、躯体(構造体)を残した減築により再構成している。単に機能の維持・改善のためのリニューアル提案では、建物を残すための理由にならない。減築してまで、この建物自体を残す意義を示してほしかった。一度落ちかけたが推す声もあり復活。

007[5] IN THE LOOP
実際に実物大で作られた大学祭のパビリオン。円弧を連続したシンプルな構成により中心性を高めて、通りかかる人が自然と集まるような空間性をもたせている。グリッド(方眼)状の構造を採用し、材料に合板を使用できるため、施工性、経済性が高い。今回、実際に施工されたものはこの作品のみであった。さまざまな合理性に基づいてデザインが引き出されており、クオリティも高い。

039[5] 建築が動く時──エレベーターの再評価による超動的建築
移動装置であるエレベータを建築空間の1要素として再解釈する。巨大化したエレベータは複数の積層した部屋のユニットで構成され、停止するたびに異なる部屋同士がつながることで新しい空間が生まれる。垂直の方向性をもつエレベータに対し、架けられた大屋根のデザイン的不合理さが指摘され得票は少なかったが、動的な空間生成のおもしろさが再評価された。都市的視点からは、外部との関係が動線だけに留まっているので、形態面でも外部と接点が見出せるとよかった。

080[5] 仮想建築:彩
バーチャル・リアリティを活用した空間体験の提案。仮想空間で日本建築の四季が体験できる。仮想空間上で提示された建築自体はオーソドックスな日本建築でこれといった特徴がないため、建築設計として評価することへの疑義や、体験できる行為が建築の中から外を見ることに限定されることから得票も少なく、予選通過には議論があった。しかし、仮想空間に取り組んだ卒業設計がいまだにないということで、新たな技術への挑戦が評価された。

095[5] OOTSUNAGU──湖西線高架下サイクリングロード計画 及び 大津びわこ競輪場跡地再編
琵琶湖を1周するサイクリングロード。大津びわこ競輪場を活用した観光施設兼サイクル拠点だ。JR湖西線の鉄道高架下の転用などにより、既存の構造物や土地の記憶を援用しながら、新たな機能をもたせることで、現在の未整備区間を観光拠点として再構築している。つくられたもののもつ意味に疑義があり、得票が少なかった。しかし、「とにかくかっこいい」と造形力の高さが評価された。

223[5] 「さようなら」と「また会いましょう」のしかた
使われなくなったゴルフ場を墓地として再生させる提案。一部コースを森に返し、中央にはそれぞれ印象的な屋根をもつ火葬場などの施設群を、外周部には墓地を配置する。パネルや模型では提案の全体像をつかみにくかったせいか、得票が少なかったが、アンジュレーション(起伏)の効いた敷地を活かし、ランドスケープ(景観)としても成立している点が再評価された。閉鎖されたゴルフ場活用法の1つとして意外と現実的な提案かもしれない。

234[5] 高野の酒場がつくる蔵
スポーツ・サイト・ツーリズムと地域に残る唯一の酒蔵をリンクさせることで、酒造りを介した新たな観光拠点を創出しようとする提案。酒造りは外部環境の変化を嫌うが、客室を酒蔵内に入れることで、蔵の厚い壁により蔵と客の両者を保護しながら、客が作業工程を疑似体験できるようにしている。テーマに目新しさはなく少票だったものの、既存建物の特性を十分に把握した上でプログラムを設定し、1つ1つの空間をていねいに設計している点が評価された。

266[5] W,W,W = WORLD WIDE WHEREABOUTS
コンテナに「居場所」をパッケージ化し、世界のどこへでも持ち運んで生活を送るという提案。コンテナを使った集合住宅がすでに実現する中、提案された立方体のコンテナは実際のコンテナの規格とは異なり、単に新たなユニットの提案にすぎない、という批判もあり少得票だった。しかし、構成された空間のまとまりがよく、現代の「パオ(遊牧民族の移動式住居)」を提示することで、住むということを再考しようという試みが評価された。

394[5] 初音こども園
あまり作り込んでないように見える模型からか、当初それほど票は集まらなかった。しかし、こども園というプログラムに対し、東京の下町、谷中を対象とした

ボーダーラインを浮沈した37作品

2016年は、審査員の人数が増えたこともあり、昨年に比べて票がやや分散した。投票後の、予選通過作品を決めるための巡回審査では、得票が多い作品に疑問が呈されたり、逆に得票の少ない作品に強い推挙の声が上がったりする。こうした審査員の意見をもとに再検討を経て、予選を通過する「100選」が決まる。今年のボーダーラインは5票から6票の間。10票獲得作品で落選するものもあれば、1票でも予選を通過するものもあった。当落線上にあった作品の明暗について審査員がコメントする。

佃 悠(予選審査員)

詳細なリサーチをもとにした敷地選定と、地域をうまく空間でつなぐように建物を配置したていねいな設計に、一部審査員からは全く新しい空間の提案がされているとして強く推す声があった。

427[5] ARTPIA──瀬戸内アートの島々を結ぶ海の拠点

アートの島へと発展する瀬戸内百島の港の計画。観光地化による浸食から島を守りながら、島々をつなぐハブとなるために、建築物は極力環境負荷を与えない木造のフレームで構成されている。仮設的に生活するための材料を入れて運んだ後、現地で部屋として使用されるコンテナの格納庫であり、創作の場であり、地域住民との結節点でもある。構造の検討は不十分で少得票だったが、島の景観に不思議と溶け込んだ木造架構の造形が評価された。

493[5]「地」になじむ──富田林歴史資料施設

長年、建物や景観の保全に取り組み、暮らしを営んできた大阪の寺内町の歴史を学ぶ歴史資料施設。街の文化や暮らし、景観の継承のために、街の主要な通りを形成する町家から造形のエレメント(要素)を採集し、敷地の地形になじませながら再構成している。建具の連続のような一種の木造バラック風の形態は、他にも複数の提案で見られ少得票だった。しかし、ていねいに調査され、同種の提案の中で空間構成力が最もすぐれているとして、予選を通過した。

527[5] 金生山の緑橋

長年、石灰岩が採取されてきた採石場と隣接する寺の間に緑を再生する提案。両者の間には、採掘後の山肌が残され、そのままではここに植物が生えることはない。そのため、歩道となる橋をつづら折りに架け渡し、そこに緑を這わせていく。機能上、橋という回路空間をつくる必然性に疑問点が呈され少得票だったが、つくられた緑道の景観としての美しさを推す声があり、予選を通過した。

528[5] 遊園地を脱構築する語

否定的なメタファ(隠喩)として扱われる遊園地と建築との間を設計することで、建築を問い直す試み。廃墟となった遊園地の遊具に新しい空間的機能を付与したり、新たな視点を導く建築を配したり、という操作が、思考実験的な批評に見えたせいか、得票は多くなかった。一見バカバカしいようだが、それぞれの空間提案は、敷地調査を踏まえて論理的に積み上げられている。非常にまじめに建築の本質を見出そうとしているところが評価された。

155[4] 解社──境界性の再編

人の身体により形成される領域をベースに柱と線材を用い神社の境界を解体する。顧みられなくなった神社を人の身体に基づいて再構築することで新たな場を形成しようとする視点のおもしろさが評価された。しかし、境内に複雑に線材を張り巡らせて緻密に領域形成を行なおうとする一方で、最も領域性の高い屋根をそのまま残している点が了解しがたい。この矛盾が少得票につながったか。部分だけでなく、全体を再構成する論理にまで辿り着けるとよかった。

181[4] 道行きの双塔

都市の日常に死を表出させる火葬場と墓塔の提案。火葬場からの煙と、墓塔のフレームが徐々に遺骨で埋められることで、死が都市の中で可視化される。敷地は各地の浄水場に設定されていて、人口が減少し、生のための場所が不要化し、死の場所へ置き換わっていく過程ともとらえられる。得票は少なかったが、モニュメンタルな造形を用いることで、都市の中での生と死にストレートに取り組んだことが奏功したか、予選通過となった。

184[4] マニアの巡礼

本の街、東京の神保町に新たな書店を提案。新しく建設される書店は、既存の街並みと呼応するように、近隣建物の狭い間口にそろえて奥行きをもたせたL字型の空間を組み合わせ、立体化されている。少得票だったものの、L字の形態を用いた構成の妙と、全体をまとめ上げる設計力が評価された。しかし、2階以上の各ボイド(吹抜け)はそれぞれ完結していて、相互の関連は薄く、ペンシルビルの林立と大差ない空間体験に留まっているのが惜しい。

204[4] 15047の景観

地下鉄が運行するトンネルをもう一回り大きくくり抜き、そのボイド(すき間)に電車内から見るための風景をつくろうという提案。そもそも必要以上にトンネル径を大きく広げてまで、地下鉄のための風景をつくることの意義は見出せないという意見もあり少得票だったが、地下鉄というある意味で現実世界から切り離された異空間に、さらに虚構の世界を築くことで現実世界らしさを構築しようとするパラドクス(矛盾)の提示がおもしろいと評価され予選通過。

036[3] 加子母で生きる──100年後の未来

地域の公会堂の改築案。既存の柱を一部残した公会堂に、接ぎ木のように柱や梁を足して、大屋根をもった木造空間を形成し、新たな地域の場として再生させている。単純な大屋根空間を設計したと思われたため得票は少なかった。しかし、地域の記憶をどこに残すのかという感傷的になりがちな判断について、要件を合理的に積み重ねた上で提案している点と、ていねいにつくられた大らかな空間が改めて評価され、予選を通過した。

115[3] 料亭 ぬの家 別館

料亭建築の提案。少し地味のない目立た建築に見えたため得票が少なかったが、現在減少の一途を辿る料亭が備える「日本料理を食するための空間」の再解釈に取り組み、傾斜地を敷地とした懸造りによる浮遊感のある空間づくりで、従来の閉じた料亭ではなく、軽やかで開かれた料亭のあり方を提案している。木造建築をていねいに設計しており、全体のバランスのよさと空間のおもしろさが評価された。

PROCESS_1
Preliminary Round

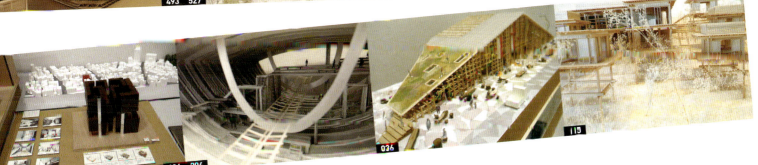

凡例：ID番号[票数] 作品名

128[3] ちいさなネコの国の物語

ネコが主人公の架空の住宅。空き家を改造した屋敷に住むネコたちと人間のおばあさんの物語の絵本とドールハウス風の模型が制作されている。評価が分かれたため票は少なかったが、建築としての評価以前に、作者の自由な発想とこれを作りたいという創作へのエネルギーが評価され浮上した。過疎地の空き家とそこに居着く野良猫問題という社会的な課題を扱いながらも、創作に対する有無を言わせないパワーが感じられた作品。

233[3] 下町の器

東京都葛飾区柴又を舞台に、真の「下町」を復活させる提案。参道裏は本来の木造の街並みを形成し得る建物のみを残し、それ以外を改築して空間同士を結ぶ道を包含させる。現在閉鎖的な参道裏はデッキでつなぎ、生業の場としての機能ももたせている。一見、単純な下町再生のため少得票だったが、詳細な調査をもとにして、下町的風景を全肯定するリアルではなく、日常の延長に根差したリアルを追求しようとしている点が、審査員の議論により再評価された。

249[3] 地の記憶──知覧飛行場再生計画

特攻隊の追悼施設。滑走路跡地は現在水田になり、昔を辿るものはない。農道の舗装を変えることによりかつての飛行場の存在を明示し、傍らに特攻を追体験し、追悼する施設を設置する。得票は少なかったが、言語での説明ではなく、体験により想起を促すような空間づくりが評価され浮上した。しかし、あまりにも自己完結的であるため、過去への視点だけでなく、これが新たにできることによる周囲への将来的な影響を読み込んでもよかったか。

高得票（6票以上）で予選未通過
14作品

333[10] レリーフ──風化することで生まれる書庫の提案

異なる配合のコンクリートで作られ、徐々に崩壊していく図書館。「崩壊させること」を目的に作られるという逆転の発想とコンクリートが朽ちていくという現象のおもしろさに票が集まった。しかし、物の保存も必要な図書館に対して、あえて劣化することを前提とした作り方を採用する必然性や、崩壊させる意味についての説明に欠け、アイディアのおもしろさだけに留まり落選。

413[9] うつせみの──知覚する身体のための建築 モーリス・メルロ＝ポンティ ラジオ講演1948年 より

パリの自然公園を舞台に、メルロ＝ポンティ*2のテキストから想起される「知覚」を空間化。得票は多かったが、部分の積み重ねの向こうに提示された構築物は、空間というよりもオブジェ的であり、実際に何が作られたかよくわからないという審査員も多く、予選通過とならなかった。テキストから構築された空間が、現実社会に置かれることで、どういう役割をし得るのか、もう少し違う解像度でも検討するとよかったかもしれない。

536[9] 日本橋川、5つの光明

役割を終えた首都高速道路の再利用案。巨大な模型と凝ったポートフォリオで目を引き票を集めた。しかし、日本橋川上空に架かる5カ所のみを分断して残置し、そこに工芸館、鳥居、銭湯、公園を配した計画は、アメリカ合衆国ニューヨークの公園であるハイラインに類似しているように見えながらも、前提条件の必然性と存在の意義が見出しがたい、不合理な計画と感じられ、予選通過ならず。せめて、景観への美的価値付けができれば評価につながったかもしれない。

224[8] ショート・ショート・ショート

御嶽山の山道口に位置する長野県の王滝村に道の駅、火山インフォメーションセンター、公民館をつくるプロジェクト。山を拝した集落の住宅に従来備わる特性を活かしながら、新たな施設を提案している。集落の重要な部分をていねいに読み解きながら建築化しており、類似の題材が多い中、緻密さが評価され得票を集めた。しかし、新たな空間が加わったことによる効果が判然とせず、積極的な評価につながらなかった。

245[8] 未在

ALS*3患者のための生活空間の提案。ALS患者の孤独を修道士の孤独に重ね合わせ、修道院に範を取り、患者の身体状態のステージに対応させながら空間を構築している。ALS患者の生活や言葉をもとに真摯に空間を生み出そうとする試みへの評価は高く票を集めたが、実際に提案された建築は、閉じられた個々の空間に過ぎないように見えるのが惜しい。全体を再統合する枠組みを提示できるとよかったかもしれない。

472[8] 繋げる用水

長らく暗渠（あんきょ）化している仙台の四ツ谷用水を開渠し、傍らに親水性の高い住宅を配して、水に慣れ

229[1] 雑居するパロール

神戸港突端に位置する移民のための複合施設。堤防としても機能するコンクリート躯体（構造体）で1階を形成し、上部はボリューム（塊）群とその間のすき間によって商業施設、日本語教室、住居が集積されている。得票は少なかったが、プログラムと空間、構造をうまくまとめたことが評価され予選通過。ただ、移民の生活向上をめざす一方、隔離された土地の限定的なコミュニティ内で人との接触頻度を増やすというところが、現在の「出島」のようにも見える。

註
*1 懸（かけ）造り：建物を崖や池などの上に張り出して、床下は長い柱と貫で固定して支える建築方式。京都の清水の舞台に代表される。

親しむ生活を再び現出させようとする提案。試みは意欲的で票を集めた。しかし、社会性が感じられる問題提起に対して、成形な外形に部屋を押し込んだ平面図と断面図の整合性への疑問、平板ではない敷地で浸水性への検討が不十分な構造形式などのために、提案された建築自体にリアリティが感じられず、評価が下がった。

296[7] 谷を耕す坩堝──広場と建築の間の器
東京、渋谷の繁華街に位置するすり鉢状の地形とビルに囲まれた敷地に広場をつくる提案。あふれかえる人々のアクティビティ（活動）を観察し、スタディ（習作）を繰り返しながら、大きな屋根状の形態に辿り着くという過程が票を集めた。造形力が最大の勝負どころだが、地面から屋根をめくったような形状は、見たまま単にめくってみただけではないかという意見もあり、それ以上の空間の可能性を感じられず、評価につながらなかった。

054[6] 彩ルセカイのそのウチに
神戸市の元町高架通商店街をアトリエ、ギャラリー、テナントの共存した空間として再編する提案。「色」の心理的効果に着目して、色に場所性をもたせ、各空間を塗り分けていく。これが一種のコードとなり、絵画の印象も色に変換することでその配置を決めている。徹底的に色に注力している点は興味深く、票を集めたが、色を載せる空間自体への提案が少ないため、積極的な評価につながらず、選外となった。

207[6] 歪みの可視化
都市型洪水の調整池として地下に隠れて存在する空間を体験するための提案。ボイド（吹抜け）の配置の仕方には造形力を感じさせ票を集めた。しかし、土木的建築としながらも、木構築物にただ建築が付随しただけにしか見えない。また、学習施設、光の体験施設としての機能をもつ建築空間を設けているが、地下空間へ下りていくこと自体が主目的であることに対して共感を得にくかったか。

358[6] 異邦人の箱
複数の国や年齢の人間からモデュロール*4を採取し、それらを空間原器として新たな空間を生成する。思考実験としてはおもしろく票を集めた。複数のモデュロールを使って、さらなる空間のユニバーサル化を試みたと思われるが、単にモデュロールを組み合わせて空間をつくるという手法の提示のみで終わっているため惜しくも落選。できた空間を再解釈し、人の活動する生きた空間にするための論理が必要だろう。

398[6] 続きの町へ
人口減少を見据え郊外住宅地に増加する空き家をコンテナに置き換えていき、最後はコンテナさえもなくなるという、住宅地の終焉を設計しようとするプロジェクト。現在、社会問題となっている郊外住宅地の衰退と空き家問題に取り組もうとする意欲的な試みで票を集めたが、既存の手法への類似性が指摘され、予選通過とはならなかった。コンテナではない建築で置き換える提案もあり得たかもしれない。

439[6] 漂う記憶──商店街の更新と人々の中にいきるかおり
既存商店街でのアーケード新設案。設置された木製のアーケードは店舗からはみ出すように空間を拡張する。詳細な現地調査によって建築のスケール（規模）が設定されているように見え、票を集めた。しかし、構造体がアーケードに立て込んだ様子から、実際は、空間がかなり狭隘化しているように感じられた。大仰な操作のわりに、それほど心地よい空間になっていないのではないかと疑義が呈されて評価を下げ、予選通過とならなかった。

474[6] 河岸に浮舟　山練る蔵並──半田運河再生計画
舟運で栄えた知多半島の運河沿いに、新たな地域ネットワーク拠点である地域コミュニティ施設を築くプロジェクト。それぞれ機能の異なる大屋根と蔵により3つのエリアを形成し、相互の連携を行なう。ていねいなリサーチに基づく力作で票を集めたが、単なる施設群を連続させた建築構成が、よくある地域性に配慮した公共施設に見えて既視感があり、評価を落としてしまったことが残念だった。ヒューマンスケールでの詳細な検討まで提示するとよかった。

503[6] まちの番頭さん
高齢化が進む東京郊外における地域交流施設の提案。周囲に多く居住する高齢者と子供に対する見守り機能を生み出すために、銭湯を見守ってきた「番頭」さんと銭湯空間の関係性を街中に展開して、空間を構成する。着眼点はおもしろく票を集めたが、空間操作のために採集された銭湯の空間特性がきわめて少なく、提案された空間も大様に見え落選。もっとさまざまなスケール（規模）での空間操作を行なってから、全体を構築するとよかった。

註
*2　メルロ=ポンティ（Maurice Merleau-Ponty, 1908-61）：フランスの哲学者。知覚を手がかりに身体と世界を考察する立場から『知覚の現象学』（1945年）ほか多数を著し、現象学の発展に貢献。
*3　ALS：筋萎縮性側索硬化症。全身の筋力が低下する難病。
*4　モデュロール（Modulor）：フランスの建築家ル・コルビュジエ（Le Corbusier, 1887-1965）が、人体の寸法と黄金比から作った建築物の基準寸法。

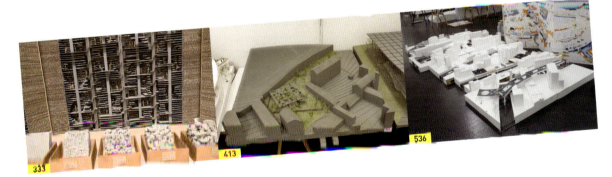

Preliminary Round

Model photos by Izuru Echigoya + Sendai Student Network of Architecture and Urbanism.

2016 [今年の傾向]

個別審査と投票を終えた審査員に、出展作品の中で今年の特色を象徴する作品、気になった作品を3つずつ、投票とは無関係に挙げてもらった。
2016年の出展作品の傾向と審査に対する予選審査員それぞれの視座がうかがえる。

小野田 泰明
縮退社会の再構築

空き家、産業遺構など、縮退社会をどう再構築するかに取り組んだ作品が多い。また、海外の敷地の作品も増え、グローバル化が一般化してきた。設計には、着眼点+足(問題点の周囲の調査、戦略を定める)+手(それをもとに建築として作り込む)が必要だ。ここでは「手」「足」の部分が足りず、もう少し突き詰めるとよくなったという、残念な作品を選んだ。

259 東田 夏海 / 名古屋工業大学

私のかえる街

地下鉄の出入口をもっといい空間にしたいという発想に基づく提案。「縦穴」を挿入するアイディアはよいし、地上と地下空間をうまく結びつけた空間自体もよくできていて、新しい空間の可能性を感じさせる。しかし、断面の変化で平面も変わることを見せるプレゼンテーションになっていないため、新しい地上と地下の空間の豊かさがわかりにくい。また、建築をきちんと構造化せずに手慣れで設計を進めているため、部分の設計に留まっているのが残念。もっとメタ(高次元の)レベルから見て、全体を大きな構造体として読み解けばよかった。

347 波多野 歩実 / 富山大学

鋳物語──金屋町を事例とする定住者増加のための研究と提案

鋳物の技術のもつ今後の可能性に取り組んだ作品。物を作る近代技術を都市の中にどのように残すのかは、現代の重要な課題でもある。
歴史的に、日本の都市形態の中には鋳造業のタネが埋め込まれてきた。現代社会で忘れ去られたそのタネを見つけ出し、そこに可能性があることに気づいた着眼点はよい。しかし、物を作る工程のしくみと町家の構造を十分に理解していないため、表面的な設計に留まり、説得力のないのが残念。物のもっている構造を見つけ出し、次世代に向けデザインし直す方法を真剣に考えてほしい。

378 小林 泰典 / 千葉大学

neo librarism

電子化した図書館の提案。分析はよくできているが、できたものは、単にレム・コールハース[*1]を真似て記号化したパーツを井桁状に組んだ建物だ。記号の段階で留まっていて、人と情報をどうつなぐかを建築として提案できていない。模型はすばらしく、器用で高い能力を感じるが、いろいろなことをやりすぎて、1つの強い方向性をもってブレイクスルー(打破)できていないのが残念。統合するためにあらゆる物事を表面的になぞっているだけで、物事の本質に踏み込んでいない。物事の本質ときちんと向き合える人だけに、エールを送りたい。

註
*1　レム・コールハース(Rem Koolhaas, 1944年-)：オランダの建築家。

*SDL=せんだいデザインリーグ 卒業設計日本一決定戦

櫻井 一弥
人口減少への提案

建築を消滅させていく、減らしていくような提案が多い。人口減少で街が消えていく現実をきちんと受け止めて、それをどうにかしたいというまじめな作品が多かった。ここでは、日常的な風景にちょっとした味付けをすることで新しい風景が生まれている作品など、生活者として地に足の着いた感覚をもった提案を選んだ。

175 南野 騰志 / 大阪市立大学

Transtudio──あの塔の下に

風景の中に多数そびえる巨大な「鉄塔」に着目。電気を送電する「鉄塔」を風景にとって邪魔なものとしてとらえ、「鉄塔」に付加するように建築空間をつくった。立地に応じて、談話室やホールなど、ちょっとしたコミュニティスペースを設計している。「鉄塔」はたくさんある上に巨大なので、そこを建築化したら有効だという提案だろう。できあがった建築はさておき、「鉄塔のあり方」という着眼点がおもしろい。「鉄塔」という何気ない日常風景に、人の気づかなかった視点をもって取り組んだところに好感をもった。

471 武藤 真理子 / 慶應義塾大学

アイダイドコロ──戸建住宅街改造計画

高齢者住宅の駐車場に台所ユニットというちょっとした構築物を作って、そこをコミュニティスペースにしよう、という戸建て住宅群に対するユニットの提案。絵がとても印象的だ。プライベートとパブリックの中間領域である隣家との境界部分に、近隣住民が集える場所をつくっている。日常の風景にスパイスを加える提案で、こんな場所があったらおもしろい。大きなコミュニティスペースを1カ所つくるより、このように小さな場所を分散配置するほうが有効だ。付加した小さな空間は「かまくら」のようで、造形的にもユニーク。

527 内田 慎 / 名城大学

金生山の緑橋

山の斜面に木造の橋を架けていく提案。やがて木々が生えると、木造の橋は木に覆われて自然風景と融け合い、山と化す。人も通れるし、山の原風景も戻ってくるという計画。山形県南陽市などの盆地から見える、周囲の山の斜面を果樹園のビニルハウスがびっしり覆った美しい風景を思い出した。人が自然の中に人工物を加える時に、自然をうまく生かして1つの新しい風景を生み出している。それと同様、うまくバランスをとって自然と人工物を共存させようとしているところに好感がもてる。

佃 悠
身体と建築

新しい建築形態を模索して試行錯誤しているようなものは少なくなり、機能をもつリアルな建物を形作る提案が多かった。コンバージョン(用途転換)やリノベーション(改修)など、社会の現実を見据えた提案も目立っていた。
ていねいにスタディを繰り返して、作り込んだ作品が多く見られた。人間の存在や活動の延長線上にあり、身体活動とのつながりから建築を考えているものを選んだ。

073 廣畑 佑樹 / 大阪大学

PALETTE

空間構成の基準となる箱を設定して、それぞれの箱(空間)の用途に応じて、視線の位置や身体の動作から天井高や通路の幅など箱の内外の寸法を決める。箱の尺度の変化と身体との関係性を見ながら、さまざまな箱同士を組み合わせることで新しい空間の形をつくり出そうとしている。いろいろな箱の組合せパターンを提案しているが、平面図を見ると機能する建物になっている。箱を積層させる設計操作はよく見られるが、この提案では使えない箱の山に陥ることなく、破綻のない積層になっている。

383 金箱 彰 / 新潟大学

舟小屋のある風景

舟小屋と住宅が連結された建物を改修して住み続ける提案。旧来の職住隣接(漁業と居住の一体化)は合理性の結果であるが、昨今、漁業人口の減少など、舟小屋を個人で維持管理するのが難しくなってきている。そこで、生活を維持するために、歴史的な建物を観光資源として使う積極的な将来投資の提案。舟小屋だけではなく、観光客の動線、舟の係留のための護岸の処理が計画されている。環境を含めて検討された産業と住まい、建築を考えた提案。

394 小黒 日香理 / 日本女子大学

初音こども園

東京の下町、谷中のこども園の計画。細い路地が密に通る谷中の街に建物を単体で建てるのではなく、分散配置すると路地空間自体が大きな園庭のような存在になる。円環状に現れるこども園によって、街に子供たちの笑い声があふれている情景が予想できる。街の特性を活かしながら新しい施設を差し込むという好感のもてる提案。こども園が迷惑施設とされる現状の批判を、地域との共生関係をつくり出して乗り越えている。

PROCESS__1
Preliminary Round

手塚 貴晴
「あったらいいな」を形にする

建築が建物として建つ以前のことを考えすぎていると感じた。建物それぞれにおもしろいテーマがあるはずなのに、まだ世の中にないものを一生懸命考えていて、そこに無理があるのではないか、というのが第一印象。建築家は世の中に必要なものをつくるもので、相手をいかに納得させるかが重要な職能となる。
外部から空間をつくる提案が多く見られたが、内側から空間をつくってほしいと感じた。

128
枝元 翔子
大阪大学

ちいさなネコの国の物語
建築でイマジネーションの世界をつくろうとすると、現実味の感じられない悲しい結果が待っている。この作品はネコの国の絵本を描き、屋敷の断面を展開させて物語を演出している。このような建築を作ろうとする時には前提条件を設定するが、想像の創造のためには「うそをつく」必要がある。ここは「ネコの国」だから、一貫して「うそをつく」ことになる。このテーマが卒業設計として認められるのかと考えつつ、「世の中の役に立たなさそうなものが好きだ」と感じる自分がいた。

158
藤枝 大樹
名古屋大学

Hyper Mountain Hut——エベレスト・ベースキャンプ整備計画
プレゼンテーションに目を引かれた。コンター(地形)模型がすべてである。山岳ベースキャンプが定営される定着方言用形成形、縦に積層させるボール紙で作ってある。通常、コンターはその地形の上に構築物を積み上げるものなのだが、その表情は、地表を撫でる美学のようなものを感じさせる。
ベースキャンプのパビリオンの配置は、建築の原点を考えさせる。場の力を信じられ、人にむしろしめこよと言われ機能再優先の立案である。

367
岡部 絢子
東京都市大学

子育ての芽
実際にこの建物が「あったらいいな」と強く感じさせられた作品。私が教える大学の学生なので、完成までの経過を知っている。保育園のプログラムに真正面から取り組む「ものづくり」の姿勢に共感した。実際に中に入って体験してみたい空間であり、小さな傘が連なる保育園にいる子供たちの姿が想像できる。イメージの世界に入り込むことなく、現実の世界に踏み留まった設計である。

土岐 文乃
建築の密度が高い作品が多い

今年は力作、特に密度の高い建物が多かった。その一方、密度の高い都市を敷地に選び、そこにリノベーション(改築)や新しい建築を付加した作品では、どこからが提案で、どこまでが既存の都市の魅力なのかがわかりにくかった。その結果、ここでは、密度の高い細かい設計や、物量にものを言わせる展示物だけにとらわれた作品ではなく、別の次元に連れて行ってくれるような作品を選んだ。

039
森田 秀一
日本大学

建築が動く時——エレベーターの再評価による超動的建築
この提案では、分棟型の各棟がそれぞれ可動式のエレベータになっていて、それらが遭遇する地点で、場が展開するようになっている。エレベータが建築の中の1つの空間として使われる空間構成は、レム・コールハースがボルドーの住宅[*2]で行なっているのだが、それをもっと拡大解釈して、ビルそのものが動くというところまで延長させているのがおもしろい。ただ、1つ1つのビルを動かすのは、ある意味では過剰な操作であり、その割には利便性などの効果が薄い。もっとダイナミックなことが起こるような設定があってもいい。

註
*2 ボルドーの住宅(Maison a Bordeaux):オランダの建築家、レム・コールハース(Rem Koolhaas, 1944年-)が1998年に設計した住宅。書斎スペースがエレベータになっていて、上下することで建物内部の雰囲気がダイナミックに変化する。

126
加藤 采
京都造形芸術大学

Collective Castle——屋台ステーションとしての集合城
自動車の動線が建築の形態を形成し、そこに屋台が収まる小屋とセットになった個人住居が複数付属する屋台ステーションの提案。インフラと住宅をセットで計画したのがおもしろい。また、壁の作り方、スロープの形成方法、内側と外側の中間など、建築の道具としてもうまくバランスがとれている。これを普通の道路として作ると、1枚の巨大な壁がぐるりと巻く形になるのだが、それを小さな単位ごとに分割し、建築にも道路にもなるような解き方をしているのがうまい。

496
佐藤 仁美
東京電機大学

ほんをめくる、この街を読む——知る・考える・作るサイクルを生み出す、地域活動施設の提案
記憶や知識が集約される「図書館=知識の循環」と、実際のアクティビティ(活動)である「農業=生の循環」を同居させるという提案なのだろうか。趣旨が明確でないため、ややわかりにくい。本のように目次とか、1章や2章とかいうステップを経ることで、街が徐々に変わっていくというプログラムを設定しているのなら、そこもうまく整理し切れていない。このより、建築としての魅力を説明しにくいが、着眼点と、この提案でやろうとしていることについては評価したい。

中田 千彦
作品の平均点が上がってきた

展覧会場に入った瞬間、作品のクオリティが総じて高いと思った。卒業設計そのもののレベルは確実に上がってきていて、ルックスがいいだけという作品はほとんどなく、そこには必ず社会性とか文化性に関わる問題とか、批判精神のようなものが内在している。一方、問題提起の手法がパタン化している点が少し気になった。それを突き抜ける作品が登場するのを期待している。

037
倉員 香織
九州大学

壁の在る小景
建築の内容よりも、まずトレーシングペーパーに図面を描くという、ポートフォリオの質感がノスタルジックで魅力的に映った。この謎めいたファンハウス[*3]のような模型も、3Dグラフィックスを使って展開するとおもしろくなるけれど、それをしないで、昔ながらのスチレンボードを切って、必死に面取りなどをしている。思うに、これは身体の寸法に合わせて、材料を使って物を作るという思考実験なのではないか。そういうファンタジー(非現実的な作品)を卒業設計でやるのはいいと思う。

註
*3 ファンハウス:遊園地などにある見世物小屋やお化け屋敷などのアトラクション施設。

369
吉田 宇弘
慶應義塾大学

公開基礎空地群
境界線ぎりぎりに建っている建売住宅をジャッキアップして基壇部を増築する提案。よくある住宅街の安っぽい統一感とはまた違った新しい風景に更新している。アイレベル(人の視線の高さ)の空間が、第2のシークエンス(場面展開)となっているが、こういう構造体が魅力的かどうかはわからない。また、建築の手法としておもしろいのか、風景として用いておもしろいのかどうか。建て主にとっては、手間をかけた分、コストが余計にかかるのは明白である。これは建築の提案ではなく、千住の提案にすぎない。

543
稲田 昌平
佐賀大学

TOUKA——全体を透過し、空間を等価する
1911(明治44)年より現存する石造りの古い構造体(人吉機関区車庫)を増築した作品。同じような材料を使って増築してしまうのは、ずるいというか、いさぎよくない手法だが、この作品に関して言えば、木を使って、元の建築がもっている存在感や生命感を損なうことなく、うまく容積を増やしている。また、年月を経ていくうちに、木の色合いもいい感じになっていくのではないか。ただ、バリ棚自体の素材感は既切のの建築材料として使い見慣れてしまっている。それを想起させるデザインにしてしまったのは、ちょっともったいない気がする。

西澤 高男
思いやりのカタチ

社会的な問題に深く関与する学生の多さに驚かされる。テーマとの距離感は人それぞれであるが、取組みに真剣さが感じられる。
社会への関心は近年の傾向であるが、大規模なプロジェクトではなく、出展者が自分の周辺を見て、体験から考えている提案を選んだ。

326 富樫 賢也 新潟工科大学

お家参り

対策が必要となっている空き家問題に取り組んだ提案。空き家は改修して再利用するという提案が多い中、空き家が朽ちていく姿を描いていく。滅びの美しさのようなものが感じられ、まじめに墓標を作ろうとしているところがおもしろい。木造の空き家に挿入される墓標がコンクリートの構造体で、思考と実践に乖離がある。美しく朽ちていく木造家屋に対して、コンクリートの存在感が残ることになるが、存在を留めておきたい理由を作者に聞いてみたい。ドローイングから「現状をなんとかしたい」思いが伝わってくる。

423 美藤 和也 九州産業大学

はじまりをたどる

瀬戸内海の岡村島という愛媛県今治市の島への提案。私も岡村島へ調査に行ったことがあり、共感できる提案になっている。人口は減少し、高齢化が進行する島で作者自身がヒアリングしながら提案を建築としてまとめている。応援したいプロジェクト。今後も長い時間をかけて少しずつ育て上げていってほしい。岡村島の実際の環境は食事は美味しいし、住民の表情から高齢化や少子化の悲哀は感じられない。人口は少ないが、楽しく暮らすことを目的に提案を練り続けてほしい。

485 白石 矩子 東京電機大学

鉄塔のある風景

天然ガスが発掘されるという資源のある街の姿を追う提案。石油依存型の開発に乗る必要がなく、現在あるものをきちんと使って街の自立に結びつけて運営していく方策として、おもしろい。大然ガス利用という独自性を出していく街のあり方が、経済の循環、無理のない公共投資、交流の核となっていくのではないだろうか。鉄塔と木造切妻屋根の関係など、造形としては考えるべき点が残るが、着眼点を評価したい。

福屋 粧子
リサーチをもとに緻密な設計

リサーチに基づいた緻密な設計が多く、審査で読み込むのに時間がかかった。しかし、建築空間の成り立ちにまで、調査結果をきちんと反映できている作品は少ない。一方、表現としては、デジタルな手法と手書きとに二極化している。
ここでは、都市のウラ空間を現代の街の中に新しい形で残す提案と、私も関わっている高台移転に関する提案を選んだ。

149 尾崎 健 日本大学

原風景の再読記——町工場からの学びとその転用までの旅路

まず、東京の大森にある既存の町工場を徹底的に調べていったところがよい。工場は、それぞれの特殊な用途に応じて備えなければならない要件がある。そのため町工場の街並みには、単一機能の建物でできた街並みとは違うおもしろさがある。
町工場＝住居＋工場は、従来、街のキャラクターをつくり出してきた。近代に住居と工場の分離が進んだが、現在は、再び両者を混在させて、街の活気を取り戻そうとしている。この作品は、生産の場を街の中に取り戻すとどういうおもしろさが生まれるかにきちんと取り組んでいる。

190 常松 祐介 東京大学

会所地を立体化する

江戸時代以来の都市の構造にあった「会所地」。道路に面して家が並ぶ家のウラのように残る部分が「会所地」で、大抵、寺や広場になっていた。しかし近年、「会所地」を含めた街区ブロックが一括して再開発され、「会所地」がなくなっていく。そこで周囲の高層化に合わせて「会所地」を立体化した都市の広場として残すことで、豊かさを増すという提案。近代化に伴い否定されてきた歴史的な資産をもう一度、魅力的なスペースとして再生産するところがいい。縁側のようなものによって、広場全体を1つのデザインとしてまとめたところも上手だ。

486 澤田 侑樹 大阪市立大学

災害と暮らす——小さな村の小さな防災

高知県の沿岸部と川沿いの集落の、人々が自然に移り住める事前防災としての高台移転の計画。東日本大震災後の津波被害の高台移転計画に似ている。強制的に移転させると集落が崩壊するなど問題が大きい。
この案では、住民にすき間や空き家などを割り当て、暮らしの知恵をもとに、段階的に移住することがコミュニティにとってよい作用となることをていねいに伝えている。地域の人が嫌な気分にならない資料としてまとめているところがいい。
設計していないので票は入れなかったが、建築の専門家がこういうことに関われるとよいと思って選んだ。

堀井 義博
新しい建築を見たい

映画『ALWAYS 三丁目の夕日』（2005年公開）を思い出した。つまり、積極的に作ったようには見せず「少しいじる」「いじったように見せかける」という作品が多い。世の中の傾向を映しているのだろうが、疑問を感じたので、そうではない作品を選んだ。卒業設計では、新しい建築のタイポロジー（類型）やこれまでに見たことのない形態に挑戦してほしい。

124 鈴木 俊哉 琉球大学

堆肥製造所——たいひくたーにひかれて

あまり見たことのない形で、設計の内容を深く理解していなくても、多くの出展作の中で目を引く作品である。内容を読み込んでみると、建物は「農業用の堆肥を作る工場」だ。それを卒業設計のテーマにしていることにも驚いた。通常、工場というと機械をもとに形作られ、建物はその형を決することが多い。しかし、この作品では、堆肥を生産するプロセス自体を建築化しようとしている点にオリジナリティがある。その挑戦の結果、見たことのない形が生まれている。そういう挑戦は、創造性があり、生産的だと思う。

312 小林 航也 日本大学

雨露の楼閣

内容を深く読み込む前に、パッと目を引かれた作品だ。このロート型を束ねたような形態は、そこまで目新しいわけではないが、圧倒的な大スケール（規模）の建築を提案していることを評価した。
この巨大建築で、結露により水を集め、再生して用水に使うということを提案している。
建築としては無謀な挑戦で、バカバカしい提案にも見えるが、実際に雨水の再利用で十分な水を確保しようとすれば、このくらい大規模に集めないと、効果は望めないだろうと思う。

416 河中 宗一朗 北海学園大学

湖水の景

テーマ設定と敷地の選び方に、これまで見たこともない形を生み出すことへの努力が感じられる。『雨露の楼閣』（312）と同じく、やや既視感のある形ではあるが、僕好みのデザインで、今年の出展作の中では、おもしろいと思った。
惜しいのは、モチーフとなっている「煙突形」が同じ形の反復に留まっていることだ。モチーフの形態にもっとバリエーションをもたせ、この形態操作のしくみによるとこんなふうに新しい風景ができるということを、もう少し積極的に提示しているとよかった。

PROCESS_1
Preliminary Round

堀口 徹
失われたもの、時間

死を扱ったテーマが今年は目立っていた。死は普遍的なテーマであるが人の死だけでなく、空き家、老朽化した土木インフラ、廃村になる集落など、失われていく風景がテーマとして設定されるようになってきた。東日本大震災から5年が経過するが、いまだ解決されない問題は多い。震災直後には発想できなかった、原子力発電所や福島の街をテーマにした作品が増えている。作品の背景にある、ものの亡失と関連する時間の扱い方に興味をもった。

029 國清 尚之　九州大学

micro Re: construction

永代供養墓の提案。都市の風景を集めて墓地を形成している。人と土地との結びつきが希薄になり、先祖代々の墓があっても疎遠になったりする中、故人と向き合う場所をどうするかという問題への1つの解答。墓と都市の風景の結びつけ方がおもしろい。作者が「都市の虚構」と呼ぶ風景に対する感覚に興味をもった。自分の目と身体を研ぎ澄まして街の風景と向き合い、都市の風景をサンプリングしている。

233 宮田 典和　東京理科大学

下町の器

東京、葛飾柴又の帝釈天に至る参道のこれからの姿を描いている。人口減少による空き家問題と外国人観光客増加による宿泊施設不足の問題を同時に考えなければならない状況下、地域の持続性を考えると空家活用の提案は、テーマとして重要である。提案では、新築するもの、残すもの、減築するものなどを組み合わせ、人が泊まれる空間や防災拠点になる場所をつくっている。帝釈天の参道は「寅さん」の里でもあり、観光客向けの施設を意識させるが、住民への配慮も考えられている。

??? 仁科 智貴　千葉大学

レリーフ――風化することで生まれる書庫の提案

「風化」はネガティブにとらえられる時間の経過だが、この作品の「風化」は、これまでなかった空間が生まれる基点としてとらえられている。風化する素材としてのコンクリートの特性、経年変化を調べている。一般に建物は竣工した瞬間が到達点であるが、ここでは建物の風化が、自然現象との相互作用により新しい空間、風景を生ずるための出発点となっている。書庫というプログラムに疑問を感じたが、紙の本がもつ時間軸は風化を感じさせる演出になる。

本江 正茂
社会問題に真正面から前向きに

縮んでいく社会をどう引き受けていくかを課題としたまじめな作品が多かった。絶望的な提案は減り、真正面から重い課題を引き受けて前向きに取り組む未来志向の作品が多く、頼もしい。
機能性、社会性、事業性をもとに法的な整合性によって設計する通常の手法だけではなく、別分野の研究成果を使った新しいロジックによる手法で設計に取り組んだ作品を3つ選んだ。

025 田島 雅己　慶應義塾大学

泡沫のすゝめ――超高層建築に対する圧迫感からの解放を求めて

超高層ビルは、遠くから眺める分にはいいが、近くにいる人々には、その外観がプレッシャーを与える。そこで、人と高層ビルの中間的な領域をつくり、人の感じるプレッシャーをやわらげようとする提案。アイトラッカー(瞳の動きを辿る機械)を使って、人が目を止める場所を調べると、頑張った部分だとわかる。そこで、その部分、高層ビルの足下付近に、中間的なスケールで、人の目の止まりにくいやわらかな輪郭をした、樹木を思わせる丸いもの(空間)を設計している。

067 高橋 祐太　日本大学

暮らしの諸相

沖縄のいろいろな集落の中の多数の住宅のプラン(平面計画)をもとに、人がどこで寝て、どこで動き回るかを調べている。この結果を、部屋のつながりの関係性をグラフで記述する「グラフ理論」の「アクセスグラフ」を利用して、抽象化。大量のデータをもとに作成した典型的な「アクセスグラフ」を適用して、次の世代(家族構成)のための家のプランを設計した。都市計画ではなく民家設計の要件の抽象化の手法として「グラフ理論」のモデルを使ったところがユニーク。家も残るし、次世代が引き継ぎ住めるように過不足ないプランを提案しようとしている。

516 青山 柏樹　法政大学

Contemporary Japanese Architecture Museum

日本の現代建築のミュージアム。現代建築とは、職人的なものではなく理論的なもので、建築家の言説と密接な関係がある、という観点から、建築家の著書や専門誌に発表された言説をもとに歴史的に分析。さらに1人1人の建築家の言説の変化を分析して、時代ごとに大きく4つに分類している。その分類に合わせて4つの展示室に分かれるミュージアムを設計した。言語表現に着目し、それをもとに建築のプログラムをつくっているところがおもしろい。建築家のもっている観念的なものを切り口として、現代建築をとらえるという視点は1つの方法である。

厳 爽
長い時間軸の中で建築を考える

長い時間軸の中で、建築をとらえていく提案が多かった。50年後、100年後に建築がどう移り変わるのか。改修や用途変更を行ないながら、なるべく長く使えるようにするという作品が目立ち、とてもいい傾向だと感じた。また、福島の原発事故をテーマにした作品も数点あったが、実際に人が住めない場所を、どのように後世に残し、記憶として伝えるのかという問題点をいずれも完全には消化しきれていなかった。

129 平岡 志織　大阪大学

Episode#6

海外の芸術家6人のためのアトリエ兼住居を防潮堤と組み合わせた提案。現在、東日本大震災後の各地の沿岸部にはとても高い防潮堤が作られていて、地元の人にとって心の原風景のようなもの(海の景観)が遮られてしまっている。一方、行政としては、命を守るために防潮堤は絶対に必要だと主張する。そういう二極対立的な状況の中で、防潮堤をいかにポジティブ(前向き)にとらえ、どう問題を解決するのか、という着眼点は大いに評価できる。芸術家1人1人のライフスタイルを細かく設定するなど、設計のプロセスも手堅い。

152 折出 千秋　静岡文化芸術大学

Archiroid　アーキロイド

従来の固定された建築ではなく、建物自体が自動車として移動できる建築=モバイル建築の提案。全く新しい考えではないけれど、今までの卒業設計では出てこなかった提案であることを評価した。どこまで実現できるかは不明だが、たとえば、モバイル・ホスピタルという、いわゆる限界集落のような地域に医療を提供することができる。これからは人口が減っていき、新たな建物を建てていく時代ではなくなるかもしれない。そういう時にも、モバイル建築の可能性が広がるのではないかと思う。

268 福山 ふみの　芝浦工業大学

優しい弔い方――過疎地域における集落消滅までのデザイン設計

過疎化が進み、限界集落と呼ばれる地域がどういった形で終わりを迎えるか、がテーマ。秋田県のとある過疎集落を舞台に、実際の街並みとか、住人たちの心の拠り所、2015年から40年後、60年後と、時間軸に沿って、残すべきものと消えるものなどが、綿密な調査を経て、ていねいに整理されている。人口減の集落を取り上げた作品の多くが、地域の活性化や再生、人口を呼び戻すことに重点を置いている中、集落をいかに美しく閉じていくかという着眼点がユニーク。

Photos except as noted by Toru Ito, Izuru Echigoya.

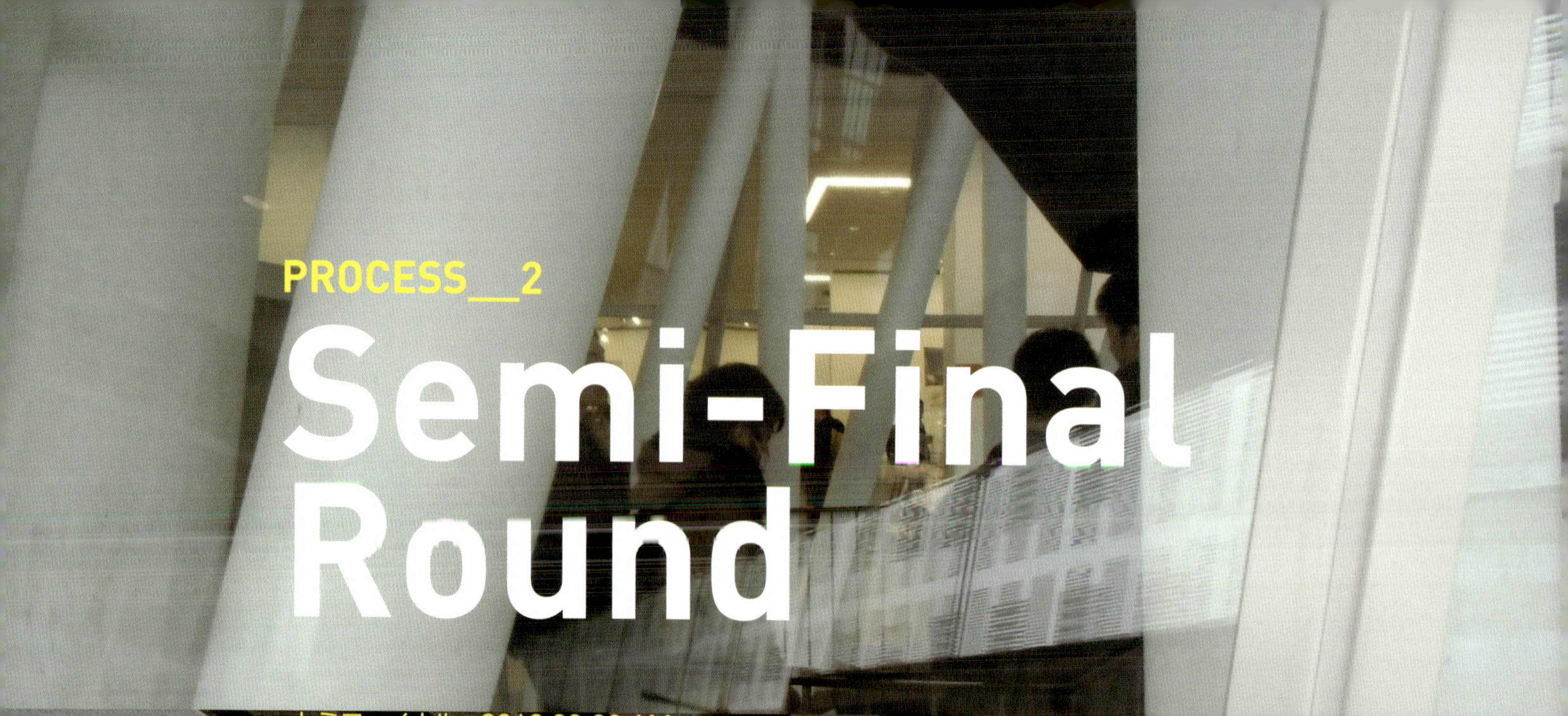

PROCESS__2
Semi-Final Round

セミファイナル：2016.03.06.AM
せんだいメディアテーク
5・6階ギャラリー、6階バックヤード

　セミファイナル審査では、午後の公開審査（ファイナル）のステージに立つ10組を選ぶ。今年は例年の審査方法を変更し、グループ審査とディスカション審査の2段階を経て、ファイナリストを選出する方式となった。また、セミファイナルとファイナルを同じ審査員が務めることになった。最初のグループ審査では、6人の審査員を2人ずつに分けた3グループと審査員長、計4グループに分かれて審査する。先の3グループは、前日の予選を通過した100作品（100選）を3分割し、それぞれ1/3ずつの作品を分担して審査し、各10作品を選出。審査員長は、予選通過作品を中心にすべてを審査し、10作品をめやすに選出する。さらに、各グループごとの選出作品には、松竹梅の3段階で評価が付けられる。審査員4グループは、それぞれアテンドする学生スタッフと担当アドバイザリーボードの案内で、せんだいメディアテークの5・6階に分かれた展覧会場内をそれぞれ巡回。担当する作品を確認しながら審査を進めた。作品選出を終えた審査員は、昼食の時間を利用して、アテンドする学生スタッフの案内で担当以外の出展作品をすべて一通り確認した。
　全グループの選出作品の集計がまとまると、6階バックヤードで、セミファイナル最終審査過程であるディスカション審査が始まった。まずは各グループごとに選出作品のプレゼンテーション。続くディスカションでは、床に並んだポートフォリオを囲み、司会が審査員たちに話題に上った作品のポートフォリオを見せながら審査が進む。その様子は、市場のセリを思わせることから、「セリ」と呼ばれる。
　そして、各グループが選出した計38作品を対象に、全審査員での審議を経て、ファイナリスト10作品が選出された。

Photos except as noted by Toru Ito, Izuru Echigoya, Hajime Saito.
Model photos by Izuru Echigoya + Sendai Student Network of Architecture and Urbanism.

01_Group
グループ審査

02_Discussion
ディスカション審査
セミファイナル審査員プレゼンテーション
ファイナリスト選出のためのディスカション

SEMI-FINAL JURY

01_GROUP
Group_1: Takaharu Tezuka + Shunsuke Kurakata
Group_2: Tsuyoshi Tane + Shoko Fukuya
Group_3: Yuri Naruse + Yasuaki Onoda
Group_4: Ryue Nishizawa

02_DISCUSSION
Ryue Nishizawa
Takaharu Tezuka
Tsuyoshi Tane
Yuri Naruse
Shunsuke Kurakata
Yasuaki Onoda
Shoko Fukuya

Semi-Final Round
01_Group
グループ審査

註(本書46〜51ページ)
*1 アドバイザリーボード:本書4ページ註1参照。
*文中と表中の作品名はサブタイトルを省略
*文中の(　)内の3桁数字は出展作品のID番号

[セミファイナル グループ審査 作品選出結果]

松=■ / 竹=■ / 梅=■

予選得票	ID	氏名	学校名	手塚倉方	田根福屋	成瀬小野田	西沢	得票合計
12	205	高橋 洸太	千葉大学	■				1
11	029	國清 尚之	九州大学		■		■	2
11	030	持井 英敏	大阪工業大学			■		1
11	088	十田 楠	前橋工科大学	■				1
11	090	高野 哲也	名城大学					
11	137	福島 啓愛	新潟工科大学			■		1
11	199	冨安 達朗	法政大学	■				1
11	366	元村 文春	九州産業大学		■			1
11	457	加藤 賢一	芝浦工業大学			■		1
10	037	倉員 香織	九州大学				■	1
10	109	須藤 嘉顕	千葉大学			■		1
10	212	日野 一貴	日本大学			■		1
10	220	山本 稜	東京理科大学					0
10	285	釜谷 潤	千葉大学					
10	410	横江 優太	首都大学東京					
10	534	宮本 凱士	東京都市大学					
9	001	武谷 創	九州大学		■			1
9	021	田中 健一郎	京都大学					0
9	051	鈴木 叙久	東洋大学					0
9	140	野嶋 淳平	九州大学					0
9	151	小山 恭史	日本大学			■		1
9	163	牧野 佑哉	東洋大学					0
9	182	飯田 美帆	昭和女子大学					0
9	210	小野 直輝	芝浦工業大学					0
9	254	中村 遥	東京理科大学					0
9	293	木村 貴将	工学院大学					0
9	369	吉田 宗弘	慶應義塾大学					0
9	448	大須賀 嵩幸	京都大学					0
9	456	福島 大地	名城大学					0
8	006	西村 朋也	東京工業大学			■		1
8	014	谷 大蔵	神戸大学					0
8	038	平山 雄基	京都工芸繊維大学					0
8	041	吉川 尚哉	東北大学		■			1
8	079	石川 一平	立命館大学					0
8	111	村上 裕貴	東京都市大学					0
8	206	伊達 一穂	九州大学					0
8	255	鵜沢 信吾	日本工学院専門学校			■		1
8	288	小黒 由実	千葉大学					0
8	312	小林 航也	日本大学	■				1
8	350	平木 かおる	東京都市大学	■		■		2
8	360	深田 隼人	工学院大学					0
8	383	金箱 彰	新潟大学					0
8	409	寺岡 波瑠	名城大学					0
7	050	相見 良樹	大阪工業大学		■			1
7	055	小川 理玖	日本女子大学					0
7	058	大沼 美朝子	東京都市大学					0
7	124	鈴木 悠哉	琉球大学					0
7	148	中村 教祐	明治大学		■			1
7	182	松山 陳朱	京都工芸繊維大学	■	■			2
7	225	榎本 奈奈	室蘭工業大学					0
7	241	仕立 彩香	静岡文化芸術大学					0
7	281	平良 千明	芝浦工業大学	■				1
7	306	西野 翔	東洋大学			■		1
7	307	井上 喜乃	近畿大学					0
7	335	桐谷 万奈人	名城大学					0
7	352	渡辺 杏奈	千葉大学					0
7	416	河中 崇一朗	北海学園大学		■			1
7	452	田中 太樹	芝浦工業大学			■		1
7	495	関 隆史	東京電機大学					0
6	042	河野 裕太	長岡造形大学					0
6	047	山口 薫平	東京理科大学	■				1
6	048	山本 雄一	豊田工業高等専門学校					0
6	066	塚越 仁貴	神戸大学					0
6	072	廣畑 佑樹	大阪大学					0
6	092	川本 稜	京都大学					0
6	113	市川 綾音	名古屋大学					0
6	122	山森 久武	慶應義塾大学					0
6	126	加藤 采	京都造形芸術大学					0
6	158	藤枝 大樹	名古屋大学					0
6	253	橋本 卓磨	兵庫県立大学					0
6	258	福山 ふみの	芝浦工業大学			■		1
6	297	中居 和也	近畿大学					0
6	309	小室 龍昭	東京理科大学					0
6	367	岡部 絢子	東京都市大学				■	1
6	438	三武 良輔	東京理科大学					0
5	525	横尾 周	慶應義塾大学	■				1
5	542	小杉 真一朗	日本大学					0
5	002	林 和希	京都大学					0
5	007	杉 拓磨 / 新田 ベン / 平井 七々子	早稲田大学芸術学校	■				1
5	039	森田 秀一	日本大学		■			1
5	080	戸田 勇登	千葉大学					0
5	095	志藤 拓巳	京都大学					0
5	223	櫻田 康太	首都大学東京					0
5	234	東野 健太	大阪工業大学					0
5	266	津久井 森見	慶應義塾大学					0
5	354	谷口 和広	九州大学				■	1
5	394	小黒 日香理	日本女子大学	■			■	2
5	427	瀬田 周平	工学院大学					0
5	493	土井 康永	近畿大学					0
5	527	内田 慎	名城大学					0
5	528	加藤 彩季	京都大学					0
4	155	藤本 雅広	大阪大学					0
4	181	藤田 雅大	千葉大学					0
4	184	陣 昂太郎	名古屋大学					0
4	204	松田 茉利奈	名城大学					0
3	036	矢野 ひかる	名古屋工業大学			■		1
3	115	西尾 拓真	東京電機大学					0
3	128	枝元 翔子	大阪大学		■			1
3	233	宮田 典和	東京理科大学					0
3	249	鯵坂 康平	名古屋大学					0
1	229	藤岡 宗杜	大阪工業大学					0
0	077	高麗 夏実	東京都市大学				■	1
合計				10	10	10	12	42

凡例:
* ■は、各グループの担当作品
* IDは、予選未通過(100選外)ながらディスカッション審査へ選出された作品
* ■は、ディスカッション審査へ選出した38作品
* 西沢審査委員長は、予選通過作品(100選)の中から各自の評価の高い順に松竹梅の3段階に分けられた。
  その他の各グループの担当作品は、予選の得票の多い順に、3グループに振り分ける方法で決められた。手塚・倉方グループは34作品、田根・福屋グループは33作品、成瀬・小野田グループは33作品を担当。各グループごとに10作品ずつ選出し、同じく、評価の高い順に松竹梅の3段階に分けられた。

グループ_1
手塚 貴晴 ＋ 倉方 俊輔

――手塚審査員の作品分析をヒントに独自の視点で選出する倉方審査員

中田 千彦
Senhiko Nakata

審査員：手塚 貴晴、倉方 俊輔
アテンド：中田 千彦、堀口 徹（アドバイザリーボード*1、予選審査員）

このグループでは、担当する34作品から10作品を選出する（表1参照）。前日の予選審査に参加した手塚審査員が先導する形で、担当作品を巡回。すでに作品の概要をあらかた読み込んでいる手塚審査員が個々の作品についてブリーフィング（解説）し、倉方審査員がこれに応答するかたちで選出すべき作品を決定していった。これまでに多数の卒業設計審査会の審査員を務めた手塚審査員は、かつて自身の審査した審査会での上位入賞者が、このSDLで入賞を逃すことが多かったことについて、SDLの審査のプロセスや判断基準に何かしらの特殊性や偏りがあるのではないかという疑念を抱いている様子であった。一方、関西を中心に全国各地の卒業設計審査会での審査経験が豊富な倉方審査員は、誰もが挑戦できる異種格闘技のようなSDLの雰囲気を楽しみつつ、手塚審査員の解説をヒントに、独自の評価を下していった。

担当の作品群を一巡する中で、2人の異なる視点と作品審査の論点は、あたかも二重螺旋を描くように互いにやや距離をとって流れながら、要所要所での議論を通して、ぐいぐいと選出すべき作品を拾い上げていった。いくつかの作品は選出過程で両審査員の議論を白熱させた。

たとえば、『まなざしの在る場所』（350）は、極めて個人的な動機である家族と本をモチーフにした作品。1つ1つ組み上げた空間の連続、単純明快な設えやフォルムの力強さが両審査員の共感を呼んだ。さらに、詩的な表現でありながらもわかりやすいところが、両審査員をして強く推させるかたちとなった。また、猫の視線から平凡な住宅の「中」にさらに内部空間を展開する『ちいさなネコの国の物語』（128）は、スケール感の飛躍と内部空間の脚色を徹底的に模索する作者の姿勢に両審査員が共鳴し、高く評価された。一方、わかりやすいキャッチコピーを想起させる作品も選出された。巡回審査中に「五分刈り建築」という愛情と敬意のこもったニックネームが付いた『ウージ畑のチャンプルー』（281）は、サトウキビの成長とその収穫期の畑をもとにした単純な空間操作の展開と、水平面を意識した造形とのマッチングが美しいと評価され、選出された。両審査員は愛称すら生まれる建築の力強さに半ば興奮気味であった。

手塚審査員は、この膨大な作品群から10作品を選出するSDLの審査の特殊性と醍醐味を承知した上で、多様性の中の特異点を見出すことに力点を置き、「発言力のある」作品を選出しようとしていた。一方、倉方審査員は、芯のある「きちんとした」作品を拾い上げようと試みていた。

予想に反し、グループ審査は粛々と進んだ。途中、逡巡はあったものの、一巡したところで、ちょうど10作品が選出される結果となり、この10作品がセミファイナルのディスカッション審査に進出することになった。松竹梅の振り分けについても、2人の審査員の意見は概して一致しており、激しい推し合いはなかった。他のグループの選出した作品群と比較してみると、結果として、このグループから選出された作品群は、総じて今年のSDLの出展作品の様相を表象するものであったように思われる。

007

120

350

表1　作品選出結果：手塚・倉方グループ

ID	氏名	作品名
007	杉 拓磨／新田 ベン／平井 七々子	IN THE LOOP
014	谷 大蔵	滲出する哀惜
037	倉員 香織	壁の在る小景
047	山口 薫平	道後湯神前冠山湯浴郷
051	鈴木 叙久	装置一〇〇二番
058	大沼 美朝子	非定型都市
073	廣畑 佑樹	PALETTE
077	石川	人阪人博覧会
080	下田 壮	都市に響が鳴り、雨が降いて
071	志鹿 祖臣	おのTSUNAGU
122	山木 夕汁	誘われる塔
128	柿井 翔子	ちいさなネコの国の物語
141	勝井	解析
162	松岡 瑛美	巣のような建築
163	牧野 佑哉	Google EXPO 2016 Fukushima
199	冨安 達朗	さくらがおか観測装置
204	松田 茉利奈	15047の緑景
205	高橋 完人	君付られた碑（えいいし）
220	山本 枝	サイコロを用いた一二番別建築都市
229	藤岡 宗杜	雑居するパロール
242	秋下 昂聡	降る朝な雨への都がはり、抜けた白が備ひつびり居森
254	中村 遥	浦賀再開港
266	鷲沢 信吾	「モノ」から始まる建築
266	津久井 森見	WWW＝WORLD WIDE WHEREABOUTS
281	千良 中明	ウージ畑のチャンプルー
309	小室 龍旭	崇日な建築
335	桐谷 万奈人	歴史参詣熱田宮之圖
350	平田 かおる	まなざしの在る場所
409	寺岡 波瑠	同じ景色を見て、私は笑って、君は泣いてた
448	大須賀 嵩幸	3]
460	山中 貴樹	劇の、未 学問場
493	土井 康永	「地になじむ
525	横尾 周	千貫山
534	宮木 卿士	Log

*選出作品は、松＝■　竹＝■　梅＝■

525

PROCESS_2
Semi-Final
Round

281

162

047

199

グループ_2
田根 剛 + 福屋 粧子
―― オリジナリティと学生らしい勢いを評価

櫻井 一弥
Kazuya Sakurai

審査員：田根 剛、福屋 粧子
アテンド：櫻井 一弥、土岐 文乃（アドバイザリーボード*1、予選審査員）

このグループでは、セミファイナルのディスカション審査の対象となる10作品を選出する。高く評価されたのは、作品のオリジナリティや学生ならではの勢いといった部分だった。審査対象として割り当てられた33作品（表2参照）を巡回した後、それぞれが推薦する作品を挙げた。

その中で、まず、両審査員が一致して推薦した以下の4作品については、次のステップに進出することが決定した。『micro Re: construction』(029)は、ピラミッドのように形づくられた祈りの空間が魅力的である。特に田根審査員から「論理的な飛躍が良い方向に結実している」との評価があった。『虚（うろ）の家』(109)は、大きな模型が会場で異彩を放っていた作品。新たに架け替える首都高速道路の橋梁部分に住居を隣り合わせるという提案が、東京に住むことに対する新たな可能性を示しているのではないかと評価された。『金魚の水荘』(366)は、人工的な金魚飼育という業態に、自然な生活をなじませようとしている作品で、産業と祝祭的な風景の一体化が魅力的な案。『初音こども園』(394)は、街のすき間をていねいにリサーチした上で、それらを大きな円で斬新につないでいく姿勢が良いと評価された。田根審査員からは「こども園という用途を超えた可能性を感じる」とのコメントもあった。

次に、田根審査員が上記の他に推した『建築が動く時』(039)と『ろう』(050)が検討された。(039)は、一見すると荒唐無稽なエレベータ建築であるが、建物のユニット同士が移動し、偶発的に隣り合うことで新たなプログラムの融合の可能性があるとの評価で、福屋審査員も協議を経て賛同した。(050)は、琵琶湖内に居住施設を作る案である。シニカルにならずに、地域を開発していこうとする前向きな姿勢が評価された。そして、2作品とも選出することに決定した。

続いて、福屋審査員が単独で推していた『優しい終い方』(258)と『見立ての仮面』(285)が審議された。(258)は、今回、展覧会場でいくつか目についた「集落消滅系」の作品で、その中では最も魅力的な案だという評価。田根審査員からも、建物がなくなった後の集落全体の風景を一所懸命つくり出そうとしている点がいいと評された。(285)は、ネット通販会社のAmazonの倉庫に従業員が住んでしまうという設定の作品。福屋審査員から「私たちが直面している現代社会を鋭く批評している」とのコメントがあった。田根審査員は、形態の必然性に多少疑問が残る点を指摘しつつも、重要な問題を扱った力作であるとした。よって、この2作品も選出されることになり、この時点で8作品の選出が決まった。

残りの2作品を決定するため、2度めの巡回審査を行ない、他の作品を確認するとともに、選出を決めた前述の8作品を精査した。まず、(001)(036)(092)(225)(293)(352)などは、いずれも建築の形態が強く、空間性を評価できる作品として検討されたが、その中でも『街的空間試行』(001)は、立体街路のような形態が印象的であった。内部と外部の境界が表現されていないため、機能的に成立しているのかという疑問は残るが、圧倒的な形の力を感じるとの理由から、(001)を選出することとなった。一方、大胆なコンバージョン（用途転換）の提案である(038)(223)(495)は、創出された空間の必然性が乏しいこと、いずれもていねいに空間を構成した好印象の作品(126)(182)(360)(367)は、インパクトに欠けることなどの理由で、残念ながら次のステップへは進めなかった。続いて、土木的なスケールの構造物や景観に建築的なアプローチを試みた(140)(306)(527)(542)を検討。その中の『NeoThroughArchitecture』(306)は、高架した高速道路の脇に居住スペースを設置するという作品である。プログラム的には、先に選出された『虚（うろ）の家』(109)と被るところがあるが、既存構造物への機能の付加の仕方や形態としてのまとまりがすぐれているとの評価から、選出することとなり、合計10作品の選出が決まった（表2参照）。

結果的に見ると、このグループの選出した作品のうち多くがファイナルでも上位に残った。両審査員の評価軸は、大会全体の議論の方向性を先導していたように感じる。

表2　作品選出結果：田根・福屋グループ

ID	氏名	作品名
001	武谷 創	街的空間試行
029	國清 尚之	micro Re: construction
036	矢野 ひかる	加子母で生きる
038	平山 雄基	リノベーションで救うガソリンスタンドの未来
039	森田 秀一	建築が動く時
048	山本 雄一	心のトポフィリア
050	相見 良樹	ろう
090	高野 哲也	そして、自閉症のままおじいさんになればいい。
092	川本 稜	Spiral Extension
109	須藤 嘉顕	虚（うろ）の家
111	村上 裕貴	記憶の器
124	鈴木 俊哉	堆肥製造所
126	加嶋 采	Collective Castle
140	野嶋 淳平	長手ニケンチク短手ニドボク
181	藤田 雅大	道行きの双塔
182	飯田 美帆	崖上の劇場
223	櫻出 康太	「さようなら」と「また会いましょう」のしかた
225	榎本 奈奈	矩形はうつろふ
233	宮田 典和	下町の器
258	福山 ふみの	優しい終い方
285	釜谷 潤	見立ての仮面
288	小黒 由実	日常懐疑装置
293	木村 貴将	+Pocket
306	西野 翔	NeoThroughArchitecture
352	渡辺 杏奈	旋回するアプリオリ
360	深田 隼人	想いを醸成するワイナリー
366	元村 文春	金魚の水荘
367	岡部 絢子	子育ての芽
394	小黒 日香理	初音こども園
456	福島 大地	苔むす柱
495	関 隆史	剥離の海
527	内田 慎	金生山の緑橋
542	小杉 真一朗	東京街道
		合計　10（松=3/竹=4/梅=3）

*選出作品は、松=■／竹=■／梅=■

029

039
258

366

050

109

285

001

306

394

PROCESS 2
Semi-Final Round
01_Group

グループ_3
成瀬 友梨 + 小野田 泰明
──建築としての完成度、卒業設計としての密度

厳 爽
Shuang Yan

審査員：成瀬 友梨、小野田 泰明
アテンド：西澤 高男（予選審査員）、厳 爽（アドバイザリーボード[*1]、予選審査員）

このグループは、担当する33作品（表3参照）から10作品を選出する。まず、すべての模型、ポートフォリオ、パネルを順に確認した後、両審査員一致で、以下の5作品を、セミファイナルのディスカッション審査への進出作品として選出した。
作者自身と祖父の思い出を漫画に表現し、内面的な精神世界を表現する『少年と長老』（041）。私小説的であるがゆえに建築に落とし込んだ際の空間の質が問われる作品だ。『蛹が死ぬ街』（137）は死刑囚の独房を可視化して、街に点在させる提案。若者がこのようなテーマを考えて形にしたことは評価されたが、当事者である死刑囚の気持ちを作者が理解しているのかどうかが疑問視された。『塔上の異界』（151）は「公共」に着目したタワーマンションの提案である。各フロアの壁配置のバリエーションから生まれたファサード（建物正面）の表情豊かなデザインが評価された。『雨露の楼閣』（312）は室内外の温度差による結露で生まれる水を貯めて活用する提案。砂漠地域での新しい可能性が潜む超高層建築で、造形的なおもしろさや、日本以外に敷地を設定したリアリティが評価された一方、実際に水を集めることができるのかという点は議論になるだろうとコメントされた。『湖水の景』（416）は嵩上げ工事によって水没する公園を再構築し、人々が楽しめる水面下の空間を提案した作品である。

上記以外に、小野田審査員は、鎌近（神奈川県立近代美術館 鎌倉）の隣に翻訳した「もどき」建築を作り、失われる建築の保存方法を提案した『鎌近綺譚』（148）

と、福島第一原発事故由来の除染した放射性廃棄物を積み上げ、その中に記憶の継承のための空間を提案した『みんなの家』（457）の2作品を推した。（148）については、鎌近に対する批評性が問われるであろうという問題提起もあった。一方、地形の読み込みと提案に至るまでのプロセスが評価された、自転車道による東京の四ツ谷駅のリノベーション案『都市を知覚する』（006）、ゴミ処理工場の煙突を建築と一体化させ、ポジティブ（前向き）にとらえた『都市中煙突ビル』（212）、大型ショッピングモールを解体し、ショップテナントを田んぼ道に挿入する『田舎のドリームとオリジナルの先に』（307）の3作品が、成瀬審査員によって推薦された。

続く2回めの巡回審査では、最初に選出が決定した5作品と審査員それぞれが推す5作品、計10作品を選出候補作品としつつ、再度すべての作品の図面を読み込んで検討し、精査した。
リノベーション（改修）の提案（002）（021）（297）には、審議の中で、減築だけではなく、リノベーションの後に何かあるか？という疑問が投げかけられた。特徴的な敷地を選んだ（030）（066）（307）には、敷地がよいだけでは建築は壊れる、提案が敷地負けしていないかという視点から厳しい評価が下された。『仮装建築：彩』（080）には、採用した技術は魅力的だが、技術をもとに生まれた建築が弱い、という声が上がった。『Hyper Mountain Hut』（158）に対しては、擬装行為も施設自体は実によく検討されているが、エヴェレスト山との関係性にもっと踏み込んで提案してほしかったという残念な評価となった。
その中で、広島県の鞆の浦を代表する景観である雁木を生かし、満潮時と干潮時に動く船構造を提案した『百年地図』（030）は、集落調査に基づく敷地の読み込みの深さ、作品の密度、クオリティの高さが評価され、選出が決定した。一方で、屋根の形状と抑えたボリューム（規模）によるランドスケープが評価され、先に選出候補となっていた『田舎のドリームとオリジナルの先に』（307）は、ショップテナントを挿入する提案性にもう一歩迫った提案がほしいという理由で落選となった。その他の候補9作品は、精査を経て選出が最終確認された。

以上のプロセスを経て、最終的に（006）（030）（041）（137）（148）（151）（212）（312）（416）（457）が選出作品に決定した。

選出作品とするか否かについて議論された際には、建築としての提案の完成度、卒業設計としての密度の高さが評価の基準軸の1つになっていた。オブジェやインスタレーションが空間に使えるような現代美術のデザイン止まりに留まっていて建築とは呼べない作品、即日設計でできるような作品は落選となった。リノベーション系の提案に対しては、新たな建築としての提案があるかどうかが議論されたほか、リノベーション熟成（他の何かの時代の起点となるような）テーマを採用した作品に対しては、提案した建築に切れ味がないとテーマや敷地に負けてしまう、というコメントもあった。

表3　作品選出結果：成瀬・小野田グループ

ID	氏名	作品名
002	林 和希	解レ
006	西村 朋也	都市を知覚する
021	田中 健一郎	ものづくり再考
030	持井 英敏	百年地図
041	吉川 尚哉	少年と長老
042	河野 裕太	浦に幸わう海神の湊
066	小川 理玖	ポンプアップナチル
080	戸田 勇登	仮装建築：彩
115	西尾 拓真	料亭 ぬの家 別館
137	福島 啓輔	蛹が死ぬ街
151	小山 夢史	塔上の異界
158	藤枝 人樹	Hyper Mountain Hut
184	陣 昌太郎	マーアの巡礼
206	伊達 一穂	転換する時層
210	小野 青輝	場所の記憶
212	日野 一貴	都市中煙突ビル
231	佐々木 広太郎	空間の定義
234	東野 健太	高野の酒場がつくる蔵
249	鰺坂 康平	地の記憶
297	中居 利也	Bordertown Art Museum
307	川上 晋力	田舎のドリームとオリジナルの先に
312	小林 航也	雨露の楼閣
369	吉田 宗弘	公開基礎空間群
393	金箱 彰	舟小屋のある風景
410	横江 優太	すきまのある集合住宅
416	河中 宗一朗	湖水の景
438	三武 良輔	Linear Sprawling Suburb
457	加藤 慧	みんなの家
528	加藤 彩全	遊園地を脱構築する語

*選出作品は、松＝■／竹＝■／梅＝■

030

041

416

006

151

212

137

148

312

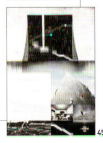
457

グループ_4
西沢 立衛（審査員長）

——100選を中心に全作品を審査

本江 正茂
Masashige Motoe

審査員：西沢 立衛（審査員長）
アテンド：佃 悠、本江 正茂（アドバイザリーボード*1、予選審査員）

このグループは他の3グループとは異なり、予選通過100作品（100選）全体を総覧し（表4参照）、すべての中から10作品程度をめやすに推薦する作品を選出する。予選通過作品を3分割して担当審査員が分担して精査するフローとは別に、全体を見るという審査員長の役割には、セミファイナルでの作品選定での漏れや偏りを減らすと同時に、展覧会場を埋め尽くす出展作品群が総体としてもっているものを皮膚感覚でとらえておくということもあるのだろう。

西沢審査員長は、本人の希望で、100選以外もすべて審査した。西沢審査員長に同行した本江と佃は、前日の予選での議論を踏まえて各作品のテーマや内容について簡単な説明はするものの、審査員長に予断を与えることのないように注意していた。道中の審査員長からの質問は、敷地やプログラム、構造など作品ごとに異なり多岐にわたったが、端的な事実の確認が多かった。100を超える作品を総覧するとなれば、普通は、近しい作品をまとめて「〇〇もの」「〇〇系」などとグループ化しながら全体のマップをつくり、バランスを取るように選出する（予選審査でもそうなることが多い）のだが、そういうレッテル貼りのようなコメントは出てこなかった。

審査員長は100選外から2作品を選んだ。『木漏れ日の音色』（077）と『編む建築』（354）だ。前者はシンプルな円錐の木の架構が印象的な作品。審査員長自身の近作に大きな屋根をモチーフとしたものが多いこととの関係が気になるところだ。後者は、イグサで編んだゴザで大きな屋根を葺くというストレートなアイディアの作品で、実際にイグサを使った模型が目を引くもの。予選ではディテール（細部）のアイディアがないことで選外となっていた。いずれの作品でも、審査員長は大きな模型をのぞきこんで、じっくり内部空間の質を確認しているように見えた。このようなプロセスを経て、最終的に、12作品を選出した（表4参照）。

結果的に、日本一となった『初音こども園』（394）についても、予選では空間以上にリサーチの充実が評価されていたのだが、審査員長は模型を1つ1つ持ち上げてアイレベル（人の視線の高さ）から内部空間をていねいに確認していた点が印象に残っている。模型の表現は、生み出される空間の強度を十分に検証し得るものであることが必要なのだろう。

表4 作品選出結果：西沢審査員長

ID	氏名	作品名
001	武谷 創	街的空間試行
002	林 和希	解レ
006	西村 朋也	都市を知覚する
007	杉 拓磨 新田 ベン 平井 七々子	IN THE LOOP
014	谷 大蔵	滲出する哀惜
021	田中 健一郎	ものづくり再考
029	國清 尚之	micro Re: construction
030	持井 英敏	百年地図。
036	矢野 ひかる	加子母で生きる
037	倉員 香織	壁の在る小景
038	平山 雄基	リノベーションで救うガソリンスタンドの未来
039	森田 秀一	建築が動く時
041	吉川 尚哉	少年と長老
042	河野 裕太	浦に幸わう海神の湊
047	山口 薫平	道後湯神前冠山湯浴郷
048	山本 雄一	心のトポフィリア
050	相見 良樹	ろう
051	鈴木 叙久	装置一〇〇二番
055	小川 理玖	ポップアップホテル
058	大沼 美朝子	非定型都市
066	塚越 仁貴	久遠の環
073	廣畑 佑樹	PALETTE
079	石川 一平	大阪大博覧会
080	戸田 勇登	仮想建築：彩
088	土田 稜	都市に鐘が鳴り、森が震える
090	高野 哲也	そして、自閉症のままおじいさんになればいい。
092	川本 稜	Spiral Extension
095	志藤 拓巳	OOTSUNAGU
109	須藤 嘉顕	虚（うろ）の家
111	村上 裕音	記憶の器
113	市川 綾音	温室コンプレックスシティ
115	西尾 拓貴	料亭 ぬの家 別館
122	山森 美武	築かれる塔
124	鈴木 俊哉	堆肥製造所
126	加藤 采	Collective Castle
128	枝元 翔子	ちいさなネコの国の物語
137	福島 啓奨	蛹が死ぬ街
140	野嶋 淳平	長手ニケンチク短手ニドボク
148	中村 教祐	鎌近綺譚
151	小山 恭史	塔上の異界
155	藤本 雅広	解社
158	藤枝 大樹	Hyper Mountain Hut
162	松岡 瑛美	巣のような建築
163	牧元 佑哉	Google EXPO 2016 Fukushima
181	藤田 雅大	道行きの双塔
182	飯田 美帆	崖上の劇場
184	陣 昂太郎	マニアの巡礼
199	冨安 達郎	さくらがおか観測装置
204	松田 茉利奈	15047の緑暴
205	高橋 洸太	名付けられた碑（えりいし）
206	伊達 一穂	転換する時層
210	小野 直輝	場所の記憶
212	日野 一貴	都市中煙突ビル
220	山本 稜	サイコロを用いたオートマティズム的建築思考
223	櫻田 康大	「さようなら」と「また会いましょう」のしかた
225	榎本 奈奈	矩形はうつろふ
229	藤岡 宗杜	雑居するパロール
231	佐々木 広太郎	空間の定義
233	宮田 典和	下町の器
234	東野 健太	高野の酒場がつくる蔵
249	鯵坂 康平	地の記憶
253	橋本 卓磨	帰る場所を失ったものたちに捧げる記憶としての痕跡
254	中村 遥	浦賀再開港
255	鵜沢 信吾	「モノ」から始まる建築
258	福山 ふみの	優しい終い方
266	津久井 森見	W.W.W = WORLD WIDE WHEREABOUTS
281	平良 千明	ウージ畑のチャンプルー
285	釜谷 潤	見立ての仮面
288	小黒 由宇	日常懐疑装置
293	木村 貴将	+Pocket
297	中居 和也	Borderless Art Museum
306	西野 翔	NeoThroughArchitecture
307	井上 喜乃	田舎のドリームとオリジナルの先に
309	小室 龍昭	余白な建築
312	小林 航也	雨露の楼閣
335	桐谷 万奈人	歴史参詣熱田宮之圖
350	平木 かおる	まなざしの在る場所
352	渡辺 杏奈	旋回するアプリオリ
360	深田 隼人	想いを醸成するワイナリー
366	元村 文春	金魚の水荘
367	岡部 絢子	子育ての芽
369	吉田 宗弘	公開基礎空地群
383	金箱 彰	舟小屋のある風景
394	小黒 日香理	初音こども園
409	寺岡 波瑠	同じ景色を見て、私は笑った、君は泣いてた。
410	横江 優太	すきまのある集合住宅
416	河中 宗一朗	湖水の景
427	瀬田 周平	ARTPIA
438	三武 良輔	Linear Sprawling Suburb
448	大須賀 嵩幸	3f
452	田中 太樹	劇テキ・サカ場
456	福島 大地	苔むす柱
457	加藤 賢一	みんなの家
493	土井 康永	「地」になじむ
495	関 隆史	剥離の海
525	横尾 周	子安山
527	内田 慎	金生山の緑橋
528	加藤 彩季	遊園地を脱構築する話
534	宮本 凱土	Log
542	小杉 真朗	東京街道
077	高麗 夏実	木漏れ日の音色
354	谷口 和広	編む建築

合計：12（松＝5／竹＝4／梅＝3）

*選出作品は、松＝■／竹＝■／梅＝■ *白文字のIDは、予選未通過作品（100選外）より選出

総評

選外になったものの……。

西沢 立衛 Ryue Nishizawa
審査員長

セミファイナルのグループ審査で僕が審査したもののうち、ファイナリストに選出されなかった作品について触れておきたい。ここで言及したいのは僕が個人的に共感した案、つまりそれは(036)(077)(155)(162)(255)(354)(491)などである(本書112〜146ページ参照)。特に屋根をい草で覆った『編む建築』(354)は、ファイナリスト10作品に残るべきものだと、今でも僕は感じている。
『木漏れ日の音色』(077)と『「モノ」から始まる建築』(255)は、卒業設計としては規模が小さく、密度が低いというマイナス面はあるものの、素直で伸びやかで、建築をつくる喜びが作品から感じられた。

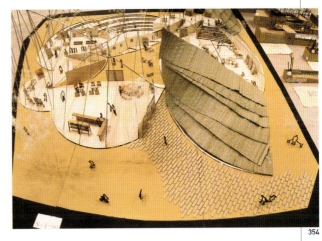
354

PROCESS_7
Semi-Final
Round
01_Group

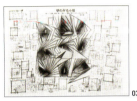
037

354

394

077

255

367

090

029

077

390

255

036

162

452

PROCESS_2
Semi-Final Round
02_Discussion

007

350

櫻井（司会）：それでは、これからセミファイナルのディスカッション審査を開始します。先のグループ審査では、審査員2人のグループ3組と西沢審査員長に分かれ、グループごとに推薦する作品を選出してもらいました。手塚・倉方グループ、田根・福屋グループ、成瀬・小野田グループ、西沢審査員長、という4グループです。グループごとで高評価の作品から順に、「松」「竹」「梅」という3段階に分けて選出した38作品のポートフォリオがここに並んでいます（本書46ページ表参照）。

手塚：確認ですが、「松」と「梅」を入れ替えてもいいですよね？

櫻井（司会）：そうです。「松」「竹」「梅」は便宜的な分類で、すべての中から10作品を押します。

では、まずは手塚・倉方グループから、選出した作品について紹介と応援のプレゼンテーションをお願いします。

グループ_1
手塚 貴晴 ＋ 倉方 俊輔：プレゼンテーション

松

『IN THE LOOP』（007）
手塚：実物を作って、実際に試してみて、これしかないというところまでやっている。この作品が日本一になるべきだというよりも、ここまでやっている作品をファイナルの舞台に上がらせなくていいのか、という見地から選びました。まあ、逆に言うと、それだけですね。（会場　笑）

『ちいさなネコの国の物語』（128）
手塚：これはネコになったつもりで建物に住んでみようという提案です。要するに、ネコのサイズになって家を作るとどうなるかに取り組んだ作品で、迷いましたが、多数の出展作の中で唯一、インテリアを1つ1つしっかりと考えていて——決していいインテリアではないけれど——こういう視点もあっていいと思って選びました。でも……、どうしようかな。（会場　笑）

『まなざしの在る場所——《写真のこころ》から読み解く視空間』（350）
倉方：西沢審査員長も「竹」で選んでいます。作者の父（写真評論家・平木収）の本『写真のこころ』をもとに、文中の言葉を空間化していった「心象風景系」の作品です。まず、空間に圧倒的な説得力があり、建物の内側から、スケール（尺度）と配置の検討をもとに十分に練り込んだ空間を作り込んでいるところを評価しました。また、設計の動機である前述の背景を含め、提案に切実さがあり、単に「やってみました」というだけとは違う、真剣につくっている実感が伝わってきたので選びました。

竹

『巣のような建築——身体とつながる　地球とつながる』（162）
手塚：この系統の作品では、評価すべきものがこれしかなかったということもあります。それに、模型のフタが開いて内部が見えるんだ。（会場　笑）
倉方：西沢審査員長は「梅」で選んでいます。不定形な曲面で形成された「曲面系」です。この作品は、曲面のスケール（尺度）と人体の各部の尺度とを合わせているところがいい。また、昆虫の生態など、いろいろなものを分析した図があって、分析結果を自分の論理で組み立てているところも評価しました。そして「これをやらなければならない」という強い思いが、形態の説得力につながっているのも、いいと思いました。
手塚：この平面図だけでもファイナリストに入れていいのではないか、と感じました。平面図を見ながら選出を迷っていた時、「この模型、フタが開くよ！」と言われて開けてみたら「土瓶みたいな感じでいいな」と。（会場　笑）

『ウージ畑のチャンプルー——きび刈り隊から広がる交流施設の提案』（281）
手塚：「五分刈り」（グループ審査で付いたニックネーム）だ。（会場　笑）
倉方：サトウキビが育った高さを「サトウキビ・ライン＝SL」と名付け（会場　笑）、SLをもとに寸法を決めることで建物の高さや広さが嘘っぽくないという提案です。「自然と人工」「風土性」などのテーマには堅い提案が多い中で、この作品はカラッと明るくていい。意外と、こういう単純なアイディアが風景や地域のあり方を変えていくのではないかと思って選びました。
手塚：単細胞なアイディアでいいですよね。

『子安山』（525）
手塚：これも単細胞なアイディアがいいと思いました。イエメンのサナという街——建物の上に建て増して、手すりなどを付加することで、都市が生まれているような街を思わせます。その街とこの作品を結びつけるのは僕らの深読みなのだけれど。日本で、建物を建て増ししようとすると、屋根があるから上には伸ばせない。しかし、この作品では、建物の周囲にフレームを組めば、その上に建物を載せられ、さらにもう1つフレームを付ければ、もっと載る、ということを提案している。やってみたらこの方式は、意外といい。それで、選びました。透視図1枚でここまで残ってきた作品です。（会場　笑）
心象風景として、景色としてよさそう。細部には欠点もあるけど、「この都市ができたら、オレは行ってみたい」という気がしました。

梅

『道後湯神前冠山湯浴郷』（047）
小野田：おお、この作品が上がってきたのか。昨日の予選で、ギリギリで通過した作品です。
手塚：何がおもしろいかというと、立面図。もともと山の上の温泉場に山を崩して建物を建てたから、当然、山と建物の関係がなくなってしまった。そこでもう1回、山を埋め戻してしまえ、という相当に無理な提案です。山を埋め戻したら普通、建物がつぶれるけれど「その空間の中に土を詰めたらつぶれないだろう」というすごく強引な作品。けれど、でき上がった空間のとてもシュールな感じがよくて、「梅」ならいいのではないかという評価です。（会場　笑）

『都市に鐘が鳴り　森が震える』（088）
倉方：これはとにかく、きれいだった。
手塚：フランスのパリの真ん中にあってもいいと思う。
倉方：まあ、オブジェですね。

Semi-Final Round
02_Discussion
ディスカッション審査

セミファイナル審査員プレゼンテーション

162

281

525

047

088

205
199

52　SENDAI DESIGN LEAGUE 2016

手塚：そう、オブジェです。
倉方：今回、比較的多かった、墓をはじめとする「オブジェ系」の作品には、作者の「造形したい」という欲求が率直に現れていてよかったという評価です。

『さくらがおか観測装置』（199）

倉方：記憶をベースにして造形を付け加えながら、軍需工場だった場所を新しいかたちに変えていこうという試みです。
本江：煙突が3本、建っている模型の作品？
倉方：そうです。ただし、何を残して、何を付け加えたのかよくわからないところがあり、単に「なつかしい」という感覚だけは想起させるかたちになっています。風景の継続性とは「かつて見た風景が相変わらずそこにある」ことだとすると、「なつかしさ」が人々に与える共振性のようなものを利用するのも1つの保存のあり方です。造形的にも非常に説得力があって評価できます。しかし、よくできている、という以上に議論を広げるのは難しいと思い「梅」にしました。

『名付けられた碑』（205）

手塚：東京の夢の島にたくさん建っているガス抜きのパイプを、そのままにせずに、建築化して置いておくと、人々の記憶として、いろいろ残っていくのではないか、という提案です。が、やっぱりオブジェの範疇かなあ、建築じゃないかな。

グループ_2 田根 剛 ＋ 福屋 粧子：プレゼンテーション

松

『micro Re: construction』（020）

福屋：墓を空間葬という形で都市の中に提案する作品です。西沢審査員長も「竹」で選んでいます。
田根：選んだ作品全体について言えることですが、選出の基準として、まず「未来への思いがあるか」「論理的に飛躍があるか」「オリジナリティがあるか」という点から作品を審査しました。
この作品では都市の中のボイド（空いた）空間という虚の空間を見つけて、それを再編集してでき上がった空間に、墓と日常空間と、墓に関連する空間をつくっています。日常空間は、居室というよりは寝転がったり、映像を見たりという機能的に多様な空間があります。
福屋：通常はこういう「集合系」の建築案では、恣意的に空間がつくられる場合が多いのですが、この案はそうではなくて、日常空間の中から収集したものを再構成するというところがいいと思いました。
手塚：でもこういうところが本当にあったら、人が住んで墓守をしたりするんだよね。（会場 笑）

『優しい終い方──過疎地域における集落消滅までのデザイン設計』（258）

福屋：建築の基礎だけが残った模型は印象的でした。つまり、木造の建築は50年後には、上屋が朽ちて基礎だけになることを表しています。そして、100年後に、そこに全く新しい何かを作るのではなくて、もとの基礎を活かして少しだけ増築をして花火を見るための広場として再整備しようという提案です。花火のパース（透視図）がちょっと、疑問だったのですが……。
田根：集落がやさしく死んでいく時のあり方を、どのように未来に向かって作っていけるかということに挑戦していて、すごくおもしろい提案だと思いました。

『金魚の水荘──街を彩る金魚屋さん』（366）

福屋：金魚の養魚場の上に櫓をたくさん組んで、上からネットを掛けた作品です。プラン（平面計画）では池と少しずらした形で櫓が組まれていて、人工的な金魚と人工的な飼育を組み込んで、新しい農村空間を再構成しようとしているのではないか、という提案です。
田根：産業と観光と地方のあり方というところに、作者の問いかけがありそうだと感じました。

竹

『建築が動く時──エレベーターの再評価による超動的建築』（039）

福屋：これは田根さん推しです（笑）。
田根：推薦したポイントは、この提案では敷地が東京で、場所にそぐわないのですが、敷地が東南アジアなど他の場所であった場合、この建築論理にはまだ可能性があると思えたところです。

『ろう』（050）

福屋：琵琶湖の周りに水辺の施設を作る提案です。大きな琵琶湖の周辺に、船着き場や集合住宅など5カ所の施設を作って、湖を介した生活を提案しています。
田根：地方が縮小するなどの社会問題を解決しようとする提案が多い中、この作品には、新しい開発をしようというチャレンジ精神のあるところが推薦のポイントです。模型がきれいすぎるとも思いましたが、この開発によって新たな可能性が開けるように感じました。

『虚（うろ）の家』（109）

田根：高速道路をトンネル状のもので覆って、そこに住宅を作り込むという提案です。現状のポジ（住宅）とネガ（道路）を反転した建築で、都市にまだ人が住めるのではないかという東京での試みだと思いました。チャレンジ精神を買いたいことと、「都市に人がまだ住めるのか」という問いかけがあったところを評価しました。工場建築のように合理的な建物がくっついているというのが、意外と斬新でおもしろかったです。換気塔である煙突も……。
福屋：そうですね。意外に、機能に基づいた形だと思いました。

『見立ての仮面』（285）

福屋：Amazonの牢室です（笑）。これは問題作であり、非常に意欲的な問題提起だと思います。つまり、ネット通販会社Amazonの物流倉庫で働く人々の劣悪な労働環境と、それにも関わらず、そんな状況に頼っている都市の物流の現状に対する提案です。人間的な生活と倉庫機能を形にしたところを評価しました。ただし、図面を読むうちに、このゾーニング*1にはそれほど意図がないかもしれないと思い始めましたが。
田根：この作品は、テーマ設定と斬新さから当初は「松」と評価したのですが、もう1度回って資料を読み込むうちに、意外と内容は薄いのではないかという疑問が出て「松」から外しました。

註
*1 ゾーニング(zoning)：用途や機能ごとに配置を考え、スペースを配分すること。

梅

『街的空間試行』（001）

福屋：無数に折れ曲がり、部分的に重なり合う板材によって壁、天井、床を構成した、大きなグレー色の模型的作品です。壁作は、折り曲げられた床と土壁を寸法を組み合わせず、巨大な建物の端から端まで見通しが利くという、ある種の透過性で一貫した空間構成は見事です。
田根：また、都市において、通路という空間を立体化したところが、おもしろそうでした。ただし、空間のことばかりを考え過ぎていると感じます。

『NeoThroughArchitecture──無意識の構造体』（000）

福屋：サービスエリアの周囲を回るように高速道路を通し、その脇に集合住宅も併設する提案です。地域を横断してしまう交通と地域を結びつけようという作品です。その意味では、「竹」に選出した『虚（うろ）の家』（109）と内容的に重なるところがあります。模型は、レーザーカットによる段ボール製で、通常の建築模型のイメージではありません。

＊文中の作品名は、初出を除きサブタイトルを省略
＊作品名の後ろに付いた（ ）と［ ］内の3桁の数字は、出展作品のID番号
＊SDL＝せんだいデザインリーグ 卒業設計日本一決定戦

『初音こども園』(394)
福屋：最後は、街のリサーチをもとに、こども園の施設を分散して、都市の中に円環状に埋め込んでいく提案です。西沢審査委員長も「松」で選んでいます。
田根：推しのポイントは、街のすき間に建築を挿入する「すき間建築」という建築手法に頼っただけの解決策ではないところです。まず街に円を描いて、円の周辺を個々に編集していくとそこにそれぞれの可能性が開かれていく、というオープンエンドな建築のあり方を提案しているところを評価しました。また、この提案の建築的な手法には、こども園以外にもさまざまな可能性がある。このチャレンジ自体をすごくいいと思いました。外と内側の関係も非常におもしろかった。
福屋：模型もとてもチャーミングです。

グループ_3
成瀬 友梨 ＋ 小野田 泰明：プレゼンテーション

松

『百年地図。——2つの器から始まる鞆の浦の未来』(030)
小野田：広島県の鞆の浦を扱った作品です。断面計画がおもしろい。建築本体と海に突き出している船構造の部分とがあって、満潮時になると船の部分がグーッと迫り上がってくるんです。すると、かなりダイナミックに風景が変わる。それを集落の調査からていねいに設計しています。内部空間もそれなりに練られているので、これはクオリティが高いという評価をしました。

『少年と長老——記憶の集積による人格形成の私的解釈と精神世界の空間表現』(041)
小野田：これは作者と祖父との思い出を漫画のシーンにして、そのシーンから抽出した表象する形態をもとに、塔状の建築として再構築した作品です。「コンセプト系」の作品で、鋭い主張がありそうなので、推すことになりました。

『湖水の景』(416)
成瀬：ダムで沈んでしまう場所に作った、水位の変化によって異なる体験が得られる公園施設のような提案です。
小野田：もともとダムの近くにある公園が、ダムの水の嵩増しによって水没する。そこで、公園の水没する水位の線を建築化し、新たに、敷地内に入ってくる水を楽しめるような場所につくり替えています。

竹

『都市を知覚する』(006)
成瀬：東京、四ツ谷駅のリノベーション(改修)案で、四ツ谷駅のとても特徴のある地形をうまく活かしています。自転車で走る道が電車の上を通過している。交通がダイナミックに展開していて、審査を担当した33作品の中では、かなり高い評価だったので、選びました。

『塔上の異界』(151)
小野田：これはタワー状の建築の真ん中に4つのエレベータがあって不思議な壁が入っていて……。
成瀬：模型がすごくいいんです。
小野田：ポートフォリオにあるように、この作品はリブ状のデザインになっていて、一般的な、いわゆる全面ガラスのファサード(建物正面)の高層ビルとは、全く違う。それで、こういう高層タワーはあまりない、と評価しました。また、建物の中心にある4つのエレ

ベータからビル内のあちこちに出されて、そこには、それぞれ全く違うプライベートな空間が生まれている。そして、斜めの壁と空間の関係性を検討して、相当に練り込んで設計しているので、提案のクオリティが高い。一方、タワー建築に対する批評という面でも、意義があるのではないかということで選びました。

『都市中煙突ビル——街の或る黒い箱』(212)
成瀬：これは、私たちの生活の中で忌み嫌われるゴミ焼却施設を、もう少しポジティブに設計しようと試みた提案です。施設は地下に埋まっています。煙を出す煙突を建物の内側に入れ、煙突から伝わる熱を使った温室を、建物内の随所にちりばめています。

梅

『蛹が死ぬ街』(137)
小野田：これは問題作で、あとで紹介する作品(457)と共通しますが、本当に意見が分かれました。実際の68人の死刑囚の独房を刑務所の管理棟から離して街中にちりばめ、それぞれの罪に応じた形の独房に入った受刑者が市民の見せ物になる。通学する子供たちもそれを見て、受刑者が刑の執行までの時間を感じる、というストーリーをかなり精緻に計画しています。制度的に難しい分野から課題を拾い上げ、建築の面から取り組むということ自体は大事です。しかし、受刑者をモルモットのように扱い、かなり「上から目線」で残酷な状況をつくり上げていることについて、倫理面を問う議論はありました。が、作者を呼び出して説教したほうがいいのではないか、ということで選びました。(会場 笑)

『鎌近綺譚——「始源のもどき」とモダニズム建築の保存』(148)
小野田：これは、「神奈川県立近代美術館 鎌倉」の建物と同じ建物を、伊勢神宮の式年遷宮のように、隣に建てて移すという案です。
成瀬：モダニズム建築の保存ということで、ただ移すのではなくて少し変えています。
小野田：移した建物には、磯崎新の建築スタイルが少し入っています。「始源のもどき」という言葉が副題にあるように、元の建築「もどき」になっていて、その「もどき感」が少し心地悪いのですけれども、かなりの力作で、批評性もあって、空間としてもおもしろい。だから上位には入ると思って選出しました。

『雨露の楼閣』(312)
小野田：次はドバイ。成瀬審査員が「これはいいよね、いいよね」と言っていました(笑)。
成瀬：いえ、これは議論になっておもしろいと思って選びました。これは砂漠を敷地とした提案ですが、似た内容で、東京の六本木を敷地にした高層建築案があります。それと比較して、超高層ビルに対して何かを考えているこの案のほうがリアリティがあると思って選びました。また、この案では結露で水を集めることを考えて造形していますが、この形が実際に構造的に成り立つのか作者に訊きたいと思って選びました。
小野田：まあダイナミックな集水装置です。

『みんなの家——除染廃棄物を用いた町の記憶の保存』(457)
小野田：『蛹が死ぬ街』(137)と同じく「説教系」(笑)です。東日本大震災を扱った作品で、被災地の福島県楢葉町が敷地です。除染した放射性廃棄物を石棺の中に入れて積み上げ、その内側に作ったピラミッド形の居室で、避難してバラバラになっている楢葉町民が短期間、集まって生活をする計画です。しかし、いくらコンクリートの厚い壁で放射線を遮蔽しているとはいえ、被災者がわざわざこういう生活をしたいと思うのか、という疑問は否めません。東京のお台場や東京電力の本社ビルの近くにあったらおもしろいかもしれない、という施設です。(会場 苦笑)
「若さゆえの思慮に欠けた提案」という感はあるものの、社会的な問題に正面から立ち向かっているところを評価して選出しました。

PROCESS_2
Semi-Final Round
02_Discussion

西沢 立衛（審査員長）：プレゼンテーション

松

『壁の在る小景』（037）

これは、よくわからなかったのだけれど、ある種の迫力を感じて無視できず、選出したというところです。見ようによっては、とてつもない「自分だけの世界」ですが、空間にある種の開放感があって――しかし、敷地も決まっていないので、完全には理解できていないのでしょうけれど。コンテクスト（敷地状況）分析やリサーチをもとに空間の構成などをしっかり検討している他の作品と比べると、一歩落ちるのかもしれませんが、僕の評価としては「松」です。特に図面のイメージが強かったです。

『もし、自閉症のよぉぉぉしぃ乙ぁになれぱぃぃぃ──自閉症者と一般の人々が共生する設計手法の提案』（090）

まだ完全には理解していないですが、コンクリートで空間構成を作っていて建物としてはおもしろい。平面図にも力があり、ゴールが見えていない設計という感じがして創造的。きっと、作者はまだこの提案を考え続けていると思う。ほとんどの出展作品は貫徹だけれど、この作品は違う──単に技術がないのかな（会場 笑）──でも時間は知っていていいな。すべての明快さは少し、気になりますが。

『編む建築』（354）

審査員全員一致で推すだろうと思っていたら（会場 笑）、そうではなくて残念なのですけれども。でも、これはいいです。むしろどこがダメなんだろう、と思います。

『子育ての芽』（367）

先の『編む建築』（354）と同様に、空間構成だけではなくて、「どうやって建築を組み立てるか」を考えようとしているところがいい。また、同じく「妄想的ではない」というか、作者の等身大でファンタジーや想像力をもとに建築をつくるところもいい。そして空間構成だけに終わっていないところがいいと思います。これも「この作品のどこがダメなの？」という作品です。

『初音こども園』（394）

山根・福屋グループも「竹」で選んでいますが、模型にとても魅力があります。完成度は低いですが、模型も図面も頑張っているので、強く推したい作品です。

竹

『micro Re: construction』（029）

これは、墓を扱った作品の中で唯一、推す気になった作品です。（会場 笑）

この作品の「墓ではなくて、多目的なものになっていくのもいいよね」というところが、見ていて気持ちがいいし、構成内に、構造までさんと考えているような気もしますし、この作品も僕は強く推しています。田根・福屋グループも「松」で選んでいました。

『木漏れ日の青屋』（077）

西沢：これは手塚さんが大学で教えた学生？
手塚：手塚研究室ではないけど、東京都市大学。
西沢：手塚さんの大学で落第ギリギリと聞いて、僕は衝撃を受けたのですが……。
手塚：シー！（会場 笑）
西沢：建築を組み立てていく素朴なパワーがあり、「タヨタヨしていない」というところで、この案にも、すごく好感を持っています。「アコアコした提案が多い中で「これはいいな」と思いました。作者は今「3年生後期」という感じなんですよね。（会場 笑）でも僕はこの作品を高く評価しています。

『「モノ」から始まる建築　谷中をとう総合住宅』（255）

空間構成がしっかりしていて、この人は、スジがいいと思った。ただし、個人住宅か集合住宅かも含めて内容を全く把握できていません。増築していくのかな。素朴なアイディアですが、アイディアだけで終わっていない。かなり、空間をつくっていく力のある人だと思いました。

『まなざしの在る場所』（350）

これは、よくわからなかったんです。ただ「お父さんの本を」ということでちょっとジーンときちゃって。（会場 笑）

この作品については、判断に自信がないですが、「お父さんの」ということで思いがこもっているのではないか、と思って選びました。この作品の審査は後半で、あまり時間がとれませんでした。手塚・倉方グループも「松」で選んでいます。

梅

『加子母で生きる──100年後の未来』（036）

これはたぶん、誰も推さないだろうと思いつつ選びました。やはり、ストレートに作りたいものを作っているところを評価しました。きちんと内容を読み込めていませんが、木造で有名な街の公民館で、いいと思いました。

『巣のような建築』（102）

西沢：この人も周りを見ずに設計していて（会場 笑）、気持ちがいい。周りが四周い建物を建しているところに気づかずに、粘土で模型を作っていて、ポートフォリオを見ていると、昆虫の巣の分析スケッチなどがたくさん出てきて、どんどん気持ちが悪くなってくる。（会場 笑）

この人のアプローチはおもしろいと思いました。手塚・倉方グループも「竹」に選んでいます。
手塚：すごいね。最後まで全くほめずに「おもしろい」と。（会場 笑）
西沢：いや、全部、ほめていましたよ（笑）。周りの基準ではなくて、でもとにかくやりたいことがある、といったところがおもしろい、と。
手塚：なるほど（笑）。

『劇アキ・リカ場　北区赤羽　番街の演劇を核としたコミュニティ空間の提案』（452）

西沢：これもプランを完全に読み込めていないので、よくわからないのですが、街づくりと劇場づくりということで、劇場という箱の中だけで閉じるのではなくて、劇場を街に開くことで街の魅力につなげていく、という正統的な提案ではないか、と。満点にはならないにしても誰か票を入れると期待していたのですが、小島地の再開発ですが、街の経験と建物の経験がつながっていくということで、結構、現実的でいいと思いました。もしかしたら、空間構成だけでなく計画性があると他の審査員は思ったのかもしれません。
小野田：劇場としても成立しているので、結構いいと思います。
西沢：そう、いいですよね。まあ、プランを完全には理解できていないのですが。

Semi-Final Round
02_Discussion
ディスカッション審査

ファイナリスト選出のためのディスカッション

櫻井（司会）：以上で、審査の対象となる38作品を一通り見たことになります。ここからは「松」として選出した14作品を中心に議論を進めてください。
まずは、ファイナリストとして「当選」か「落選」か、を表明してください。もちろん、一旦「保留」にしても構いません。「当選」作品からファイナリスト10作品が全部決まればそれでもいいし、足りなければ「保留」を検討して、残りを決めていくということです。
それでは、「松」から順に見て、決めていきましょう。重複推薦の作品は、高評価のほうで見ていきます。

まずは西沢審査員長単独の推薦から、『壁の在る小景』（037）。斜めの壁の入った大きい模型の作品。みなさん、どうですか。これはファイナリストの10作品にふさわしいですか？
小野田：自由に発言していいの？
櫻井（司会）：はい、自由にどんどん意見をください。
小野田：では、この作品はファイナリストにふさわしいと思います。
本江：ファイナルの場に呼んで、きちんと何かを話せるだろうか？
小野田：空間が何かをつくり出すということは、建築で重要なことです。しかもディメンション（寸法）できちんと考えて操作をしている。
手塚：ずーっと話さずに立っていてもらう？
（会場　笑）
小野田：いやそれは。もちろん、あまり話さないかもしれないけれど……。
手塚：でも、たしかに、こういう人間も将来の社会にとって、大事なのではないかな。
各審査員：（「残す」「残したい」など、肯定的な意見）
櫻井（司会）：推す声が多いので『壁の在る小景』（037）は一応「当選」としておきましょう。

次に『そして、自閉症のままおじいさんになればいい。』（090）はいかがでしょうか。
福屋：この作品は、ドローイングが印象的で、私と田根審査員の間でも話題に上がりましたが、グループ審査時にはポートフォリオが見当たらず判断がつきませんでした。今、ポートフォリオを見直しましたが、自閉症者特有の生活を読み解いてそれをもとに建築として再構成し、自分の兄が生きていく集合住宅を考えているので、計画としてもいいと思います。
西沢：集合住宅なのですね？
福屋：別の家族と作者の兄が共生するための集合住宅です。
各審査員：（「力作だ」「いいと思う」など、肯定的な意見）
櫻井（司会）：それでは『そして、自閉症のままおじいさんになればいい。』（090）は「当選」にします。

『編む建築』（354）は、どうでしょうか。
各審査員：（「ディテールがない」「大丈夫かな」など、否定的な意見）
櫻井（司会）：では、「保留」でいいですか？
西沢：一応、「保留」で。

＊文中の作品名は、初出を除きサブタイトルを省略
＊作品名の後ろに付いた（　）と〈　〉内の3桁の数字は、出展作品のID番号
＊SDL＝せんだいデザインリーグ　卒業設計日本一決定戦

審査員一同：（同意）
櫻井（司会）：では『編む建築』(354)は「保留」です。

『子育ての芽』(367)。傘の屋根でできた建築は、いかがでしょうか。
各審査員：（同種の作品との比較検討を要請）
櫻井（司会）：では同じように保育施設を扱った、街のすき間を埋めていく『初音こども園』(394)とセットで検討してみましょう。これは、西沢委員長が「松」に、田根・福屋グループが「梅」に選んでいます。
手塚：『初音こども園』(394)は、実際にできたら相当つらい、という印象があって評価できなかった。
西沢：実力及ばず、ですかね。
田根：でも『初音こども園』(394)は、かなり頑張って試行錯誤して最終提案までもってきたと感じます。基礎はしっかりしているので、ファイナルで話してほしいと思いました。
西沢：（手塚審査員らに向かって）『初音こども園』(394)の模型を見ましたか？　上からしか見ていないでしょう？　屋根がひどいんですよ。目線を下げて、横から見れば理解できます。
各審査員：（各々で談論）
本江：同じ、子供のための建築では、『巣のような建築』(162)がありますよね。
手塚：これは幼稚園だっけ？
各審査員：（口々に、『巣のような建築』(162)とは別々の検討を要請）
櫻井（司会）：では『巣のような建築』(162)は別として、『子育ての芽』(367)と『初音こども園』(394)の2作品はまとめて、3作品をひとまず「保留」にします。

次からは手塚・冨永グループの選んだ「松」、『IN THE LOOP』(007)はどうでしょうか。
手塚：これは、頑張ってよく作ってあるけれど無理に残さなくていい。
櫻井（司会）：ではこの作品はここまで、としていいですか？
審査員一同：（了承）
櫻井（司会）：では、『IN THE LOOP』(007)はここで「落選」にします。

『ちいさなネコの国の物語』(128)はどうでしょう。
倉方：卒業設計だから、純然たる建築を設計しなくてもいいし、純粋なものでなくてもいいと思う。ただし、1つの「自分の態度」のようなものは、きちんと設計していますよね？
各審査員：（「建築を設計しないと」など、やや否定的な意見）
田根：外側の建物は、既存の建物ですよね？
手塚：僕も買えないし、買う人の作品だけど、他に推す人がいなければファイナルには上げなくていいです。
櫻井（司会）：どなたか推す人、いますか？「保留」にしたい人は？
審査員一同：（推薦者なし）
櫻井（司会）：では『ちいさなネコの国の物語』(128)は、健闘しましたがここまでで、「落選」とします。

『まなざしの在る場所』(350)はどうでしょうか。写真も綺麗ですし、何も無い空間の在り方の提案です。西沢審査員長も「竹」として推薦しています。
西沢：ファイナリスト10作品を選んだ時、そのうちいくつの作品が「暗い」かが気になります。（会場　笑）でもこういう系統の作品を1作品選ぶとしたら、これ

ですよね。
各審査員：（「いいと思う」など、肯定的な意見）
櫻井（司会）：では『まなざしの在る場所』(350)は、一応「当選」にします。

次からは田根・福屋グループの選んだ「松」、『micro Re: construction』(029)。西沢審査員長も「竹」として推しています。
各審査員：（「いいんじゃないの」など、肯定的な意見）
櫻井（司会）：では、『micro Re: construction』(029)は特に議論なしで、「当選」にします。

『優しい終い方』(258)は、建築の基礎だけが残る作品。どうでしょうか。
各審査員：（「「撤退」がテーマ」「これはどうかなぁ」など、やや否定的な意見）
櫻井（司会）：否定的な反応が見られますが。
福屋：テーマはすごくいいのですが……。結果としてできた建築があまり美しくないことについては、グループ審査でも議論しました。撤退建築の活用は難しく、卒業設計では必要以上にがんばりすぎて、撤退するどころか、もと以上に栄えているような提案になりやすい。その中では、テーマに真摯に向き合っている提案だと感じました。
田根：繊細なアプローチによるマスタープラン（全体計画）と、実際に建つ詳細模型とにギャップはあります。けれど、全体計画の内容は評価したいと思います。
手塚：この頃の卒業設計では、建物を実際に建てずに、建物をどんどん減らしていく減築の提案が増えていて、減らしていくことが美学のようになっているけれど、「なくなっていくことの美学」というのは本当に建築の美学なのか、という点で大学でも激しく議論しています。たしかに「なくなっていく」というのは美しい話なのだけれど、実際に建築としてできることを考えると、やっぱり「減築の提案は、やめてほしい」という思いがある。
田根：この作品では、キャンプ場のようなかたちでテントがあったり、祝祭の花火大会に向けた使われ方が提案されています。
小野田：この提案は、減築で建築や環境がよくなるという偽ユートピアをつくっていないところがいい。
各審査員：（口々に、同意）
小野田：それで、予選(100選)の当落線上にあった時には推したいけど、ファイナリスト10作品ではないと思う。たしかに、物を作ってその末来に何を作るのか、というのはすごく大事な課題だけれど、この「撤退」の議論をファイナルの舞台でしたくない。
田根：けれど、この作品には、永永への思いややさしさがすごく詰まっているように見えます。これは、ファイナルの議論に建築の未来を考えるというテーマを与えてくれる作品ではないでしょうか。
手塚：復興計画などでも同じかもしれないが、こういう難解なテーマに深く入り込んで、真面目に取り組むと、この作品のようなスタイルの提案にはならないと思う。問題とちょっと距離を置いた外側からレンタル的に見ているから、「こう考えるときれいじゃないか」という提案になる。逆に言えば、実際にここにいる人にとっては「冗談じゃないぞ」と議論になりそうなところもあって、その根底は実はかなり人間的な視点のではないかな。
小野田：やはりファイナリストの10作品として議論する内容ではないと思う。
田根：審査の場で、こうして議論しているということ

でいいのかな。
櫻井（司会）：では『優しい終い方』(258)は、一応「保留」にします。

続いて『金魚の水荘』(366)はどうでしょうか。
各審査員：（「いいと思う」など、肯定的な意見）
櫻井（司会）：いいですか？　それでは『金魚の水荘』(366)も同じく、議論は特になしで「当選」です。

続いて成瀬・小野田グループ推薦の「松」、『百年地図。』(030)はどうでしょうか。
小野田：この系統の作品の中では、ていねい。
手塚：うん、これはいいよね。
倉方：この建築が広島県の鞆の浦を本当によくするのかという疑問は残るのですが、まあ力作だし……。
櫻井（司会）：では、ファイナルで話を聞いてみましょうか？
審査員一同：（賛同）
櫻井（司会）：では、『百年地図。』(030)は「当選」です。

では『少年と長老』(041)です。ドローイングが非常に上手な作品ですが、いかがでしょうか。
各審査員：（「マンガ的」「オブジェだよね」など、やや否定的な意見）
手塚：この作品のように、おもしろいテーマ性が何かあってストーリーがあるだけという作品が、卒業設計でどんどん増えていることをすごく心配している。建築は、こういうものではないと思うんだ。「これができた時にどうなるの？」ということが重要。これが建築として発展していくかという目で見た時に、この作品は何か違う、評価できない。
西沢：ドローイングで提案の内容を伝えるなら、漫画とか、別の形で実現したほうがストレートに表現できる気がする。建築に向かってはいますが、建築で表現すべき内容とは、ちょっと違うように思います。
成瀬：他の作品とアプローチが全然違うので、ファイナルに残ったら議論としてはおもしろいと思って選んだのですが。たしかに、1つ1つの建築にはあまり魅力がないし、空間ごとの接続関係についてあまり検討されていないとは思います。
各審査員：（「建築的にどうか」「推せない」など、否定的な意見）
櫻井（司会）：「ちょっと推せない」という雰囲気ですね。では、「落選」気味の「保留」にしておきます。

『湖水の景』(416)はどうでしょうか。
小野田：これは、もともとのダムの近くに公園があって、ダムを作り直すなど公園が水没するものだが、水没するという大きなきっかけとして新しい形を作るという提案で、対象的な問題と、見え方や地形との関係性のつくりかたもいいし、新しい公園に水が入った時のイメージを魅力的に表現している。実際には、水垢が付いたりするので、こんなにはきれいにならないけれど。
西沢：この作品には興味があったのですが、水位が上がって水没するとどうなるのか、結局よくわかりませんでした。
手塚：『百年地図。』(030)では、水位が上下することによって人生のドラマなどが生まれる様子が見えてくるけれど、この作品では、いわゆるアート作品を見るように「こういう空間が見られました」という程度で、ちょっとした体験に過ぎない気がした。だから、この提案は、建築のほうへは向かっていないように感じるんだ。

小野田：これは、ダムで水没する公園を「半水没公園」として再生しようという計画だと思う。
手塚：それだったら公園にするのはいいけれど、無理して建築にしようとしている、というのかな……。
倉方：水没するとおもしろい建築だったらいいけれど、よくある普通の建築に見えた。
田根：空間装置の範疇を超えて、オッと思わせる魅力が出てくるといいんだけれど……。
各審査員：（「水没」の効果を細かく検証するがなかなか納得できず）
手塚：もしかしたら他の建築も水没させてみたら、結構おもしろいかもしれないね。（会場 笑）
櫻井（司会）：では、『湖水の裏』(416)は「保留」にします。

これで「松」として選出された14作品について改めて検討が終わり、以下の6作品をファイナリストにすることになりました。確認します。『micro Re:construction』(029)、『百年地図。』(030)、『壁の在る小景』(037)、『そして、自閉症のままおじいさんになればいい。』(090)、『まなざしの在る場所』(350)、『金魚の水荘』(366)、以上の6作品です。

続いて「竹」の12作品を見ていきましょう。時間の関係があるので次々と進めます。推薦がなければ「落選」とします。
まず西沢審査員長の単独推薦より、『木漏れ日の音色』(077)はどうでしょうか。

各審査員：（否定的な反応）
櫻井（司会）：いいですか？ では、『木漏れ日の音色』(077)はここで「落選」です。

次、家具で建築を作る『「モノ」から始まる建築』(255)はどうでしょうか。
各審査員：（「ちょっと拙い」など、否定的な意見）
櫻井（司会）：推薦はないですか？ それでは、『「モノ」から始まる建築』(255)は、ここで「落選」です。健闘しました。

次からは手塚・倉方グループの選んだ「竹」です。まず『巣のような建築』(162)は、先ほど「松」の他の保育施設の案との検討の中で「保留」になりました。
次に『ウージ畑のチャンプルー』(281)。
手塚：あ、「五分刈り」！（会場 笑）
これはアイディア・コンペならいいけれど、卒業設計で評価するのは、ちょっと難しいかなと。
各審査員：（「いいんだけどね」「一発もの的」など、やや否定的な意見）
櫻井（司会）：では、これはここまでという感じでしょうか？ 推薦がないので『ウージ畑のチャンプルー』(281)は「落選」です。

『子安山』(525)はどうでしょうか。
各審査員：（「透視図だけだ」「どういう論理でこうなっているのか、よくわからない」「『さくらがおか観測装置』〈199〉に近い」「いや、全然違う」「『道後湯神前冠山湯谷郷』〈047〉のほうが近い」など、賛否両論）
手塚：下に住んでいる人がかわいそう（笑）。これは、僕が選出したけれど、無理に残さなくていいです。
櫻井（司会）：どうでしょうか。みなさん、いいですか？
審査員一同：（了承）
櫻井（司会）：では『子安山』(525)は「落選」です。

次からは田根・福屋グループの選んだ「竹」で、『建築が動く時』(039)はエレベータで建物を移動する作品です。どうでしょうか。
手塚：これで、大屋根がなければなあ。
小野田：予選審査では、結構、強く推したんだ。
櫻井（司会）：どうでしょう？ これは上位10作品に残すべきか。
各審査員：（「上位10作品には疑問」など、否定的な意見）
櫻井（司会）：では落としますよ？
審査員一同：（了承）
櫻井（司会）：残念、『建築が動く時』(039)は「落選」。健闘しました。

『ろう』(050)。琵琶湖の周辺施設の提案です。
各審査員：（口々に、同じく観光地をテーマとした『百年地図。』〈030〉を推す意見）
櫻井（司会）：どうでしょうか？ では落としますよ。
審査員一同：（了承）
櫻井（司会）：残念ですがここまで。『ろう』(050)は「落選」。

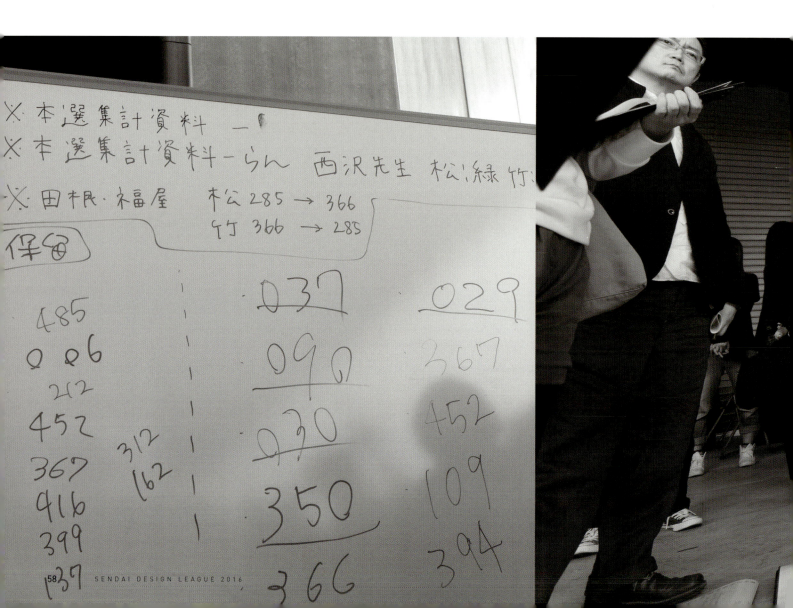

『虚(うろ)の家』(109)。高速道路に住宅を付加する提案です。

西沢：こういう全国大会があるから、こういうアピール重視の作品が出てくるんだ。(会場　苦笑)

櫻井(司会)：では、これは「落選」でいいですか？

西沢：いや、どちらでもいい。

倉方：でもSDLとしては感謝すべき姿勢ではないですか？

田根：チャレンジ精神は、いいのではないですか？

手塚：うーん。これが既存の建造物への増築案であればいいけれど、わざわざこれを作るという提案には問題がある。たぶん、この高速道路の区間を作るだけで20億円くらい必要になる。(会場　笑)
20億円つぎ込んだ構築物の中に2,000万円の建築を突っ込む、というのだから、ちょっと無理な提案だよ。

櫻井(司会)：ダメですか？　みなさん、どうですか？　一応、『虚(うろ)の家』(109)は、下位のほうで「保留」にします。

『見立ての仮面』(285)。Amazonの監獄。どうでしょうか。

各審査員：(「ここまで残したけど」など、やや否定的な意見)

櫻井(司会)：では、推薦がないので『見立ての仮面』(285)はここまで頑張りましたが、「落選」です。

次から成瀬・小野田グループ推薦の「竹」。『都市を知覚する』(006)はサイクリングロードの提案です。

各審査員：(「これはよくできている」「あまり個性がない」など、賛否両論)

手塚：これは、下部のプラン(平面計画)がつらいと思った。上を自転車が走って下にランドスケープができるというところまではよかったけれど、「下にこの部屋はないだろう」とがっかりした。

西沢：うーん、そのせいで普通の施設に留まってしまったんだね。

手塚：ランドスケープまでの計画はよかったけれど。

各審査員：(「きれい」「つらい」など、賛否両論)

櫻井(司会)：どうしますか？　ではとりあえず『都市を知覚する』(006)は「保留」にします。

『塔上の異界』(151)はどうでしょうか。

各審査員：(「力作だ」「おもしろい」など、やや肯定的な意見)

手塚：これは、従来からよくある提案なんだ。

西沢：これは、アイディア・コンペの案だよ。アイディアを超えようという努力が見えてこない。

手塚：前から気になっていたけれど、この住宅建築には、今ある建築と何か変わっているのか、という疑問がある。たとえば、先ほどファイナリストに選んだ、緑の生えた『そして、自閉症のままおじいさんになればいい。』(090)のように、作品にはいろいろと作者の個性がにじみ出ていたりする。この作品はどうかというと……。

櫻井(司会)：内部空間などは、そうかもしれませんね。

各審査員：(「80年代的だ」など、否定的な意見)

櫻井(司会)：これは落としますか？

審査員一同：(「落選」に同意)

櫻井(司会)：では『塔上の異界』(151)は「落選」です。

『都市中煙突ビル』(212)はどうでしょうか。煙突がグルグル回っている作品です。

手塚：清掃工場の提案ね。実は、この作品を最初はすごく気に入っていたのだけれど、だんだん、建物の中に煙突が入っていて「これは、ただ暑いだけだぞ」という評価になった。(会場　笑)
そして、空間構成としてはおもしろいけれど、「表現主義」ではないかという気もしてきたんだ。

本江：表現主義ですよね。

西沢：好感度は高いんだけれど、この提案は冬期、冬だけでしょう？

手塚：まあ、よくやっているのだけれど……。

櫻井(司会)：どうでしょう？　では一応『都市中煙突ビル』(212)は「保留」にします。

ここからは「梅」の12作品です。
まずは、西沢審査員長の単独選出「梅」から、『加子母で生きる』(036)は、どうでしょう？　公民館の提案です。

手塚：おもしろいとは思ったのだけれど。

西沢：いろいろな意味で、この作品は難しいですね。

櫻井(司会)：無理ですか。「落選」でいいですか？

審査員一同：(了承)

櫻井(司会)：『加子母で生きる』(036)は「落選」です。

Semi-Final Round
02_Discussion

次、『劇テキ・サカ場』(452)はどうでしょうか。
西沢：これは、いいと思います。ダメでしょうか？
手塚：うーん。この作品は、僕にはわからない。これ見よがしに屋根を載せるというデザインは、古くさい感じがして、あまり好きになれない。やるならもっとおもしろいデザインにしてほしい。
福屋：けれど、内部の空間構成は、東京の赤羽の街区での場所の囲い込み方を利用していておもしろい。
西沢：劇場と街区とのつなぎ方は、結構、上手だ。
手塚：それでも、密集型の地域のノスタルジーだけを残して、それをもう一度、新たに作り直すというのは、ディズニーランドのようなテーマパークを作るように思えて、評価できない。「新しく建築を作る時にそれをやるの？」という疑問が出る。やはり先ほどの『優しい終い方』(258)と同じで、一見、美談なのだけれど全く将来へ向けた提案ではない、と強く思う。たとえば、路地裏の空間を建築にしていく、という提案なら、それは、そこに昔、路地裏ができた理由があるからわかる。背景は全くなしに、イメージだけで作り直すという提案には疑問がある。
小野田：僕も情緒的な「ノスタルジー系」の提案は好きになれない。けれどその一方で、人間には本来、空間認知の寸法体系が備わっていたのに、今は道路構造令などで厳しく規制されて、街の中に自由に空間はつくれない。そういう場所に、こういう劇場などを組み合わせたら、新しくどういうおもしろいことが起きるのかには、興味がある。
手塚：その時に、やはり目線がすごく気になります。

柱梁があって屋根が載っている。これは、ヴェトナムの旧市街にあってもちっともおかしくない。むしろヴェトナムの旧市街にあるほうが遥かに美しいかもしれない。それで、この提案を上からの目線で見たらいいかもしれないけれど、実際に建った時、人の目線から見てどうなるのか、というところには大いに疑問がある。
小野田：でも劇場の裏側の感じはすごくいいよ。
西沢：たしかに、建物としての連続性などはいいです。
手塚：屋根にこだわるなら、もっとしっかりデザインしてほしい。平面計画だけでそれらしく設計した街並みの提案は、全然、信用できないんだ。
成瀬：盛り上がっていますね。(会場　笑)
櫻井(司会)：では、『劇テキ・サカ場』(452)は、一旦「保留」にしましょう。

次から、手塚・倉方グループの「梅」。『道後湯神前冠山湯谷郷』(047)はどうですか。
各審査員：(「これはどうかな」など、やや否定的な意見)
櫻井(司会)：ファイナリストには難しいですか。
審査員一同：(「落選」に同意)
櫻井(司会)：では『道後湯神前冠山湯谷郷』(047)は「落選」です。

『都市に鐘が鳴り　森が震える』(088)はどうですか。
各審査員：(「中身があるか疑問」「おもしろいか疑問」など、否定的な意見)

櫻井(司会)：どうでしょうか。では応援する意見がないので、『都市に鐘が鳴り　森が震える』(088)は「落選」です。

『さくらがおか観測装置』(199)、どうですか。
手塚：うーん。提案部分があることによって、この建物がすごくよくなっているかというと、そんなことはないように思うんだ。
倉方：「保留」かな。
小野田：パース(透視図)はきれいだけれど、模型は何だか……。
手塚：うーん、僕が推薦したけれど、残さなくていくよ。
櫻井(司会)：みなさん、どうですか。
審査員一同：(「落選」に同意)
櫻井(司会)：では『さくらがおか観測装置』(199)は「落選」です。

『名付けられた碑』(205)。先ほど「当選」にした『micro Re: construction』(029)とちょっと似た系統の作品です。
各審査員：(「これよりは『micro Re: construction』〈029〉かな」など、否定的な意見)
櫻井(司会)：みなさん、どうですか。では、推薦がないので、『名付けられた碑』(205)は「落選」です。

次からは、田根・福屋グループの「梅」。『街的空間試行』(001)はどうでしょうか。

PROCESS_2
Semi-Final Round
02_Discussion

手塚：学生のこういう設計を、延々と見てきたけれど、こういう提案では、人は何にもしないじゃない？人間はパチンコ玉じゃないから、そう何度も上がったり下がったりするというのもねえ……。
各審査員：（口々に、同様の否定的な意見）
櫻井（司会）：ファイナリストには難しいですか。
審査員一同：（「落選」に同意）
櫻井（司会）：それでは、『街的空間試行』（001）は「落選」です。

『NeoThroughArchitecture』（306）です。
成瀬：どうでしょう。でも『虚（うろ）の家』（109）が微妙だとしたら、これがファイナリスト10作品に入ることはないでしょうね。
各審査員：（口々に、同様の否定的な意見）
櫻井（司会）：どうでしょうか。では、推薦がないので『NeoThroughArchitecture』（306）は「落選」です。
次の『初音こども園』（394）は、先ほどの「松」の検討で「保留」になっています。

次からは、成瀬・小野田グループの「梅」。まず『蛹が死ぬ街』（137）はどうでしょうか。
手塚：これは、独房のつながりがよくわからなかった。
西沢：これは懇親会で話題にしたらいいんじゃないかな。（会場 笑）
櫻井（司会）：みなさん、どうですか？
審査員一同：（「落選」を支持）
櫻井（司会）：では、『蛹が死ぬ街』（137）は、ここで「落選」です。

『鎌近綺譚』（148）は、どうでしょうか。
各審査員：（「意匠はいいけれど」「オリジナルがいいから」「十分に議論できる批評性があるか疑問」など、否定的な意見）
櫻井（司会）：推薦がないので、『鎌近綺譚』（148）は「落選」です。

『雨露の楼閣』（312）。敷地はUAEのドバイです。
小野田：本当にドバイで水を集めようとしたら、こういう提案にはならない。空気中の水蒸気を建物の室内外の温度差で、外壁面に結露させて……。
成瀬：ただ、中高層建築のかたちとして、ドバイでだったらあり得るのではないかと……。それから、現在の中高層ビルに対するアンチテーゼの提案があったらいいと思って選びました。作者に話を聞いてみたい。
櫻井（司会）：では、ファイナリスト10作品に残しますか？
成瀬：上位10作品ですか、うーん……。
櫻井（司会）：みなさん、どうでしょうか。では『雨露の楼閣』（312）は「保留」で。

次は、『みんなの家』（457）。
各審査員：（「これ以上、議論はできない」など、否定的な意見）
櫻井（司会）：ではいいですか。推薦がないので『みんなの家』（457）は「落選」です。

ここまでで全候補作品を見てきました。現在、6作品はほぼ確定なので、「保留」の中から4作品を選びます。「保留」の作品は、『都市を知覚する』（006）、『少年と長老』（041）、『虚（うろ）の家』（109）、『巣のような建築』（162）、『都市中煙突ビル』（212）、『優しい終い方』（258）、『雨露の楼閣』（312）、『編む建築』（354）、『子育ての芽』（367）、『初音こども園』（394）、『湖水の景』（416）、『劇テキ・サカ場』（452）という12作品です。この中から4作品を選びます。どうやって選びましょうか。
ではまず、やや否定的な評価だった作品から見てみましょう。

基礎の残る『優しい終い方』（258）はどうでしょうか。
各審査員：（「こういう作品はいらない」「もういいかな」など、否定的な意見）
櫻井（司会）：では、推薦がないので『優しい終い方』（258）は「落選」です。

『都市中煙突ビル』（212）はどうでしょうか。
手塚：これは建物の中が抜けている以外には、何にも提案がない感じでショックだったな。
各審査員：（「ここからもう少し何かやってくれていたら」「微妙」「煙突以外に魅力がない」「ムードのみで止まっている」など、否定的な意見）
櫻井（司会）：ということはダメですか。では『都市中煙突ビル』（212）は「落選」です。

『都市を知覚する』(006)。自転車の提案ですが、どうでしょうか。
手塚：この作品はすごく好きだけど、プラン（平面計画）がよくなくてショックだったんだ。
櫻井（司会）：みなさん、「落選」を決めるのも必要ですが、「当選」の作品を選ぶことも考えて、いいところも見つけてください。（会場　笑）
手塚：では、この作品は何がいいかというと、自転車道が上に上がることによって、他の交通の動線と完全に隔離されて、どこにでも自転車で自由に行けるところ。その時に自転車の走る経路が建築化されている。（会場　笑）
西沢：1つ1つ「当選」か「落選」か決めるよりか、先ほど「落選」にした作品も含めて「保留」の12作品から4作品を選ぶという方法にしたらどうかな。
櫻井（司会）：そうしましょうか？　みなさん、よろしいですか？
審査員一同：（了承）
櫻井（司会）：では、先ほど「落選」にした作品も含めて「保留」の12作品から4作品を選ぶということで見ていきましょう。
（ポートフォリオが並ぶ）

この中で、かなり議論があって推す声もあった作品は、『子育ての芽』(367)、『初音こども園』(394)、『劇テキ・サカ場』(452)の3作品です。これをファイナリストに選びたいと思います。
各審査員：（各々で協議）
櫻井（司会）：今、各審査員から前述の3作品について問題点の指摘があり、細かい議論に入りかけましたが、とりあえず4作品を挙げてから論議を進めようということになりました。

それでは、ファイナリストとして、もう1作品を挙げてほしいのですが、どうでしょうか。
西沢：『雨露の楼閣』(312)は？
各審査員：（「これはない」「これはちょっと」など、否定的な意見）
西沢：議論する時に、みんながNOだ、NOだと言うと……。

田根：『虚(うろ)の家』(109)はどうですか？
福屋：こういう大規模な作品もあったほうがいいと思います。
田根：もう1回、議論に上げたい理由としては、高速道路というコンテクスト（敷地状況）の選定は間違っているとしても、建築が何かに寄生して発達していくという可能性は、議論の対象になるのではないか、ということです。
櫻井（司会）：あと5分とのことです。急ぎましょう。
小野田：でも、この作品で議論が広がるかな？
倉方：巨大な建築案の中では、これがいいな。
田根：うーん。都市に暮らすということを議論の対象にした時に──高速道路というのはかなり疑問ですが──インフラや既に存在するものに対して、どのように寄生して都市に住むかという問題はあります。
手塚：実際にこういう物があって、それに何かかする提案ならわかるけれど、これ自体を新たに作る提案だよ。そこは評価できない。
田根：まあ、そうなのですけれど（笑）。ただ、高速道路の代わりにビルの外側や外皮でもいい。そのあたりのコンテクストには、都市に暮らす上で、また建築

可能性があるのではないかという意味で、この作品を推したい、と。
審査員一同：（『虚(うろ)の家』〈109〉の詳細について、各審査員からの数々の質問に、田根・福屋審査員が応答）
田根：これまでファイナリスト候補に挙がっている作品には、それほど強い印象の作品が見あたらないので、そういう作品を入れたい、という意味もあります。
西沢：彫刻的というか、力強い形態の作品ということ？
田根：そうです。
各審査員：（「これで行きましょうか」「そうですね」など、肯定的な意見）
櫻井（司会）：では、『虚(うろ)の家』(109)を、一旦「当選」にしましょう。

これで4作品。合わせて、ファイナリストの10作品がとりあえずそろいました。
西沢：ちょっと待って、この10作品でみなさん、不服はないですか？
櫻井（司会）：では10作品を確認していきましょう。『micro Re: construction』(029)、『百年地図。』(030)、『壁の在る小景』(037)、『そして、自閉症のままおじいさんになればいい。』(090)、『虚(うろ)の家』(109)、『まなざしの在る場所』(350)、『金魚の水荘』(366)、『子育ての芽』(367)、『初音こども園』(394)、『劇テキ・サカ場』(452)。以上の10作品が今のところ候補に上がっています。以上でよろしいでしょうか？　「いや、これはないぞ」というのがありましたら、今の内にお願いします。よろしいですね。
審査員一同：（了承）
櫻井（司会）：ではファイナリストの10作品が決まりました。

続いて、補欠を決めましょう。
補欠は3作品です。補欠は、10作品の作者が現れなかった時に、ファイナリストに繰り上がりますので、補欠3作品には順番をつけてください。
手塚：西沢さん、これだけ推しているのだから『編む建築』(354)を補欠に入れなくていいのですか？
西沢：うん、末席が空いているなら。（会場　笑）
櫻井（司会）：みなさん、いかがですか？
審査員一同：（了承）
櫻井（司会）：では『編む建築』(354)は補欠です。補欠にあと2作品。どうでしょうか。
成瀬：『雨露の楼閣』(312)は、なぜにそんなに「なし」ですか？（会場　笑）
西沢：超高層ビルは卒業設計にふさわしい建築です。考えることが、たくさんあっておもしろい課題だと思うのだけれど、この『雨露の楼閣』(312)は、そこをあまり考えずに簡単に終わらせているので評価できないんだ。
手塚：そうだね、超高層はおもしろいテーマだ。極端に言えば、人が住んでいなくてもいいわけだからね。
西沢：補欠に『巣のような建築』(162)はどうですか？
櫻井（司会）：巣穴の提案ですね、どうでしょうか。
各審査員：（「2年工期ね〈笑〉」「フタが開いたんだ」「僕は好きです」など、さまざまな意見）
櫻井（司会）：推す声が多いですが、どうでしょうか。
西沢：でももしも、これがファイナリスト10作品に入ってしまったら、この人の今後の人生が、勘違いの人生に──でも勘違いしたまま進めばいいかな（笑）。
手塚：それでは、全然サポートになっていないのですが（笑）。推した僕としては責任が……。

田根：蒸し返すようで申し訳ないのですけれど、『さくらがおか観測装置』(199)はどうでしょうか。
各審査員：（口々に、肯定的な意見）
櫻井（司会）：では、いいですね。『さくらがおか観測装置』(199)を補欠とします。
審査員一同：（了承）
櫻井（司会）：あともう1作品を上げてください。
福屋：残っているうちで候補作品としては、サイクリングロードの『都市を知覚する』(006)、焼却場の『都市中煙突ビル』(212)、減築の『優しい終い方』(258)、ダムに沈む公園の『湖水の景』(416)というあたりですね。
手塚：『都市を知覚する』(006)は、さっき自分でこき下ろしてしまったけれど、補欠になら推したいけれどダメかな？　この案は千葉さん（建築家、サイクリスト、東京大学大学院教授）が喜びそうだ。
成瀬：千葉さん、この作品は見ました。
手塚：そうか、作者はどこの大学？
成瀬：東京工業大学です。「東工大×藝人×東大　三大学卒業設計合同公開講評会」で見ています。実はその時には1番だったんです。
手塚：へー！　そこで1番だったなら、ファイナリストにしてもいいんじゃない？（笑）
成瀬：いえ、そんなことは関係ないですよ（笑）。
手塚：そうか、SDL独自の審査ね（笑）。難しいなあ。
櫻井（司会）：『都市を知覚する』(006)を補欠にしますか？
審査員一同：（賛同）
櫻井（司会）：では『都市を知覚する』(006)を補欠にします。
次に補欠の順番を確認します。補欠1は、『編む建築』(354)でいいですか？
西沢：これはでも、補欠1で、もし10作品に繰り上がってしまったら、みんなにたたかれて気の毒だよ──でも、それも人生か（笑）。
櫻井（司会）：じゃあそうしますか？
西沢：でも他にも──『さくらがおか観測装置』(199)はどうなの？　うーん。やっぱりこっちかな。（会場　笑）
櫻井（司会）：どうしますか、みなさん？
手塚：補欠2は、『都市を知覚する』(006)以外がいいと思う。
審査員一同：（補欠3作品の順番について協議）
櫻井（司会）：では確認します。補欠1が『さくらがおか観測装置』(199)、補欠2が『編む建築』(354)、補欠3が『都市を知覚する』(006)ということでみなさん、いかがでしょうか。
審査員一同：（了承）
櫻井（司会）：では決まりました。みなさん、お疲れさまでした。（会場、拍手）

PROCESS__2
Semi-Final Round
02_Discussion

セミファイナル　ディスカッション審査
ファイナリスト最終選考過程の俎上に載ったモノたち

土岐 文乃（予選審査員）

凡例：
* ＊松　竹　梅／氏名『作品名』(ID番号)：選出した審査員グループ①〜④
* ■ファイナリストに選出
* ■補欠に選出
* 予選未通過ながら選出された作品

①：グループ_1　手塚 貴晴＋倉方 俊輔
②：グループ_2　田根 剛＋福屋 粧子
③：グループ_3　成瀬 友梨＋小野田 泰明
④：グループ_4　西沢 立衛（審査員長）

■ 杉 祐睦、新田 ベン、平井 七々子『IN THE LOOP』(007)：①
円弧状に切り取られた合板パーツを格子状に組んだセルフビルドのパビリオン。完成度が高く、数少ない実寸大制作の作品として一定の評価を得たが、それ以上の議論にはならず落選。

■■ 國清 尚之『micro Re: construction』(029)：②
都市の中からピックアップした虚の空間を再編集し、墓と日常を過ごす空間とした作品。墓でありながら開放感があり、空間の構成も高く評価され、満場一致でファイナル進出。

■ 持井 英敏『百年地図。──2つの器から始まる鞆の浦の未来。』(030)：④
瀬戸内海の港町に浮体構造の観光拠点を提案。満潮時にはダイナミックに風景が変わる。集落の調査に基づくていねいな設計と、練り込まれた内部空間のクオリティの高さが評価され、ファイナル進出。

■ 倉員 香織『壁の在る小景』(037)：④
さまざまな形、凹凸のある壁を高密度に構成した作品。圧倒的な迫力の模型と図面が票を集めた。見ようによっては自分だけの世界だが、ある種の開放感が認められ、最初にファイナル進出決定。

■ 吉川 尚哉『少年と長老──記憶の集積による人格形成の私的解釈と精神世界の空間表現』(041)：①
幼少期の思い出をシーンに書き起こし、それを表象する形を塔状に構築した心象建築。議論に値する強いキーパースがあってすばらしいが、建築に充質していく可能性が見出せず落選。小常など別の手法で実現したほうがストレート、という評価も。

■ 高野 哲也『そして、自閉症のままよろしくしないとね。──自閉症者と一般の人々が共生する設計手法の提案』(090)：①
自閉症である兄が一般の人々と共生するための集合住宅。独自のルールで構成された建築が空間としておもしろく、半面図にも力が感じられた。ゴールを決めずに考え続けているような創造性が評価され、ファイナルへ。

■ 枝元 翔子『ちいさなネコの国の物語』(128)：
ありきたりな住宅の内部に、猫の視点からインテリアを構成した異色作。スケールのズレに着目した視点と、徹底したインテリアの追求を評価する審査員はいたが、それ以上の評価がなくファイナル進出には及ばず。

■ 福山 ふみの『優しい弔い方──過疎地域における集落消滅までのデザイン設計』(258)：②
100年後の消滅を予測し、消滅する集落にわずかな機能を残し、花火を見るための広場として再生。繊細なマスタープラン（全体計画）と、ガラスを使用した増築棟のディテール（細部の設計）とにギャップがあった。減築の美学が議論になるも、落選。

■ 平木 かおる『ふなごしの在る場所──「写真のここ〜」から読み解く祝宅』(350)：①④
与具評論水とものえ〜から具を見るための空間を建築した。亡き父の言葉の展開に応えるかたちで内側も作り込んだ空間のスケール（模型）と配置に説得力があり、パックグラウンドも含めた切実さが共感を呼び、ファイナル進出。

■ 谷口 加那『幅の建築』(354)：①
審査員長の「何かがだめなの？」の一声で浮上した作品。いすをもらいないと次元出しユニットを提案。造形力はめたけ一定の評価はあったが、模型の精度の低さが代となり補欠に。

■■ 元村 文香『金魚の水荘──街を彩る金魚屋さん』(366)：
人工的な金魚飼育をテーマとした新しい農村ランドスケープの提案。リサーチ、提案の密度と楽しげな模型が票を集めた。産業と環境、地方のあり方を問い直す提案としてファイナル進出。

■■ 岡部 絢子『子育ての芽』(367)：
軽やかな傘の屋根の集合による保育園の提案。空間構成で解くのではなく、どう空間を組み立てるのかを模索。予選では注目されなかったが、作者の等身大で想像力豊かなファンタジーをつくる作品として急浮上し、ファイナル進出へ。

■■ 小黒 日香理『初音こども園』(394)：②④
東京、谷中の住宅街の小さなすき間を手掛かりに、こども園を計画。「すき間建築」という側面ではなく、むしろ環状の道に個々の建築を展開するというオープンエンドな建築のあり方が共感を呼んだ。完成度の低さが議論になるも、ファイナル進出。

■ 河中 宗一朗『湖水の景』(416)：③
ダムの嵩上げ工事によって水没する湖畔公園。既存の公園を下地に、水位の変化によって空間体験が変わる公園施設を提案。社会的な事象のとらえ方と地形の使い方が評価されファイナリスト候補となるも、体験の変化が建築の本質に結びついていないため、落選。

■ 西村 朋也『都市を知覚する』(006)：③
東京の四ツ谷駅のリノベーション（改修）。地形のおもしろさを生かし、交通の往来がダイナミックに展開する建築をていない「計画」。設計の密度が評価されるも施設としては普通で、ランドスケープの提案に留まっていたため、補欠に。

■ 森岡 秀一『建築が動く時──エレベーターの再評価による超動的建築』(039)：②
異なる機能を持つ5台のエレベータを建築化したユニークな作品。日本以外の発展途上の地域であれば、この建築的な論理にまだ可能性はある。各エレベータがバネで独立したコンセプト模型のパカパカしさは評価されたが、最終案の大屋根は不評だった。

■ 相見 良樹『ろう』(050)：
滋賀県の琵琶湖の水辺に、汽船によってネットワーク化されるレクリエーション施設と集合住宅を提案。問題解決型の提案が多い中で、新たな開発に目を向けている点が評価されたが、先の落選。「絢爛な建築」に留まってしまいの印象もし。

■ 高麗 晃夫『木漏れ日の音色』(077)：④
密集化する旧世帯市の新たな小さな音楽市へ山を作成。音楽のゆらぎを屋根で表現した。くよくよせずに、のびのびなひとつ建築を組みすごしていく素朴なハリーがあるものの、完成度が低くファイナル進出には及ばず。

■ 河崎 吉朗『うらみ』の水』(109)：②
高架化が予定されている首都高速をトンネル状に覆い、住居を併設。東京にまだ人が住めるかという コルビュジェのマルセイユ計画。的な提案。ファイナル進出。話ぶるか否か最後まで議論になったが、力強さとチャレンジ精神が評価され進出。

■ 小山 紅美『円庭ビル』(...)：
4基のエレベーターと柱のシンプルな操作によるタワーマンションの提案。ファサード（正面の立面）提案が多い高層ビル計画へまったく違うアプローチが評価されたが、プラン（平面計画）の難しさについて、アイデアを越えようとする努力がないという批評から、落選。

＊セミファイナルのグループ審査で選出され、ディスカッション審査の対象となった38作品を松竹梅順に紹介。コメントを付記した。

01_Presentation+Q&A
プレゼンテーション+質疑応答

ID029	國清 尚之	Naoyuki Kunikiyo	micro Re: construction
ID030	持井 英敏	Hidetoshi Mochii	百年地図。──2つの器から始まる鞆の浦の未来
ID037	倉員 香織	Kaori Kurakazu	甍の在る小景
ID090	菏野 哲也	Tetsuya Kono	そして、自閉症のままおじいさんになればいい。──自閉症者と一般の人々が共生する設計手法の提案
ID109	須藤 嘉顕	Yoshiaki Suto	虚(うろ)の家
ID350	平木 かおる	Kaoru Hiraki	まなざしの在る場所──『写真のこころ』から読み解く視空間
ID366	本村 文春	Fumiharu Motomura	金魚の水荘──街を彩る金魚屋さん
ID367	岡部 絢子	Ayako Okabe	子育ての芽
ID394	小黒 日香理	Hikari Oguro	初音こども園
ID452	田中 太樹	Taiju Tanaka	劇テキ・サカ場──北区赤羽一番街の演劇を核としたコミュニティ空間の提案

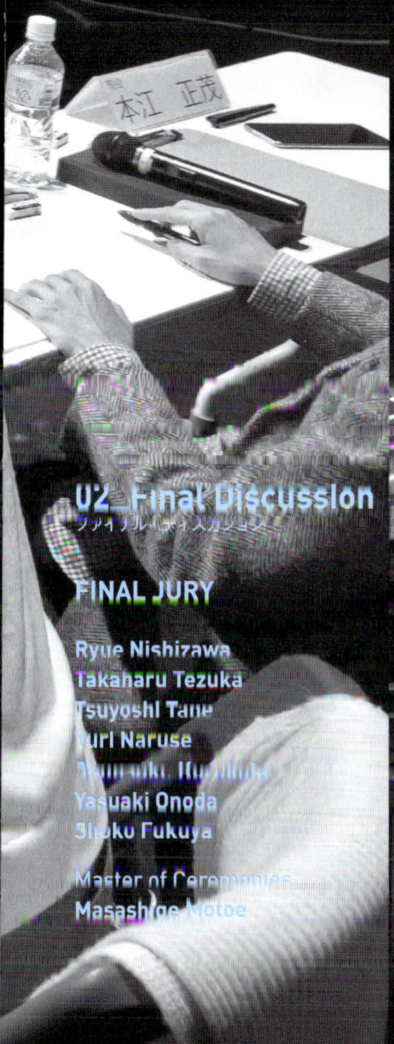

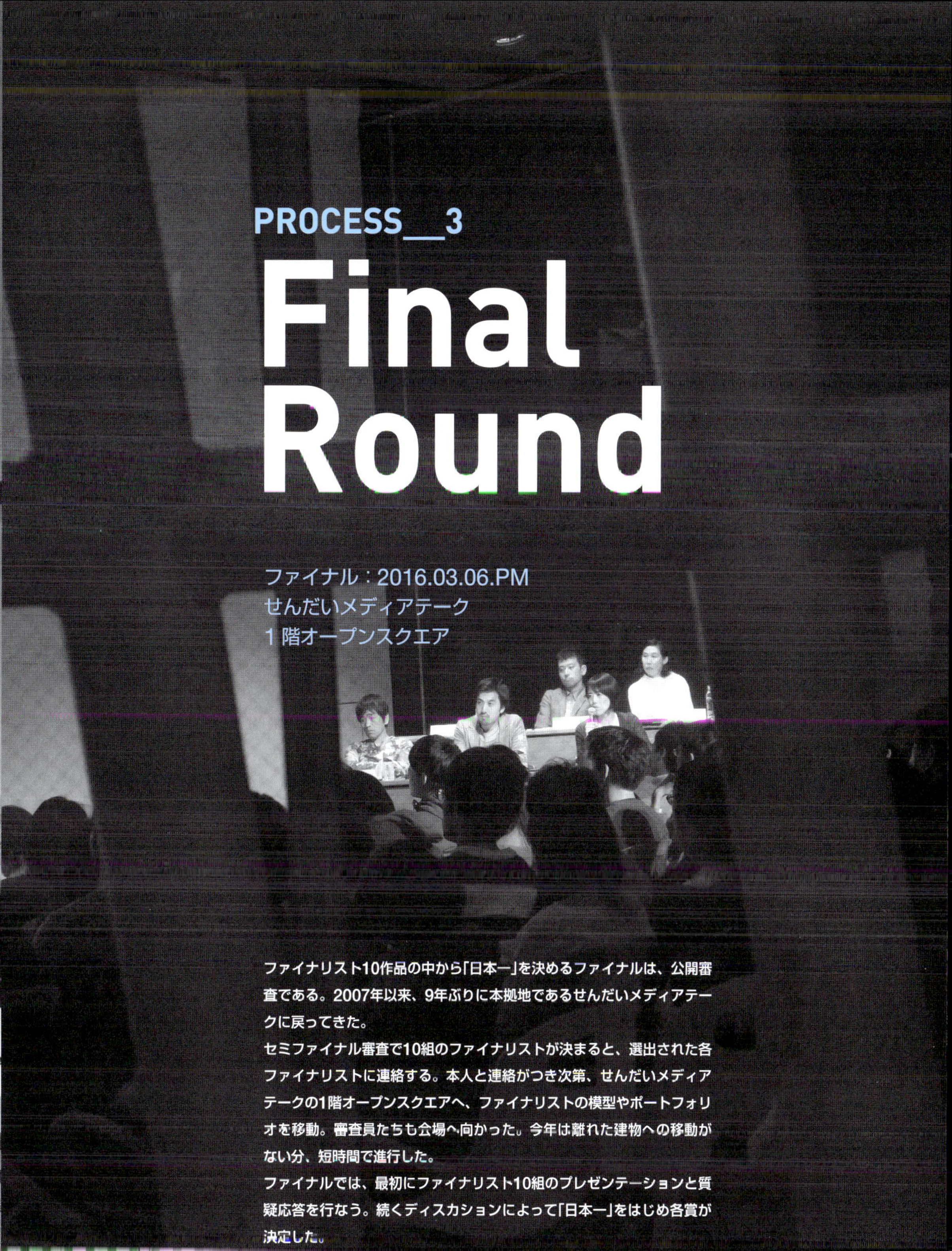

PROCESS__3
Final Round

ファイナル：2016.03.06.PM
せんだいメディアテーク
1階オープンスクエア

ファイナリスト10作品の中から「日本一」を決めるファイナルは、公開審査である。2007年以来、9年ぶりに本拠地であるせんだいメディアテークに戻ってきた。
セミファイナル審査で10組のファイナリストが決まると、選出された各ファイナリストに連絡する。本人と連絡がつき次第、せんだいメディアテークの1階オープンスクエアへ、ファイナリストの模型やポートフォリオを移動。審査員たちも会場へ向かった。今年は離れた建物への移動がない分、短時間で進行した。
ファイナルでは、最初にファイナリスト10組のプレゼンテーションと質疑応答を行なう。続くディスカッションによって「日本一」をはじめ各賞が決定した。

02_Final Discussion
ファイナルディスカッション

FINAL JURY

Ryue Nishizawa
Takaharu Tezuka
Tsuyoshi Tane
Yuri Naruse
Akihiko Kuroiwa
Yasuaki Onoda
Shoko Fukuya

Master of Ceremonies
Masashige Motoe

029　國清 尚之　九州大学　工学部 建築学科
micro Re: construction

>>> Naoyuki Kunikiyo presentation [プレゼンテーション]

いつの時代も忌み嫌われてきた墓という存在は、実は静的でつまらない現代世界の縮図である。所属・管理・情報によって客体化を促す世界と、それを語る墓に対する建築のパワーを提案します。

①大学4年の冬のある日の私の軌跡です。移動空間を線で、滞在空間を面で表しています。

②滞在空間と印象的な移動空間です。
ここで言いたいことは、目的が機能を求め、建築がその機能に従属している現代世界では、「目的に則して我々が世界を流動している」ということです。
これはマクロなスケール（大概的な規模）でも同様で、温泉街（機能）に温泉に入りに行く（目的）ように、多くのメディアが世界を明確にしすぎています。それは極めて美しく整えられた、つまらない風景です。こうした世界から解放される瞬間の1つが、「都市の漂流」であると考えます。

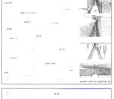

③「漂流」は、その場所や範囲によらず、いつでも我々に新たな「都市の輪郭」をプレゼンテーションしてくれます。今回の提案では、私が自身の原風景を辿ることで再発見した「現代都市の虚構」を墓のための空間として転写しました。

④墓という存在がなぜ現代日本の縮図であるのか、まず、墓の配置の変遷に注目しました。墓を建てはじめた江戸時代中期から現代までに、死者に対する墓参者の主体的な埋葬精神は徐々に薄れ、近現代の霊園といった美しく計画された枠組みの中に墓を収めるという行為が、いつしか墓に対して過剰な神聖さを与えてしまったように思えます。また「墓の神聖さ」は、街から距離を取る、あるいは形式として美しく見せるといった仮面を被っています。

このように無縁社会や機能主義を象った「神聖な墓」の1つの形態として、永代供養墓は、現代人の墓需要を高めています。こうした数千人から数万人の巨大な墓を、

⑤「配置」「形式」「街との関係」の3点をもとに検討し再構築する、というのがこの提案です。

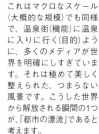

⑥設計手法についてです。まず、自身の原風景を辿りながら「都市を漂流」する中で見つけた「現代都市に偶然的にできた風景＝都市の虚構」を30ほどサンプリングしました。ここでいう「虚構」とは、たとえば、家と家の間に生まれた通れない路地や、誰かの置いたゴミの配列が生み出す輪郭線などといった21世紀の「人工的自然物」です。
次にこれらの空間を象り、それぞれの性質を読み解くことで、機能とは異なる価値を各々に記述します。それらを、性質のみを語る大地のような空間として再構築します。採集した30の空間を、空間の広がる方向によって、Horizontal Type（水平方向）、Diagonal Type（斜め方向）、Vertical Type（垂直方向）の3パターンに分類し、それぞれの空間を掛け合わせて新しい空間をつくりました。

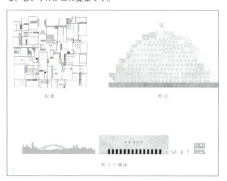

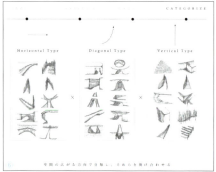

⑦各カテゴリーの要素を段階的につなげ、「奥」という1つの共通項を生み出します。10×10×10の空間の組合せを入れ替えながら検討し、寸法と構成にわずかな差異のある、合計78の空間をデザインしました。断面図でわかるように、数万人の遺骨を収めるために必要な巨大カロート（納骨室）空間を、これらの78の空間が覆い隠します。
78の空間に見られる「奥」は、街と一定の距離を保ち、いかなる立地でも墓としての「お参りの空間」を提供します。低い位置にある入口を抜けた先に広がる吹抜け、細い入口を入り曲がった先にある途切れた階段、これらはすべて墓に手を合わせるための空間としての神聖さを演出する舞台装置です。

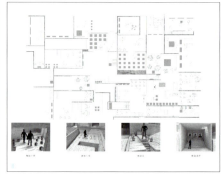

⑧78の空間を一様に平面で見た図とその配置
それぞれの空間の連続性の中に、「お参りの場」と「お参り」の結果として登場する置物の配置による空間的な特徴が表れることを想定しています。置物とは、たとえば、小さな石碑や灯篭や花といったものです。そうした「置物」の痕跡が日々重なっていくことで、死者の空間が俗人（＝生者）によって、日に日に彩られていきます。

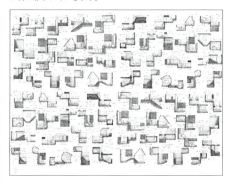

⑨死者の神聖さを表した空間とモノ（＝置物）から始まる俗人空間とのせめぎ合いが生じます。このせめぎ合いによって、空間の「奥」がもたらす連続性は、断面方向にも展開します。

⑩地面に近い空間→俗域　60〜90％／仮設的
地面に近い空間はアクセスがよいので、非常に俗っぽく、モノで埋め尽くされるため、それは「循環しやすい仮設的なモノ」です。たとえば、マーケットやステージは下層に、その上にアパレル・ショップやバーが連続します。

⑪地面に遠い空間→聖域　60〜90％常設的
地面から遠い下層部ほど、聖域は確保され、ここに住まうことにより俗人の世界が築かれていきます。しかし、そこには、部屋の外の庭に広がる聖域といったように、住み手が主体的に俗域と聖域との距離感をきちんと構築した世界が広がります。たとえば、住居や単なる部屋が築かれ、もっと上には教会のような場所ができます。
墓に空間を与える。そこに機能は必要ない。「都市の虚構」をもとに描いた空間の「奥」によって、俗人は主体的に自身の世界を築く。
墓という、現代社会の縮図を再構築することで、もっと都市が、人間が「呼吸」してくれればいいと思います。

Q&A（質疑応答）

本江（進行）：質疑応答時間が8分ありますので、審査員のどなたからでも質問をお願いします。

手塚：単純な質問です。骨壺は、構造物の上のほうにあるのではなくて、内側に入っているということですね？

029：そうです。

手塚：そうすると、たとえばウチの親父の骨が構造物の内側のほうにあるとしたら、どうやってお参りしたらいいんだろう。納骨堂に近づいてお参りしようとしても未来永劫、傍には行けないのかな？

029：僕は、あえて、明確な動線をつくらないように設計しました。ここを訪れる人が主体的に自らの動線を築いていくというのが、この提案の1つのポイントになっています。僕自身も、山のほうへお参りに行く時に道がなくて、自分で道をつくって登ったという経験がありますが、そういう感覚です。最初はハシゴかもしれませんし、その後、途中から建築を建てるとか、そういうことも……。

手塚：僕が聞きたいのは、上に行くということではありません。たとえば、「ウチはそんなにお金持ちじゃなくて、上のほうの区画を買えないから、納骨堂の内側、つまり中心部分の区画に親父の骨がある」としたら、どうやってお参りできるのか、という質問です。断面図では、構造物の内側の納骨堂にビッチリと骨壺が詰まっていたでしょう。

029：大前提として、この建築は永代供養墓だということです。つまり子孫がそれほど繁栄しない人たちの無縁墓ということを想定しています。

手塚：下というか内側が無縁墓で……。

029：いえ、全部が無縁墓です。今、日本で無縁墓は1年に3万2千ほど出ると言われています。そうした無縁墓は「島流し」などと呼ばれるような状況の中、行政が管理することになっています。しかし、建築的・空間的な計画がないという前提で、この建築案をつくっています。

手塚：では、「オレの親父が入っている」とかいう場所ではなくて、すべて、全く身寄りのない人たちの墓ということですか。

029：はい、まあ、1〜2世代は続くかもしれませんが、基本的には無縁墓という想定です。

手塚：つまり、「親父の骨がある内側に近づこう」といったことは考えなくていいんですね、わかりました。

西沢：構造物の内部に無縁墓というか永代墓の集合した層がある。その表面、構造物の周縁部には、境界的な施設や商業的な施設など、多目的なものがいろいろありますが、そういうものは墓ではないということですね。

029：いえ、全部、墓なんです。この建築自体を祈りの空間として設計しています。

西沢：祈りの空間であるにしても、構造物の表面の周辺的な部分は、都市空間からサンプリングしたものを再構築して、ピラミッド形に作ってありますが、そういうところは空間的な意味での墓ではないということですか。「空間的な墓」と書いてありましたが。

029：そういう意味ではそうです。要は、ここを訪れた人が花を供えたいから供えていく、遺骨を置きたいから置いていく。そういうふうにして、この建築自体が彩られていくというのが僕の提案です。

西沢：僕が確認したいのは、基本的に、墓はこの構造物の内部の大空間に置かれていて、外側には骨壺は置かれていないのか。また、外部の周辺的な部分には、内側に遺骨が納められている人たちとは関係のない人たちが集まっているということでいいのですか？

029：基本的にはそういうことです。

成瀬：その場合、ここに来て手を合わせる人がいるのか、というところがわかりません。

029：永代供養墓は、すでに今から墓の世話をする人が全くいないということではなくて、近い将来、金銭的に管理ができないとか、子孫が途絶えるという事態になっても問題ない、という形態のことです。ですから、最初から墓参りに来る人が全くいないということではありません。

田根：ここを訪ねてくる人というのは具体的にどういう人たちですか。ポートフォリオや模型では、十字架があったり、僧侶がいたりしましたが、具体的には誰が来るのですか。

029：この建築は空間モデルとしてつくっていて、具体的な敷地設定をしていないので、具体的に誰がここを訪れるかはわかりません。もし、これが街に建てば、街の要素で埋め尽くされるし、郊外に建てば郊外的な要素で彩られると思います。ただし、この建築は郊外に建つにはもったいないくらい美しいものだと僕は思っています。街の中にこれが建った時に、墓と俗人がせめぎ合いながら侵入し合っていく、そして建築が彩られていくと思います。ですから、ここに入ってくる対象は具体的には決まっていないけれども、誰でもここに行けると僕は思っています。

小野田：都市との関係について訊きます。あなたの個人的なものを集めてこうしました、という設計手法はわかりました。しかし、重要なキーワードにも「都市の虚構」とありますが、抽象的な敷地で、でも何となく都市がイメージされていて、そこにパワーをもった巨大なビルディング・タイプの建築が設置されると、それが都市とどういう関係をもつのか、が気になります。そしてこの建物自体がどういう意味をもって都市を再解釈するのか。そのあたりのストーリーについて、全体的な計画としてどうなっているのか、もう少し聞かせてください。

029：プレゼンテーションで話したように、すべての空間に奥行があるというのが1つのポイントで、空間の奥に墓という聖域があり、手前の俗っぽい部分とせめぎ合うということがあります。もう1つのポイントは全体を山の形にデザインしていることです。これは立体的に大空間を生む必要があったということと、表面と断面に表情を出すためには、このような山型が必要であったということです。なので、僕には、こういうものが21世紀の大地のようなものではないかという印象があります。この建築は今ある都市の要素を含んでいる。そして、今は生きている人が亡くなったらその人がいた空間が空いてしまうけれど、そこは墓として機能していく。さらに時間が経つと、また別の生きている人がそこを埋め尽くしていく。生きている人と死んだ人のサイクルというのが都市では計画されていないので、そこが、僕がやりたかったことです。

小野田：今の発言を聞くと、非常にもったいない、と思いました。

倉方：都市ではすべてが機能化され、目的化されているので、それに対して、無目的なものをつくっていくということか「さまよう」ということだというのはまあ、わかります。しかし、この建築でつくっている空間に「奥がある」ということは結局、そこで目的化しているということになるのではないですか。無目的なもの、無機能なものから出発していますが、できた空間には「奥」があって、それは祈りのモチベーションになって有目的のものになる。そのロジック（論理）はきちんと成り立っているのですか。

029：僕は、「機能」を「使われ方」と定義しています。ですから、最初に僕が空間をサンプリングした段階で、そこは自分が「いいな」と思った空間ということです。その空間と僕との間には必然的に入ってみたいと思わせる「奥」という空間が存在していて、それをそのままサンプリングしてきたので、その空間には「奥」が存在しているということです。

審査員一同：（釈然としない雰囲気）

本江（進行）：なんだかモヤモヤした雰囲気が漂っておりますが、そろそろ時間のようです。

西沢：では、大したことではありませんが、聞かせてください。模型の表面に模様を付けていますが、この建築の構造や仕上げについて考えていますか？

029：はい。具体的には示せませんが、墓なので、やはり半永久的に保つ丈夫な素材として、石でありながらコンクリートであるような素材をイメージしてこういう模型の表現にしています。

審査員一同：（釈然としない雰囲気）

本江（進行）：そんな素材はないですけれどね（笑）。

029：（苦笑）

本江（進行）：ディスカッションで質疑のタイミングもあるので、審査員は、その時にまた訊いてください。國清さん（029）、ありがとうございました。みなさん、拍手をお願いします。

（会場　拍手）

030　持井 英敏　大阪工業大学　工学部 空間デザイン学科

百年地図。──2つの器から始まる鞆の浦の未来

>>> Hidetoshi Mochii presentation [プレゼンテーション]

PROCESS…3
Final Round
01…Presentation→Q&A

敷地は私の生まれた街、広島県福山市、鞆の浦。瀬戸内海航路の要「潮まちの港」として古くから栄え、歴史的な民家の街並み（下写真）は人気が高く、多くの観光客が訪れています。現在、民家の老朽化が著しく、景観の保全が課題となっています。また、街の中心を貫く旧街道では、観光客の自家用車による渋滞が起こり、街の機能をマヒさせることが大きな問題となっています。

街並みの保全は、ファサード（建物正面）だけを残して見た目だけを保全しても意味はありません。生き生きとした街の営みがなければ、本当の意味で街が継承されたとは言えないのです。街の良さを継承し、100年後にまで街の活力を持続させるためには、都市や建築レベルのアイディアと同時に人々の活動そのものを構想し、かたちづくることが大切だと考えました。
鞆の浦が100年後も価値をもち続けるための提案を行ないます。都市的な視点から人々の活動を受け止める2つの器を設けます。

①「交通の器」

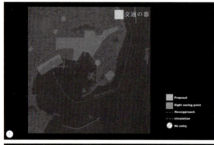

鞆の浦の玄関口に遠方からの観光客の自家用車を受け止める駐車場を設け、観光拠点との間を往復する観光連絡船の船着き場を配置します。自動車の交通を分散させることで、旧街道における渋滞を緩和するとともに、海路からの新たなアクセスを整備することで、街への新しく印象的なアプローチをつくり出します。
②「交通の器」は鞆の浦の門となり、街の散策は、ここに駐車することから始まります。ここには3層の立体駐車場、「観光の器」に向かうための観光連絡船ターミナル、土産物店を設けます。

③「交通の器」の断面図です。街道軸の左側にある立体駐車場は、木造の架構により採光と通風を得ます。観光客は自家用車を降りた途端に、海の香りと鞆の浦の空気に触れはじめます。立体駐車場の前面道路の上を越えて、船着き場に着きます。ここがすべての始まりであり、再び戻ってくる場所。

④「観光の器」

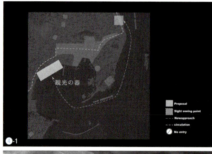

観光連絡船が発着する船着き場、海や山に育まれた地場産業の拠点、街を構成する建築を保全し建設する技術者の養成所、観光施設を設けます。
敷地周辺には一般住宅が数軒立ち並ぶものの、空き家率は45%を超え、計画敷地の面する浜辺からは、かつて栄えた面影は失われています。観光の核となり観光ポイントの中継点にあたるこの敷地の街道側に、学校や観光センターなどを配置しました。

⑤浮体建築
海沿いの建築は浮体構造とし、潮の干満に従って上下して、海と街をつなぎます。街道筋から海の営みが垣間見え、観光客を海へと誘います。

⑥浮体建築は8種類。廃船を解体するヤード、歴史と文化を展示する記念館、今までとこれからの街の表層を展示する左官ギャラリー、船着き場、展望所、食堂、干場。地場産業を支え振興させる場です。

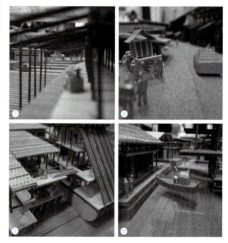

⑦漁に出る前の準備の場。
⑧ハレの日は神輿がやってきて街全体が盛り上がる。
⑨食堂ではおいしい魚定食が食べられる。
⑩潮の満ち引きは領域に変化を与え、来るたびに景色を変化させる。
⑪100年の年表です。老朽化した建造物は、養成所で育った技術者が保全、改築を行ない、100年後まで継続的にメンテナンスを続けます。
街に新しいアクセスと新たな魅力を加えて、生き生きとしたアクティビティ（活動）を構築し、その環境を街の人々自身が守り育てるシステムが、生き生きとした100年後の鞆の浦をつくります。
2つの器から始まる百年の地図。100年経ったあとに、都市としての自立を期待します。

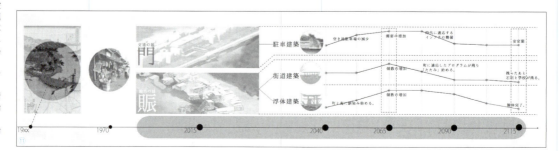

Q & A

手塚：模型に船があるけれど、この建築計画では、どのくらいの大きさの船が出入りするのだろうか。もともと鞆の浦には、もっと大きな船が出入りしていたんだ。けれど、今、計画するとすれば、そういう大きい船をわざわざ造って、船に関わる産業もこれから育てないといけないのではないかな？ 模型にある大きさの船ですら、今の鞆の浦にはないよね。

030：模型にある港には現在は漁船しか来ません。大型船は、港の外側にある雁木（船着き場の石階段、鞆の浦の観光スポット）周辺までしか入りません。

手塚：でも計画地には漁船が入るわけではないでしょう？

030：もともとの港には漁協があって、漁協の船が出入りしています。それからこの建築案によって浮体建築が50年かけて増えていくので、その間を行き来する小さな船というのを想定しています。

手塚：そうか、漁協と協力しようということなんだ。

西沢：建物の大きさがよくわかりません。鞆の浦全体の中で、この港がどのような位置や規模なのか、わかる図を見せてほしいのですが。
（適当な図がなく、図①と模型を参考に話を進める）
この模型では、茶色の屋根で焼き杉板張りの外壁の家のあたりが既存地区ですね。それらは民家なのですか？

030：はい、民家です。ですが、想像しているような町家の街並みではありません。

西沢：地域のことを考えてこの建築をつくろうとしているところには、基本的に、すごく共感します。けれど、僕が気になっているのは、計画の規模が既存の建物に対してすごく大きいということです。3階建てになっていたり、平面的にもすごく大きい建物があります。だから、海辺にできる建築計画としては、すごく巨大な再開発になっているように見える。この建築が湾に与えるインパクトはどの程度なのか。この模型ではあまりに近寄りすぎていて、湾全体がイメージできないので不安しか感じられない。

030：この設計を始めるにあたって、スケール（規模）という点にはかなり気を配りました。既存の住宅は、とても狭小でボロボロなので、それらはこの先なくなっていくという想定で、この計画をつくっています。浮体建築や船などの建築物のスケールは、街の街区の大きさから取っていて、鞆の浦の街のスケールを大幅に超えない大きさにすることを意識してつくっています。

田根：もし理解が間違っていたら訂正してください。観光を主目的としてこの施設を使ってほしいという提案だと思うのですが、潮の満ち引きを主として観光客を呼ぼうということですか？

030：潮の干満による浮体建築のシークエンス（場面展開）は、建築的に力があると思っていますが、観光客を建築だけでここに呼び込む意図ではありません。その他の産業を含めく鞆の浦の人々の生活のあり方自体が魅力的だと思うので、観光客はそういうものを含めて見に来ると思っています。その魅力を象徴的に表す場所としてこの建築施設を作りました。

田根：もし観光客が来なかった場合のシナリオはあるのですか？ その場合、この建築施設はどうなるのかを考えていますか？

030：この場所には、現在、町家の街道筋という魅力によって観光客が訪れています。その町家が古くなり修繕の限界を迎えた時に、この街に観光価値がなくなってしまうと考えました。それで、その時にこの建築施設があることによって、この街の観光価値が30年、40年は保つと考えています。

福屋：2つ、訊きたいことがあります。まず、この施設の浮体建築は、水際の線に対してほぼ直交方向に並んでいますが、陸地にある（水際の線と平行方向に並ぶ）本体の建築との連続性があるのかどうか、という点です。もう1点、水際に対してこういうやわらかいアプローチをもった空間はとてもいいと思いますが、浮き沈みすることのメリットがどこまであるのかがよくわかりません。以上、2点について解説してもらえますか。

030：海上の浮体建築は、中に機械室が入っていて移動できますが、この提案では、陸上の建築ともつながっています。それによって、この建築案には「断面的な魅力」があると思っています。

福屋：「断面的な魅力」というのは、どういうことでしょう。陸上の動かない建築から水際の動く建築へ行く、それから船に行くなど、いろいろな移動体験があり、そこに魅力があるという意味ですか？

030：そうです。

福屋：それらの建築群は、機能的にもつながっているのですか？ つながっているなら、わかりやすい例を挙げて説明してもらえますか？

030：両者はプログラムとしてつながっています。わかりやすい例を挙げると、たとえば（模型の部分を指しながら）、この本体建物に宿泊所が入っていて、その水際に直交方向につながる浮体建物には食堂が入っています。食堂は宿泊者も町民たちも使えるようになっています。また、本体建物の土産物店の海側にある浮体建物には、ちょっと高さのある展望所を作ってあります。展望所のすぐ横には、「交通の器」と呼ぶ地域からの観光連絡船が発着する船着き場があります。

小野田：潮の満ち引きで、海面が半階分くらい動くでしょう。模型を一生懸命、見てみたけれど、その海面の動きが、この建築においてどのようにおもしろいのか、どう空間に変化を与えて魅力を出すのかが、よくわからなかった。

030：模型で説明します。干潮の時には周囲と行き来できます。海岸線の切り込んだ部分は僕が設計していて、そこは日々、領域が変わる広場になっています。

福屋：浮いている建築は、桟橋から離れて動くこともできるのですか？

030：はい、できます。

本江（進行）：ではここで締め切りたいと思います。
（会場　拍手）

037　倉員 香織　九州大学　芸術工学部 環境設計学科

壁の在る小景

>>> Kaori Kurakazu presentation〔プレゼンテーション〕

Final Round
01…Presentation→Q&A

「壁の在る小景」

壁は通常、空間を仕切るものとして機能しています。
その壁を建築ととらえて1つ1つ設計し、空間をつくる自立した部分として機能させます。
壁という建築とその集合体としての建築。

に合わせて多様な品物が収まります。
私たち個人の思い入れのある品物を収蔵する、メモリアルミュージアムを提案します。

①「重ねる」ダイアグラム

一般的に、壁は空間同士を仕切るものとして存在しています。その壁を連続させて並べ、それぞれの壁に形を与えます。するとそれらは一体となって全体の形を作ります。

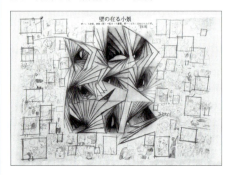

②「厚み」ダイアグラム

また、それぞれの壁の上下左右に厚みをつけていきます。それによって単調だった壁と壁の間のすきまは、狭くなったり広くなったりと柔軟に変化します。
そして厚みをつけた壁にくぼみを空けていきます。厚い部分には深いくぼみが、薄い部分には浅いくぼみが空けられます。分厚いところは階段やベンチになり、薄いところは絵画や写真を飾るための枠として利用できます。

③isometric：

①②のダイアグラムを用いて20m×20mの正方形の空間の中に壁の街をつくります。壁の厚みによって生まれるくぼみ

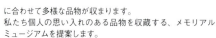

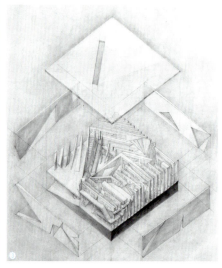

④壁によって生まれる空間

④-1──分厚い壁の中を通る階段
④-2──壁同士のぶつかり合いでできた開口
④-3──細い壁が密に立ち並ぶところ

④-4──分厚い壁が疎に並ぶダイナミックなところ

④-5──壁厚でできた本棚
④-6──深いくぼみに腰掛ける
④-7──ふとした瞬間、奥まで見通せる場所に出合う

⑤plan：

それぞれの壁は次第に厚くなったり薄くなったりと変化します。

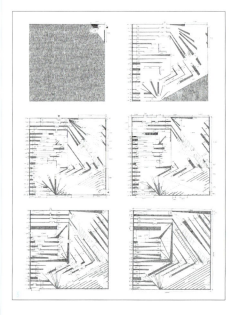

⑥section：

断面においてそれはより顕著に現れ、切り口によって空間の見え方は全く異なります。

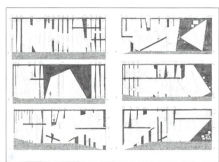

⑦直線のみでできた鋭い壁が立ち並ぶことで生まれる、曲線的でやわらかみのある空間。無数のくぼみに人々の思い出の品を収める、メモリアルミュージアムです。

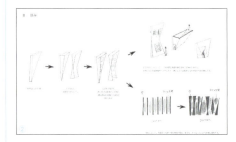

西沢：もともとの作品名は「自分史ミュージアム」でしたが、その自分史というのは、これらの壁と関係があるのですか？ なぜ壁でないといけないのだろう。それから、もう1つ質問で、「自分史」というのは倉員さん（037）の歴史ですか、それとも誰か他の人を想定しているのですか？
037：まず「自分史」についてですが、私だけではなく、西沢審員長を含めた一般の人すべてを想定しています。また、壁との関係についてですが、自分のモノを内包するものとして壁を定義しています。
西沢：壁だけではなくて床を使うこともできますが、壁でないといけない理由があるのですか？
037：これを設計するにあたろに、頭ではなく手で考えようと思いました。100を超えるスタディ（試作）を作りました。50個めまでのスタディで壁や床や、その他にもいろいろな可能性を探ったのですが、壁を並べる方法が、最も造形的に可能性があると思えました。
倉方：単純な質問です。複数の壁が自立しているという説明でしたが、実際には宙に浮いているような壁もあります。その部分は、構造的にどうなっているのですか？
037：模型では、周囲の壁にクリアなガラスが入っているように見えますが、実際には周囲にもコンクリートの壁が立ちます。ですから宙に浮いているように見える壁は、周囲の壁によって支えられています。
倉方：壁が自立するという最初の構想は、裏切っているということですか？
037：「壁が自立する」というのは「かたち」として自立するということで、構造的に自立するという意味ではありません。
田根：最初のスケッチ（左ページ図「壁の在る小景」）では、壁が非常に激しく渦巻くように描かれています。ところが、プラン（平面図）や模型になると、正方形に変化している。そこには何か、発想の飛躍があるのですか？
037：プランにスケッチのイメージが表せていないのは、私の力不足だと思います。模型が正方形になっているのは、私の一種の挑戦です。外形を内部に合わせて変えるというのはわりと簡単な操作です。それとは逆に、20m四方の限られた空間の中に選りすぐった形の壁のみをギュッと押し込めたいという考えで作りました。
田根：やりたかったイメージは、最初のスケッチに反映させているのですか？
037：そうです。模型にあるような部分的なパースの寄せ集めです。
手塚：これだけ役に立たないものを一生懸命作ったというのは、偉いと思う。（会場 笑）
特に偉いと思ったのは、どこへも行き着かない、段々と天井へ上る階段があるところ。けれど、階段についてもいろいろあると思うんだ。壁のへこみについては、いろいろと説明していましたが、階段については何か説明がありますか？ 階段を上って、段々と天井に近づいていって、最後にはどこへ行き着くのだろう、と疑問した。階段は、大事ではないの？
037：模型表現が稚拙でしたが、階段で天井の上まで上がれるようになっています。
手塚：天井にぶつかって終わりではなくて、屋根の上に上がれるということ？ 屋根の上に上がるのはいいね。（会場 笑）
木江（進行）：模型では透明な壁が実際には閉じているということで、模型では屋根も閉じているけれど、階

段のところだけ扉か何か付いているのですか？
037：はい、階段が天井に達するところだけですが、上へ出られます。

成瀬：形はすごくおもしろいですし、挑戦的だと思いますが、「自分史ミュージアム」がどういうものなのか、そのイメージがよくわかりません。これは、どこにどういう意味をもって建てられるのですか。
037：この設計のスタート地点が「生と死と人と空間の関係」でした。普段の生活の中で自分の人生を振り返る機会はあまりありませんが、人が死ぬ前には自分の人生を振り返る機会が多くなるだろう、と考えました。その際に自分が大切にしてきたものを、このような建築を通してもう1回選ぶことが、「自分とはどういう人間だったのだろう」と考える大切な機会になるだろう、ということから発想しました。

小野田：この作品がすごいと思ったのは、狂気に満ちているといっか、非常に集中して描き上げられたドローイングといっか。あるいは、手塚審員は「役に立たない」と表現しましたが、壁について、ある種の没入感をもって構築していった迫力のようなものだと思い直す。我々、モノに関わる人間は常に「どちらが本当にいいのだろう？」と迷いながら、1つのディメンション（方向性）を決めています。そういう葛藤のようなものが、この提案の中に非常にプリミティブ（原初的）な形で凝縮されていて、直感的に「いいな」と思いました。
先ほど「自分史」の自分とは「一般的な自分」だと説明していましたが、本当は、あなた自身のことで、他の人はどうでもよかったのではないですか。つまり、あなた自身が生きていく上で、ディメンションをどう扱うべきかという判断に迷いながらも、そうした判断を積み重ね、創作者としてギリギリのところに立っている。それを表象したかった、あるいは「これは私の化身なのです」ということではないのですか？ それとも、この

提案は、具体的にある都市の郊外に敷地が用意されている、というような具体性や社会性をもたなければいけないものなのですか？ 説明では後者のようにも聞こえるのですが。
037：説明がよくなかったかもしれませんが、たしかに、この作品は私自身の表象のようなものです。ただ、世界にはごくたまに、「美しい」というだけで心打たれる空間との出会いというのがあります。この設計では、ロジック（論理）抜きに美しさだけで人の心を打つ、感動させるような建築ができれば、と心がけてつくりました。もちろん、この空間は人によって「好き」「嫌い」が分かれるとは思いますが。
敷地については、大ざっぱに都市に置くか、自然の中に置くかということで分けると、自然の中に置こうと考えました。というのは、これまでに私が感動する体験をした建築は、往々にして自然界の壮大な景色に似ているように感じていたからです。

福屋：単純な質問です。構造については外から壁で支える。屋根に上がれるということは、大井も屋根もあることがわかりました。この作品には、空間モデル的な美しさがあります。もし現実の空間だとすれば、光の陰影の美しさという点でもこの作品は魅力的だと思います。けれど今の話を聞くと「この建築は真っ暗なのか」とも思えます。実際には、どのように光や陰影が見えてくるのか、採光について教えてください。
037：天井部分は透明なガラスにしようと考えています。大井を閉じてしまうと本当に真っ暗な空間になってしまうので。光の入り方については、東から西へと動く太陽を意識しています。まず東から入る光で影がスリット状にできて、太陽が真上になると光が上から降り注ぎます。そして太陽が西に沈む頃にはまた長い影ができるようなイメージをもっています。
木江（進行）：ありがとうございました。
（会場 拍手）

090 高野 哲也 名城大学 理工学部 建築学科

そして、自閉症のままおじいさんになればいい。——自閉症者と一般の人々が共生する設計手法の提案

>>> Tetsuya Kono presentation [プレゼンテーション]

①この手描きの地図は、ある自閉症者が描いた、イメージマップです。
会話での意思疎通が苦手な自閉症の障害を考慮し、手書き地図(書き物)を介することにより、彼らの空間認識の特徴を把握できることに注目しました。
ある自閉症者に街の4区画のイメージマップを描いてもらい、

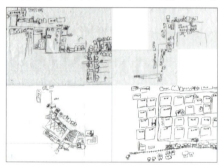

②エレメント・タイプ(構成要素の性質)の分類
③空間把握の種類とその分布
④空間把握の領域
を調べました。

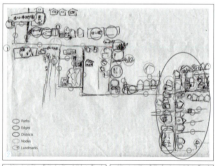

そして、マップから各部分を抽出し、それぞれの空間把握の概要を表にまとめました。
これらの分析を通して、調査をした自閉症者の空間把握には「風景を部分的に立面写真のように記憶する」という特徴が見られました。

この結果と、自閉症者のイメージマップから読み取れた空間把握の特徴を踏まえた上で、彼らにとっての「わかりやすさ」に配慮することにより、都市部において、1人の自閉症者と一般の人々(家族5世帯)が共生していく集合住宅を設計しました。
集合住宅の所有者は自閉症者であり、住宅は賃貸とします。家賃収入により経済的な自立を実現すると同時に、管理者としての業務を通じて、社会的な活動や交流を促します。
「構造化」と呼ばれる考え方を用いて、周囲の環境の意味が自閉症者にわかりやすいように整理します。
自閉症者は、決められた生活を繰り返しこなす「ルーティーン」を確立することで、安心して生活することができるようになります。

ルール1「生活行為と空間は、1対1の関係をもつ」
自閉症者の混乱を避けるために、1つの空間では1つの行為を行なうようにすることで、空間と行為の関係を明確にした、物理的な構造化を行なう。
⑤ある自閉症者の1日のスケジュールに合わせて、「大きな目的」と「細かな目的」に行為を細分化していき、それぞれを空間と対応させる。
⑥断面計画では、「大きな目的」を階数で区別し、
⑦平面計画では、「細かな目的」を空間で区別する。

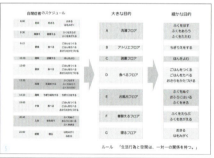

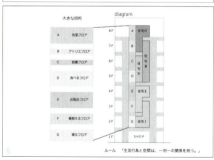

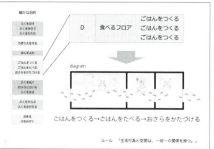

ルール2「自閉症者の1日の行動に対応した空間を時間軸に合わせて、順に配置していく」
自閉症者は時間的概念を理解するのが難しいので、1つの行為を達成してから次の空間へ進んでいく、というように、1日の活動の流れをわかりやすく明示した、時間的な構造化を行なう。

ルール3「自閉症者の生活動線を一筆書きにする」
自閉症者は、図や絵など視覚によって物事を判断しやすいことから、冒頭のイメージマップ(①)の分析で得た結果を踏まえ、動線を重複させない(一筆書きとする)。
集合住宅を歩き回るように動線を設計することにより、さまざまなシーンをつくり出し、それぞれの唯一性を高め、空間と行為が結びつきやすくなる視覚的な構造化を行なう。
⑧空間ごとのシーンは、自閉症者にとって立面上のシークエンス(場面展開)として形成され、生活行為を繰り返すことによる「ルーティーン」をより強固なものとしていく。

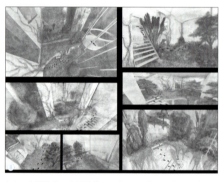

また、自閉症者の生活動線は、時として住民の生活の中にも入っていきます。
たとえば、朝起きると、次は歯磨きをする空間へと移動します。ここでの「歯を磨く空間」は、他の住民の洗面台をシェアすることになります。そして、住民は、自閉症者の様子を見て、体調がどうなのかなどを判断してあげます。
このように、他の住民の使う空間を自閉症者が共用することにより、自閉症者1人では解決できない難しい問題も、他の住民に「お世話になる」ことで解決し、安定した生活が実現できます。
時には、共に食事をする存在として、老夫婦の寂しさを和らげ、時には、家族に兄弟の1人として加わり、楽しくやさしい家庭をつくる。自閉症者が生活の一部に介入することが、一般の人々の生活にそっと花を添えるような、よりよい関係性が生まれることを考えています。
自閉症者の中にも、自伝などの書き物を通して意思の疎通を図ることができる者は少なくありません。
そうした書き物からは、彼らに共通する感性として、植物を「自分の命と同等の存在と考えており、心を安らげるもの」として重要視していることが読み取れ、注目されます。
そこで、自閉症者の生活空間をガラスで囲って植物を配した温室空間にすることにより、自閉症者は植物と近い環境で生活をします。これによって、刺激に過敏な自閉症者への不必要なストレスを減らします。
また、この温室空間におけるガラスの役割はもう1つあります。自閉症者は、人と圧倒的な距離をとります。逆説的に言えば、それが彼らにとってのコミュニケーションでもあります。しかし、他人との間に大きな壁を作ってしまうのではなく、境界にガラスを用いることによって、自閉症者と一般の人々を緩やかにつなぎ、彼らが共存できるような空間をつくり出していきます。そして、緑の建物が都市の風景の一部となることにより、間接的に社会と交わっていきます。このような都市との関係は、自閉症者にとって最適な都市との距離間であり、最大のコミュニケーションであると同時に、彼らにとっての最低限のバリアフリーであるとも言えます。

最後に、私の兄は、自閉症です。障害者には、障害者にしかない感性が存在し、それは、正に彼らが築き上げてきた「障害者文化」という個性であると感じています。そこには、次のデザインのもととなるものが存在します。それは建築であれば建物を建てる1つの理由であり、また建築家の存在意義を示しているのではないでしょうか。そして、自閉症として生まれた兄は、決して不幸ではないことを意味していると私は思います。

手塚：私は君と同じような境遇にあって、自閉症者についてはいろいろと知っているけれど、提案には気になるところがあります。この提案は、自閉症者は一筆書きを描くようにずーっと上へ上がっていき、その途中には庭もあって、螺旋状にクルクルっと回りながらそこで暮らせる、ということでしょう。けれど、この人たちは外へ出ないのですか？　外部へ出てしまうと、計画された動線のループからはずれてしまうでしょう？　それについては、このストーリーの中で説明されていませんが、外へ出ても大丈夫なのですか？　今の説明だと、ずっとこの建物内をクルクルと回って「そのまま60歳になり、おじいさんになりました」という怖いストーリーが見えてくるのだけれど（笑）……。外へ出てはいけない？

090：現在の福祉制度による福祉サービスでは介護ヘルパーなどとの関係があるため、日時を自由に選択することは難しいです。たとえば、サービスのある土曜日と日曜日に博物館へ行くなど、ヘルパーによる介護サービスを通して、外へ出かけることを考えています。

手塚：それ以外の時は一日中、上がって下りて、上がって下りてということをしているの？

090：はい、そうです。

手塚：ほお……（苦笑）。

090：この設計のコンセプトはもともと、自閉症者に対する社会の理解が進んでいない、自閉症に対する社会の対応が遅いということをアンチテーゼ（対立命題）的に伝えたい、というところにあります。現在、都市部で自閉症の人が自立的に生活しようとするとこういう設計の家になってしまう、ということを示したいと思いました。この設計をすることによって、裏返しとして社会に対するアンチテーゼの意味を込めています。

手塚：今の話は非常に大事なところです。君はこの建築を、自閉症者にとって理想的な状態だとは思っていないのですか？

090：理想的な状態だとは思っていません。

田根：2つ訊きたいことがあります。1つは、この建築を高く立体化していかなければならなかった主な理由が聞きたい。2つめに、この建築の緑や植栽を含めた半屋外空間と室内空間との関係について、もう少し説明してもらえますか。

090：まず立体高層化しなければならなかった理由です。1つは、プレゼンテーションでも説明したように、自閉症は脳機能不全の障害でもあるので、自閉症者には、ものごとをわかりやすく伝えることがすごく重要だからです。そこで、1つの空間に1つの機能が対応するように構成し、各フロアごとに整理することによって自閉症者にとってわかりやすい空間構成にしました。もう1つ、この建築には、先ほど説明したようにアンチテーゼの意味を込めているので、都市部に一軒家が建つ200m²という広さの土地に自閉症者のための建築を作るという設定にしたので、このように立体的なつくりになりました。

次に、半屋外空間と内側の空間の関係についてです。この建築は5世帯の家族の住居になっています。自閉症者は主に、温室である半屋外空間の庭の部分で生活しています。また、自閉症者は行為や目的に応じて建築空間を移動するのですが、その時に5世帯の家族の人たちと交流する場面では、それぞれの住戸の中へ入っていくという感じです。

田根：自閉症者は部屋にこもるよりも温室空間のようなところにいることを好む傾向がある、ということですか。

090：自閉症者の自伝をいくつか読んでみると、自閉症者が植物に対して特別な感情を抱いているという注目すべき共通点がありました。それを建築的な空間にしようと考えたら、自閉症者が植物に囲まれる温室空間になったということです。

西沢：では、自閉症者は温室空間のある高層の住居に住んでいて、そこにキッチン、トイレ、浴室もあるのですか？

090：はい、あります。ただし、トイレはタイミングなどもあるので、隣接する世帯の家のものを借りることもプログラムとしては組み込んでいます。

西沢：5世帯の家族は、スパイラル状の空間になっている自閉症者の住居の動線を借りて自分の住居へ行くということですね？

090：はい。自閉症者の住居にはエレベータや階段もあるので、5世帯の家族もそれを利用します。自閉症者は階段などももちろん使いますが、滑車や滑り台などの昇降設備も利用できるようにした、わかりやすい空間のプログラムをつくってあります。

成瀬：以前、自閉症の人の施設を設計したことがあるので、聞いてみたいことがあります。一般の人々が住む5つの住戸は賃貸で、誰が入居するかわからないという設定ですね？

090：一応、自閉症についてある程度の理解がある人、という設定を考えています。

成瀬：なるほど。ランダムであれば、その5世帯の家族と自閉症者が設備を共有するというところに、あまりリアリティが感じられません。たとえば、ある程度距離をとって「互いに気配を感じる」という程度の関係性であれば、スーッと納得できるのですが。自閉症の人は、一般に、自分の日常と違う次元で何かが起こるとパニックになる可能性がありますよね。たとえば、トイレを使おうとしたら、ある日はその世帯の家族と遭遇したり、ある日は遭遇しなかったりする。そんな状況が本当にいいのか、という疑問があります。もちろん、あなたの家族に自閉症の人がいるということで、リアリティをもって理解しているとは思うのですが……。

090：はい。この建築は僕の兄をモデルとして設計しているのですが、ご存じのように、実際には自閉症者にもさまざまなタイプの人がいます。壁で仕切って、他人の気配を感じられないように設計しなくてはならない自閉症の人もいます。しかし僕の兄はそこまでではないので、兄の症状に合わせて設計しているところがあります。ですから、そういう疑問が出るのはよくわかります。

本江（進行）：ありがとうございました。
（会場　拍手）

109 須藤 嘉顕　千葉大学　工学部 建築学科

虚（うろ）の家

>>> Yoshiaki Suto presentation【プレゼンテーション】

日頃、私たちは自分に都合の悪いことからは目をそむけがちです。
視界には入っているのに、意図的に排除しているのか、なぜかそれに気づくことができません。
これによって、私たちは何か大事なものを見落としているのではないでしょうか。
これは普段私たちが意図的に視界から排除してきた都市の裏側の物語。

「虚（うろ）の家」

①敷地は首都高速1号羽田線の鮫洲埋立部です。これは、埋め立て地と京浜運河の境に位置します。敷地調査の際に感じた、危機感や怒りが本設計をする動機となりました。私はここで、都市の裏側に追いやられている首都高速の現状を目の当たりにします。

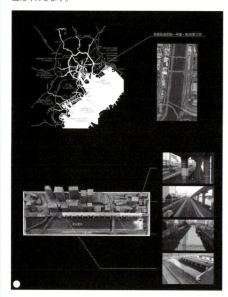

②首都高速の老朽化問題の解決、さらなるメンテナンス向上という口実で、この現状を顧みずに首都高速だけを建て替えて歴史を上塗りしようというのです。

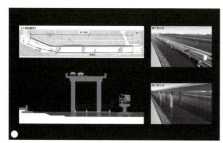

③そこで私は同じ歴史を繰り返すまいと、ここに遺構として未来に残り続けるストーリーを提案します。私が首都高速に計画するのは、集合住宅です。現状を人々に訴え続ける遺構として、人の身勝手さのようなものを過激に表現しています。アクセスはエレベータで行ない、道路の下を通る動線により陸側、運河側に抜け、各々の住戸に辿り着くことができます。

首都高速という筒を覆い隠すように住戸を計画しました。ボリューム（構造物の塊）の内側に空いた穴を住人は視認することはできませんが、筒の縁を辿るような動線計画により身体でそれを感じることができます。

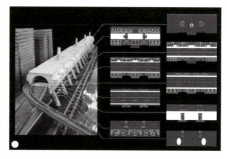

④断面図。住戸を伝う動線と住戸です。住戸までの道のりは、陸側と運河側の2方向から差す光線のみが道しるべとなります。

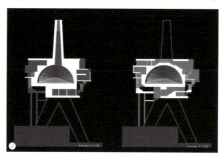

⑤首都高速というインフラからの悪影響として、騒音、振動、排気が挙げられます。住環境確保のために住人の生活からこれらを過激に排除することでカタチを決定しました。ドームと換気塔は、私たちと首都高速を隔離する装置となります。

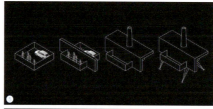

⑥さらに、首都高速という土木構造物に長さ78mというスパン（間隔）を与え、それを複製することで全体を構成します。垂直に伸びる建築に対して、水平に拡張するこの建築は、新たな都市のファサード（表象）となります。

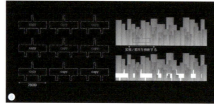

都市を横断する建築は、めまぐるしく変容する都市のカタチの中で、どうあり続けるのでしょうか。私はここで老朽化とテクノロジーという時間軸で変化する2つの要素に焦点を当てました。

⑦私たちが受ける負の影響を過剰なまでに拒絶したこの装置は、未来のテクノロジーの進歩とともにその意味を失います。意味を失うことで、この建築は、その存在意義を私たちに問いかけてくるのです。建築が意味を失い、さらにその寿命がきた時、テクノロジーが変える建築の姿に可能性を見出すことはできないでしょうか。

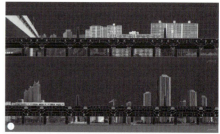

⑧建築の老朽化、テクノロジーの進歩によって遺構となるまでの減築、改築の断面図をケーススタディしました。この時、首都高速という空白部分に人が介入することではじめて、住戸と首都高速に関わりが生まれます。かつての換気塔は展望台や首都高速を見下ろす場所となったり、首都高速を時速80kmで走るドライバーからは住人の生活が少しだけ垣間見えたり、住人は日常的に高速道路を流れる自動車を覗いたりします。

長さ78mの建築は、カタチの意味を失い、複製というルールから解放された時、新たなアイデンティティを見出し、そのカタチに差異が生まれるのです。しかし、その姿が変わろうと、私たちに向けられたこの建築の叫びは、いつ何どきも色あせることはありません。

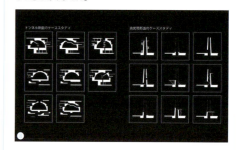

⑨遺構としてその姿を変えた首都高速の様子です。ここに住む住人の趣味、嗜好、自分の生活のあり方を変えようとする意思でこの建築は変化し続けるのです。壁を突き破り、床板を突き出し、天井や地面にボイド（空隙）を設けたりすることで、この半円のカタチは徐々に崩れていきます。

⑩住戸と首都高速という非合理な計画、ヒューマニズムから逸脱した宙に浮かぶ地下神殿は私たちの価値観、そして都市計画を覆す可能性を秘めています。私たちのヒューマンたろうとする日常は、この建築を前にして無慈悲に否定されるのです。

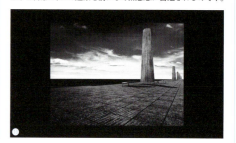

Q&A

手塚：首都高速が遺構となる以前の構造物が気になります。首都高速から両側に付随している家へ入るのは、無理ですよね？ 時速100kmで走っている自動車が、いきなり直角に曲がるというのは相当に無理な運転だから……(笑)。
109：はい、入れません。
手塚：ということは、この家に住む人の動線はどうなっているのですか？
109：首都高速の下に道があり、橋脚の中に設置したエレベータで上がって各住戸にアクセスします。首都高速の橋脚の片方は運河の上にあり、もう片方は陸地にあるので、陸地にある橋脚からアクセスします。この構造は、現存の運河上にある首都高速の構造を踏襲しています。

西沢：この敷地は、隣にモノレールが走っている、首都高速の都心から羽田空港へ向かう部分ですよね。それで、その首都高速を建て替える時に住宅も一緒につくる、という計画ですね。
109：はい。
手塚：この首都高速の橋脚の不思議な「内股の形」はどうやって思いついたのですか？
109：もともと、老朽化により、首都高速の道路を現在の位置から15～20mほど上部へ上げるという計画が実際にあって、この形はそれに基づいています。もともとは垂直に立っていた橋脚を斜めにして「内股の形」にしたのは……、直感で決めました。
手塚：直感(笑)？ すごいね……。
本江(進行)：この形には、何か合理的な理由がありますか？
109：合理的な理由はありません。
手塚：でもセクシーですよね。上部がパイ焼き窯みたいで、下部が内股で……。

西沢：この作品は、模型の迫力とインパクトがあったため、ファイナルまで残りましたが、審査員をはじめ、聴衆が何となく「わかりにくさ」を感じています。今は、首都高速などを、だんだんなくしていこうという時代です。それなのに、何で今さら首都高速をこのようにゴツい形で作るのか。それから、住宅と首都高速を一緒にすると何がいいのか。たぶん、そのへんがよくわからない……。古い話ですけれど、ラジオとカセットレコーダーを合体させたラジカセのように、一緒にする手法はあってもいい。しかし、この作品では、首都高速と住宅という特に合体しづらそうなものを強引に合体させている。首都高速はカーブしているし。この合体の「売り」について、もう少し説明がないと、みんな「なるほど」と納得できません。
109：「住まう」ことについて批評性をもった建築をつくりたかったということです。プレゼンテーションで「山■ ケーブルから逸脱したような」と説明したように、人のヒューマンたる日常を(逆説的に)よりきわ立たせるようなものをつくりたかった……。一番見せたいのは、遺構として姿を変える段階のものです。土木構造物として建てられたものを人が打ち破るところを見たい、ということです。
西沢：そのわりには、付け足している住宅がいかにも小市民的というか、普通の住宅を付け足している。もう少し、新しい生活像のようなものを……。
手塚：その話題は そのあとのディメンションで取り上げたらおもしろいですよ(笑)。
西沢：う ん、では、結局「売り」は何だろう？
審査員席：(「原始的な人間のパワー」という声)
109：あ、そうです。人間のパワーというか……。

田根：ものすごく巨大な構造物になっていますが、居住部分の割合が非常に小さい。また、屋外空間と屋根の部分を居住者がどのように使うイメージなのか、説明をお願いします。階段部分が非常に多く、屋上も大きいことについてです。
109：まず、階段については、ドーム型の部分を覆うように住戸が張り付いているので、外から住戸へ向かうためにどうしてもこういう形状の階段が必要だということです。屋根の部分については、のっぺりとした平板部分と、そこに立つ換気塔が、全く違うスケール感で存在するので、屋根に上がった時に住民には何か新しい風景が見えるのではないか、ということです。つまり、屋上部分は使われるか否かというよりも、新しい何かを導き出したいという意図で、あえてこのような真っ平らな部分に換気塔を建てくいます。
本江(進行)：では、これはシンボリック(象徴的)な空間で、巨大なもの——実際には、この換気塔は模型で見るよりもはるかに大きいものだから——が屋上に点々と立っているということですか。プレゼンテーションの最後のほうでパース(⑩)を見せましたが、そういうすごい風景がある、ということですね。
109：はい、そうです。

手塚：先の西沢審査員長の質問に、少しでも答えてほしい。この提案で、首都高速に貼り付いている住宅を、何ですごく小市民的な住宅にしたのかという質問に、答えたほうがいい。
109：はい。住宅が小市民的で……。え？
本江(進行)：どなたか、手塚さんの質問をパラフレーズして(わかりやすく言い換えて)ください。
倉方：「小市民的」とは「プチブル的」とも言います。これは、狭い自分の観念の中で「これくらいであれば自分は立派な一市民だ」と思えているような人、そういう狭い意味での豊かさしか追求していない人のことです。この作品は、そういう人たちの住宅らしいつくりではないか、という質問だと思います。これは議論をけしかけているのだと思うのですが、要するに「この住宅はあえて凡庸にしているのですか」それとも「よく考えた結果、この住宅はこのかたちになったのですか」という質問です。
109：わかりました。この住宅は、あえて凡庸なかたちにしています。それは、この建築が後々に「遺構」へと姿を変える時に、「もっとこうしたい」「こういうふうに暮らしたい」と思うような欲が、年月をかけて、そのように凡庸だった人たちに出てくることを想定しているからです。

小野田：なんだか、わからなくなってきました。「遺構」ということは、この構造物ができた時でなくて、これが首都高速としての役目を終えて、「建築、あるいは住宅としての残滓のようなものが出てきた時」がこの建築の到達点なのですか？
109：そうです。首都高速が役目を終えた時に、新しい集合住宅のかたちを生み出すということです。

成瀬：ということは、高速道路がなくなって、集合住宅だけになるということですか？
109：そうです。

倉方：だから、その時に、九龍城[*1]のように、この建築を食い破っていろいろなものが出てくる。今は、その土台を設計している、ということだね？
109：そうです。
手塚：でも、九龍城は、決して凡庸ではない。窓の開け方とか……。

小野田：でも、これは首都高速の新線なのでしょう？ だったら、まず、この新線がすばらしい、というところが大事なのではないですか？ 100年後か75年後か、ともかく、その頃には、君も生きていないかもしれない。
109：いや、新築でなくて、その後のほうがすばらしいんです。
手塚：建築家の人生なんてはかないものだから、そんな短い時間軸で建築を考えてはいけない、ということだね(笑)。
西沢：では、何でそのすばらしいところを模型にしないの？
109：それは、おっしゃるとおりですけれど……。ただ、ここで、一番見せたかったのは、このヒューマニズムを逸脱した神殿のような空間なのです。
西沢：そういう意味では、あなたはアンチ・ヒューマニズムに見えるということだね？
109：(西沢の言葉に気圧されて絶句)

小野田：何だか、高尚な論理を無理に言おうとしていない？ でも最終的には作ったものがどれだけすばらしいか、従来の都市や建築の可能性を突き破っているか、ということが重要なのではないかな。この模型でいいではないですか。これが作りたかったのでしょう？ 100年後もすばらしいかもしれないけれど、この建築がすばらしいと言えばいいではないですか。
ところで、これだけの大開発なのに住宅部分は少ししかなくて、この建築のプロポーションは、すごく不自然です。しかし、それは「50年後などに、この住宅部分が他の部分を食い破っていく、だから今は小さいのだ」と言うつもりなのでしょう？
109：はい、そうです。
小野田：うーん、本当かなあ……(笑)。
本江(進行)：まだ少しモヤモヤしていますけれど……、ありがとうございました。
(会場 拍手)

註
*1 九龍城(Gau lung zaai sing)：九龍城砦。歴史は宋時代(960-1279年)に遡る。現在の中華人民共和国、香港、九龍の九龍城地区に作られた城塞、またはその跡地にできた無計画な増築により複雑化した巨大なスラム街を指す。1993～1994年に取り壊された。英語ではKawloon Walled City。

350 平木 かおる 東京都市大学 工学部 建築学科

まなざしの在る場所──『写真のこころ』から読み解く視空間

>>> Kaoru Hiraki presentation [プレゼンテーション]

「現代は生活全体が様々な映像で満たされていて、写真というものが日常的な意識の底に埋没しがちである。写真を見る楽しみなど、顧みる機会はほとんどないに等しい。
見る楽しみやまなざしの悦びを追って、虚像ではなく実像としての映像を求めて、視覚の安寧を取り戻そうとするなら、たとえささやかにでもマスなイメージとは闘う必要があるように思えるのである。」

「では、大量に供給されるコマーシャルや、雑多なイメージから『身を守る』ならぬ、『まなざしを守る』手だてはあるのだろうか。あるとすれば受け身一方の視覚に、自発性を培うこと以外に考えられない。それは、受け手としての創造的なまなざしの追求だ。」

これは、平木収の著作『写真のこころ』(下写真)からの引用です。私の父による言葉です。私の設計した写真美術館の存在意義はこの言葉から始まります。

私の父の職業は写真評論家でした。そしてその職能は「その写真がなぜ良いのか、おもしろいのか」を、言葉で人に伝える仕事だ、と父は語っていました。
そんな父が2008年、がんを患い亡くなった後、有志の人々により1冊の本が出版されることとなりました。
父の言葉を写真と共にまとめたフォト・エッセイ『写真のこころ』。
この本の中では、写真というものがいかに魅力的であるか、ということが歴史や文化、科学など多方面から、写真への愛に満ちた言葉で語られています。
この本から受け取る写真の楽しみ方を、建築の空間にも反映させてみることにしました。

『写真のこころ』に記されている写真の解説や、鑑賞法を読み解き、写真を見るための空間をつくります。
建築は、父の言葉と写真を媒介するものとなります。
それは写真を見る人が強いまなざしを取り戻すための空間です。

①敷地は東京都渋谷区千駄ヶ谷5丁目。
雑多な情報やイメージであふれる都市の中に、写真という

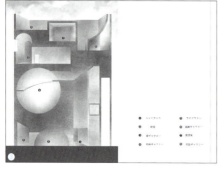

メディア、芸術と対峙し、思考するための空間をつくります。
また、新宿周辺はかつて写真家たちの自主ギャラリー文化が栄えた地域であり、その中で写真の新しい価値が生まれてきた場所でもありました。

②地上階平面図、③断面図です。断面図でプログラムを説明します。図中の各部分に番号を1〜8まで付しています。エントランス、暗室、貸ギャラリー、特殊ギャラリー、ライブラリー、庭園ギャラリー、常設ギャラリー、展望ギャラリーからなっています。

④屋上階の平面図です。
空間の説明です。その美術館は都市のビル群の中にひっそりと存在します。

⑤エントランス
外観はマスの箱ですが、このマスの箱の中のエントランス、わずかに開いたスリットから内部へ入り込んでいきます。
大きな箱の建築に開いたわずかなスリットは、暗い路地のように、明るい小道のように、内部へと人を導きます。

⑥暗室：アルバムの部屋
最初に訪れるのは、写真を現像する暗室としての役割をもつ部屋です。
暗室として写真を現像する行為を通して、写真に出合う部屋です。
ここを訪れた人が撮影したフィルムの現像を行なったり、現像を行なった写真を見るための空間になっています。

「きわめて私的に『写真を見つめる』ことの原点に立ち返れば、遅くしたたかで、知的なまなざしを取り戻せるに違いない。アルバムを引っ張りだしてきて、きわめて丹念に見ること、そして自分で写真を撮ってみること。
飽くなき思い入れのまなざし、まさにこの視線こそ、とても個人的でしかも他者との接触、交流を望んでいる積極的なまなざしである。」(『写真のこころ』より引用)
私はこの本文からこの空間を設計しました。写真が暗闇から生まれる体験。また暗くて実体のわからない空間が、灯りが点くことによってわかる体験。この暗いところから明るいところを見るという体験から、まなざしを考えます。

⑦ジャーナリズム・フォトの展示空間
断面図中央の大きな球体の空間です。
ここでは球体の中を回遊しながらジャーナリズム・フォトを鑑賞することができます。
この空間が丸い意味は、ある写真家の次のような言葉から来ています。
「カメラのレンズを覗くことをやめると、僕の視界はとてもまるいものになった。」
人間の視界は円で見えているものです。そのような丸い空間の中に、四角く切り取られたジャーナリズム・フォトが展示されることで、自分が普段見ている世界とジャーナリズム・フォトの世界を対比的にとらえることになります。
写真はさまざまな場面を切り取ることで、時に凄惨な事実や歴史的瞬間を世界に伝えてきました。
人間が肉眼で見る空間を円で考え、切り取られた写真の向こう側を四角いフレームで考える。円形の集積である球の空間で、対比的に写真の向こう側の場面を想う場所です。

「写真には過去しか写らないのは当然だが、シャッターの時間の撮り手の意思は、この事実を未来に伝えなければ、将来もう一度たしかめなければ、といった来るべき時代へのメッセージの意欲に支えられている。」(『写真のこころ』より引用)
これもジャーナリズム・フォト空間をつくるもととなった言葉です。

⑧ライブラリー
ここは写真集や写真を見るための知の書庫です。
写真は文字と同様に、知を伝承するコミュニケーション・ツールであり、本を読んで知ること、写真集を見て考えることのための空間になります。
さまざまな知を得るための空間には、高い窓からやさしく光が差し込みます。

「写真というのは、人間の視覚コミュニケーションの本能が自然に編み出した、きわめて当然なコミュニケーションの手段であると、まず考えます。
あらゆる描き表されたものをグラフという概念で統括し、それを大切に思い愛でる気持ちを持つこと、これがフィログラフィーです。」(『写真のこころ』より引用)

⑨写真のある庭園
植物や、天候などの外的要素が変化しながら存在する空間の中で、変わらずそこに存在し続ける壁と写真。
移ろいゆく環境の中で、不変の写真空間を感じます。

「じつは、僕はかねてから写真がもし芸術と言われる人間の探求行為の手段になり得るとしたら(本当はなり得るに決まっているんだけど)、それは人間の常識のうちに、時間意識と最も関わりが深く、その意識のあたりで成立している芸術だと考えてきた。」(『写真のこころ』より引用)

⑩光のある展示室
天井のスリットから写真を見るためだけの光が落ちてくる空間です。人間が立つ側と、写真の展示される側の天井高さの違い、光の違いが、「こちら側とあちら側＝今とその写真の時」を浮かび上がらせる場所です。

「優れた写真作品は、いずれも画面の構成上の美を超えて、我々の時へのデリカシーを直撃する。この刺激が写真作品の旨味の本質だと、ぼくは信じている。」(『写真のこころ』より引用)

⑪写真の窓
建築によって切り取られる世界を眺める部屋。
カメラで世界や出来事を切り取り、とらえる感覚を、移り変わる空と不動の窓によって体験し、思考するための展示室です。

「被写体はその場面を構成する一要素だが、写真が写しているのは、その場の事態であり、まして近代美術が永久保存を決め込んだ写真ともなると、一点一点に写し込まれている事態に、かなりの重みがある。
それは写真の記録性から来るものだが、その記録を決意した人間の精神も写している。」(『写真のこころ』より引用)

これらの空間体験をもって、人間の「視る」という行為が進展することを願います。

西沢：最後の映像をもう一度、見せてくれますか？ それから、この模型を閉じることができれば、閉じてみてください。
(⑪を映写。内部展開模型を閉じる)
西沢：プレゼンテーションの中でいくつか紹介してくれた文章を「なるほど」と思って聞いていたけれど、時間切れで、最後の文章の説明は聞けませんでした。最後に見せた文章にはどんな意味があるのですか？
350：これは、建築案の最後に紹介した大きな窓のある展望室の説明に用いた文章です。文章には「(前略)写真の記録性から来るものだが、その記録を決意した人間の精神も写している。」とあります。この文章の内容は、展望室の大きな窓から世界を写し取るというかたちで建築設計に反映させました。写真や建築によって切り取ることで「その記録を決意すること」、つまり、空間や景色を切り取ることを決意する時の人間の意志というものを感じてもらいたいと思い、この展望室を設計しました。
西沢：(模型の周囲を歩き回って)では、この最後の文章は、建築の空間全体の総括ということではなくて、展望室部分に対応する文章ということですか？
350：建築の空間全体の総括にもなると思って、この文章を最後にしました。

成瀬：写真には、いろいろな種類があります。ジャーナリズムの写真はジャーナリズム・フォトの展示空間に展示されるとして、それ以外の写真は展示されることがあるのですか？
350：各部屋ごとに展示する写真は決まっています。屋根がヴィーンと曲がって、天井から光が入る部屋は常設ギャラリーで、具体的には奈良原一高さんという写真家の写真を展示する場所にしたいと思いました。ここには、それらの写真を永遠に飾っておきたいと思っています。写真が空からの光を受けてずっと存在し続けるという永遠性のある空間として、常設ギャラリーを設計しました。先ほどは紹介できませんでしたが、屋上の壁面の庭園ギャラリーは紀行写真を展示する部屋として設計しました。外部空間にあるので環境が変化するのですが、それに対して旅をして撮影してきた紀行写真の画像は変化しないということを対比的に表したいと思いました。

成瀬：写真のサイズもいろいろとありますが、この模型で展示してある写真のサイズがベストだと考えていますか？ それとも写真の大きさはいろいろあるけれども、こうしたのですか？
350：ジャーナリズム・フォトを展示する球状の空間は、展示を入れ替えることを想定していますが、屋上の壁面に展示した写真や……。

成瀬：展示が入れ替わってもいいのですが、質問は、写真の大きさについてです。模型だと、かなり大きな壁面に対して小さい写真をチョコチョコと展示してあります。その写真の大きさがかなり重要なのかどうか、と思って訊きました。たとえば、ジャーナリズム・フォトなら、素人考えでは、その場面をなるべく大きく見せるほうがいいのではないかという印象があります。そういう点については、どのように考えているのでしょうか。
350：1点を見つめることが大事だと思っているので、極度に大きい写真の展示は考えていません。

西沢：これは平木さん(350)のお父さんの文章ですか？ 紹介された文章から、この建物の中にもってきたことの中で、要点は1つは「写真を丹念に見る」ということ。もう1つは「自ら写真を撮ってみる」ということですね。「丹念に見る」ということが建築に活かされているのは、よくわかりました。最初に紹介した「現像できる暗室」もいいと思った。しかし、この建築の計画の中に2つめの「写真を撮ってみる」という場所があるのでしょうか？ 教えてください。
それからもう1つ、内容からは正方形の建築に収めるのがムードとしてふさわしいような気がしたのですが、この建物は結構、ゆがんでいます。それは敷地の条件のせいか、他との関係からそうなったのか、教えてください。

350：まず「写真を撮る」ことに関してですが、写真を丹念に見たことのない人は、写真をきちんと撮影したことのない人だと思いました。ですから、まずは写真を撮る楽しみを感じてもらおうということで、上の展望室に大きな窓を作り、その窓で景色を切り取る体験ができるようにと考えました。次に、建物の形状については敷地に合わせてそこから決めていったのですが……。
西沢：でも敷地は、建物の後ろ側がカギ形にかなり空いていました。それが建物の形状に影響しているようですが、このカギ形が重要なのですか？
350：カギ形の部分は建物から出て行くところです。建物に入って、写真の体験をして出て行く、ということで、入口と出口を分けたほうがいいと考えたので、このような形になりました。
本江(進行)：ということですが、よろしいでしょうか。
西沢：(了承)
本江(進行)：ありがとうございました。
(会場　拍手)

366　元村 文春　九州産業大学　工学部 建築学科

金魚の水荘──街を彩る金魚屋さん

>>> Fumiharu Motomura presentation [プレゼンテーション]

僕の町（熊本県長洲町）には、誇れることがあります。それは、美しい金魚がいることです。縁日や夏祭りで幼い頃に金魚と触れ合った経験は、誰しもあるのではないでしょうか？
金魚は、自然界では生きていけない生き物です。では、その美しい金魚たちはどこで生活をしているのでしょう。今日は、その金魚たちの住処を覗いてみませんか？

①金魚の郷、熊本県長洲町。
九州金魚の一大産地として九州で最も金魚生産量の多いこの町には、色、形、大きさのさまざまな美しい金魚が生まれています。長洲町の金魚の歴史は古く、およそ360年前から養魚が行なわれています。

②長洲町には、たくさんの養魚場が点在しており、独特の美しい風景をつくり出しています。
長洲町の養魚場で調査をして、さまざまな要素を拾い上げてきました。
養魚場の類型、産卵から出荷までの流れ、養魚場の1年間、池の種類、防鳥網の種類、天敵、建物／設備、道具類、など、養魚場によってさまざまな特徴があります。

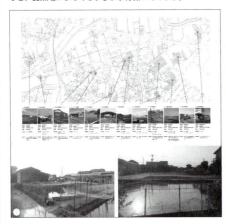

提案
長洲町の金魚産業には、3つの問題があります。
1）養魚場＝後継者不足による労働者の減少
2）一般の人＝認知度の低迷
3）金魚＝生き物であるがための生産効率の悪さ
現在、養魚場では出荷することを主な収益としているため、小売りをせず町や住民に対して開かれていません。
そこで、町や住民に対して閉ざされている今の養魚場を開き、
そして、養魚場に一般の人が金魚を鑑賞することのできる場をつくり顕在化することで、長洲町にしかない建築を提案します。

③対象敷地＝松井養魚場
町内で最も古い養魚場で、池面積が最も大きく豊富な種類の金魚やメダカを扱っています。養魚場の型で言うと昔ながらの「池型」の養魚場になります。

④敷地状況
池の割合は、敷地の7割を親池、稚魚池が占めています。

配置計画
⑤グリッド配置
敷地調査から、池型の養魚場はグリッド（方眼）に沿って作られていることがわかりました。およそ5m四方ごとに区画することができます。
そこで、今回はさらに細分化した2,500mmのグリッドを敷き、池を縦横に分けるように桟橋を掛け渡し、すべての池をつなぎ合わせます。縦横に掛かる桟橋が金魚に必要な影を落とします。

⑥動線の拡張
昔ながらの養魚場は池面積が広く、管理に大変な労力が必要になります。後継者の不在などによる人手不足によって池を管理できない状況が生まれ、状況はさらに悪化しています。桟橋によってできる新たな動線は、養魚場の作業効率を上げるとともに、養魚場を外に開く糸口となり、一般の人が池の上から金魚を観賞する場となります。

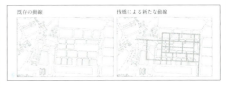

空間構成
⑦水荘桟橋
養魚場、一般の人、金魚、の3つの視点で設計を行ないます。
1）桟橋によってできる動線が養魚場の人の移動装置となり、作業効率を上げる
2）養魚場を外に開いた時に一般の人の観賞の場となる
3）桟橋の構造体が漁礁空間となり、金魚たちの住処となる

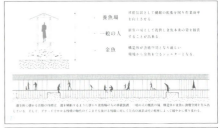

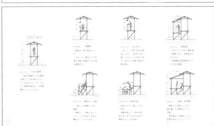

⑧プログラムによって派生、拡張する空間
仕事の効率、金魚との出合い方、金魚の生活環境の向上、という3つの視点から、必要な機能や空間を主要な桟橋に拡張し、それぞれの状況を向上させます。

⑨護岸の整備
昔ながらの養魚場の池は、地面を掘っただけのため大雨で護岸が崩れることがあります。そのため、護岸を補強するとともに、地域の人と協力して緑を提供できる公園として整備します。

⑩櫓と防鳥網
防鳥網を張るために新しく櫓を設計します。現在の養魚場の防鳥網のある風景に対して、新たな長洲の風景となるようにデザインしました。櫓同士を結ぶ防鳥網は、天敵から金魚を守ると同時に、網の形づくるやわらかな曲線が背景の山々と融け合い、長洲町の新たな風景を生み出します。
今まで隠れていた金魚の住処は、主張を強め、新たな町の風景となります。土木スケール（規模）の養魚場の池に対して、桟橋の建築スケールが、人のスケールへ、そして金魚のスケールへとスケールを落としていく作業が、金魚の生まれる瞬間、作業の様子、金魚との触れ合い、桟橋から見る金魚、遊ぶ子供たちの声、桟橋から見る町の風景など、さまざまなシーンをつくり出します。

この外に開かれた養魚場が新たな産業モデルとなり、他の養魚場に波及していくことで、小さな金魚の住処が町の大きな風景として長洲町を彩ります。

手塚：金魚は、雨が降ってくると自分が水の中にいるのを忘れて、雨宿りするところがおもしろい。
（会場　笑）
だから、この桟橋を作ると、たぶん金魚が桟橋の下に集まってくる。そこがすごくおもしろいと思ったんだ。その一方で気になったのは、桟橋の屋根を全部、瓦にしたこと。金魚だから瓦だと思ったのか、都市の建築への君なりの回答として瓦だと思ったのか。瓦屋根の印象がすごく強いので、屋根について説明を聞きたい。
366：この桟橋は養魚場の人のためでもあるので、雨の中でも作業ができるように……。
手塚：いや、機能の話ではない。模型の瓦もよくできているけれど（笑）、全部の屋根に瓦を葺いているでしょう。何で瓦なの？
366：周囲に切妻の瓦屋根の建物がとても多いので、それをテクスチュア（素材感）として取り入れたいと思いました。
手塚：五重塔のようなものがありますが、これもイメージの中で大事だと思ってこうしたのですか？
366：一応、櫓として設計していて、屋根が連続しています。その連続した屋根を使って防鳥網の高さを調節できるようにと考えました。
手塚：では、違う高さのところに網を張るから、そこに屋根を付けたらおもしろいということでこの形になったのですか。
366：そうです。
本江（進行）：時季によって、防鳥網の高さが変わるのですか？
366：はい、そうです。
手塚：うーん、粋だね。（会場　笑）

田根：日常的には来客があったり、金魚の管理をするということですが、それ以外に非日常的な使われ方も考えていますか？
366：金魚というと夏のイメージですが、秋から冬にかけて、業者が集まって成長した金魚を見る品評会があります。周囲の養魚場の業者が集まって、その品評会をここでできたらいいと思っています。
田根：櫓を含めて、祭を感じさせる造形に見えますが、何か祝祭性のようなものを考えているのですか？　それとも、あくまで日常的な機能に応じた造形ということですか？
366：季節のイベントなどにも対応できたらいいと思いながら設計しました。

倉方：その点について、もう少し聞かせてください。模型を見ていても、そこに人が集まって何か活動の生まれているイメージが、はっきりとは伝わってきません。この建築によって周囲の街がどう変わっていくのか、あるいは金魚の育ち方がどう変わるのか、そういった魅力的なアクティビティ（活動）に関して、説明してください。
366：金魚は、もともと自然界では生きていけない生物ですが、この建築では金魚が魚礁空間を含めかなり自然に近い環境で過ごしているので、そういう姿を来訪者に見てもらえます。
本江（進行）：それは人ではなくて、金魚にとっての魅力的なアクティビティですよね？
倉方：もっと「この建築によって、街がこんな感じに変わるんだ！」というメッセージを伝えてほしい。君は金魚の組合のハッピを着ているけれども、養魚業者との連帯感が、あまり審査員に伝わってこない。そのハッピ、何だか着させられている感があるんだ（笑）。
審査員席：（笑）
成瀬：たとえば、赤提灯の付いたところでは、夜にお酒を飲みながら金魚を見る、といったことを想像していました。つまり、人々が単に金魚を見に来るだけではなくて、少しここに滞在してお金を落としてくれるようなしくみもあって、この施設の運営がうまく回っていくのではないかと想像していたのですが……。
366：金魚産業と別のプログラムがここに入ってくると、金魚を育てる過程で邪魔になるのではないかという……。
審査員席：（苦笑）
手塚：お前、マジメすぎるよ（笑）！　そういう時は、「酒を飲んで最高です！」って言えばいいんだ。成瀬さんが、びっくりして寝ちゃったよ（笑）！　せっかく助け船を出してくれたのに（笑）。

西沢：この建築には、いろいろな場面が設計されていて、いろいろな情景が目に浮かび好感をもちました。その一方で疑問もあります。間違っていたら反論してほしいのですが、この建築は、すごく商業的な施設に見えてしまった。それで、この建築施設を支える舞台裏がどうなっているのかが知りたい。具体的には、たとえば、金魚を出荷する時にここには自動車でアプローチできない。だから、ここは、ある意味で工場的な場所なのに、そのショールーム部分だけを作っているような印象がある。当初の目的は「地域の産業をどう育てていくか」というとてもいいテーマだったので、観光やショールームだけではなく、金魚の搬入や搬出など、もっと実際的な計画の全体像を示してほしい。
366：（「⑥動線の拡張」図を示す）
西沢：うーん。でも、一番重要なのは自動車の動線です。それをもっと具体的に示してほしい。
366：「⑥動線の拡張」図で説明します。住宅の立つ側には出荷池と呼ばれる池があります。成長した金魚をここからトラックで出荷するようになっています。
西沢：たとえば、奥の池から手前の池へ金魚を動かすとしたら何百mも距離があります。だから、ロジスティックス（物流の管理計画）というのか、ある種の理に適った空間構成と効率のよい移動計画が必要だけれど、その計画がこのグリッド（方眼）状の建築の中にあるのか、ないのか。もしくは、こういう商業空間を支えている全く別のシステムが裏にあるのか、が気になります。
成瀬：どうやって金魚を、育てている池から出荷池まで運んでいるのですか？
366：今は既存の護岸を使って、普通に金魚をすくって運んでいます。
田根：プレゼンテーションの最初のほうで見せてくれた、さまざまな金魚の入った箱がたくさん水に浮かんでいた写真（左ページ★印）について、もう少し解説してもらえますか？
366：これは競売場の風景です。いろいろな養魚場の業者ができあがった金魚を持ってきて、金魚を入れた箱をたくさん池に浮かべられています。これは金魚が一時的に置かれている場所です。
西沢：これを見て、美しいと思った。要するに重いものを運ぶなら、水に浮かべたほうが合理的だということです。これを見て水上交通を想像したんです。陸上で重いものを低いところから高いところへ上げるのは、とても大変なので、金魚を運ぶのに池や用水路を使う計画だとおもしろいと期待していました。要するに、そのあたりが合理的なのかどうなのかということです。
366：金魚の運び方までは、考え切れていないのですが……。
審査員席：（笑、「正直だなあ」などの声）
成瀬：今！　今、考えて答えて（笑）！

小野田：君がこの産業や街を愛していることはよくわかるけれど、この計画は、もう1ひねり工夫しないと実現しないのではないですか？　この建築案は、実現できるすごくいい案ではないか、と審査員は思っている。その時、この質疑応答で曖昧な発言をしてはダメなんです。たとえば、ロジスティックスの説明も不十分だし、金魚がそんなにデリケートな生物だとしたら、説明で水質管理などにも触れるべきだ。また、この提案がどうやって街全体につながっていくのかにも言及していない。今、ここで出た問題点やアイディアがこの計画を発展させることだってあるわけです。ここで、決して「お利口さん」になってしまっては、いけないのです。ここは大学ではないのだから、何でもっと攻めてこないのだろう？　攻めないと、これは選ばれないよ（笑）？　いや、すごくいい建築案だと思っているだけに、残念でね。君がそこで引いてしまうと、この作品は本当にここで生き残れないかもしれない。
本江（進行）：では、時間切れなので、一言だけお願いします。
366：えーと……。その、やっぱり池の上に桟橋を掛けることが金魚のためになっていて、少しでも金魚や養魚場の人のためになって、そこに一般の人が入り込めたら、その3者がうまく寄り添えるような場所になるのではないかと思っています。
本江（進行）：ありがとうございました。
（会場　拍手）

367 岡部 絢子　東京都市大学　工学部 建築学科

子育ての芽

››› Ayako Okabe presentation [プレゼンテーション]

女性の社会参加意欲の向上、不況による就労希望などにより、女性の社会進出がめざましくなり、共働きの家庭が増加しています。出産後も働く女性が増加し、核家族化に伴い保育需要は増える一方です。多様化する保育ニーズが満たされなければ育児と就労の両立は難しいと考えます。
そこで、一時保育、病児保育を扱う週7日24時間制の保育園を提案します。

①敷地は東京都世田谷区玉川野毛公園の一角です。玉川地区には、保育施設がたくさんありますが、病児保育施設は1つ、24時間保育施設は1つもないので、子供が多いこの地域、この場所に計画します。

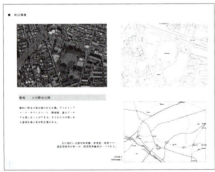

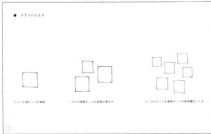

これから保育園の需要は今より増加し、保育時間も長時間化する傾向にあります。保育園で過ごす時間が生活の大部分を占める園児もおり、保育園には家庭的な空間やしつらえが求められます。そこで、保育園を自宅に近いスケール（寸法体系）にするため、
②1つ1つの機能ごとに小さな棟に分けた分棟型にし、1棟1棟に別々の機能をもたせます。
③カサとなる屋根の高さは、子供が持つカサと大人が持つカサの高さの違いや子供の身体スケールをもとに考えます。

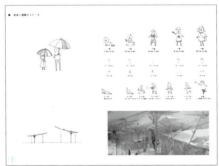

④雨の日と晴れの日で蔀戸（しとみど）の開け方を変えて、子供の行動範囲を変えます。雨の日は二重窓を開き、蔀戸を屋根へと変えます。背の低い子供はカサの下や戸の下を通ることができ、雨の日だけの迷路空間ができます。晴れの日は窓を開いて屋内と屋外とをつなぎます。蔀戸を開くことで下にある2つの空間がカサを介して1つとなり、庭を含めた周辺一帯の空間が1つになったテリトリー（領域）が生まれます。カサが生み出す大きなテリトリーは隣のテリトリーと重なり合い、クラスや遊戯室の中にいるより幅広い異年齢交流の場となります。

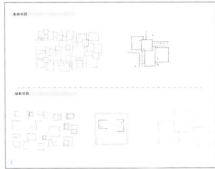

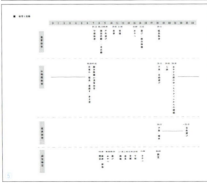

⑤通常保育、病児保育、24時間保育は、それぞれ保育内容や時間帯が異なります。
⑥通常保育は建物のほぼ全部を使います。年齢別のクラスを設けるのではなく、子供が好きな時に好きな場所で遊び、異年齢交流ができるようにします。
⑦病児保育は通常保育とは別の場所を使います。受付、診察室、診療室、病児保育室の一連の流れがあります。部屋数はその日の病児の人数によって変わり、クラスの部屋を病児保育園に替えることもできます。
⑧24時間保育は通常保育と同じ場所を使います。その時一緒にいる子供と一緒に食事を取り、入浴をし、遊び、寝る、という流れです。

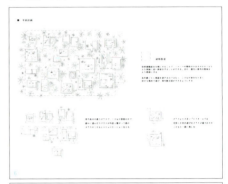

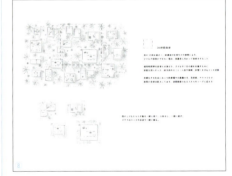

西沢：セミファイナルのグループ審査の時に、この計画をすごくいいなと思いました。今もいいなと思うのですが、いろいろと気になるところもあります。一番気になるのは、何でガラス張りにしたのか、ということです。住宅スケール（規模）の小さい単位に分けるということについては、なるほど、と。構造についても、なるほどな、と。けれど、ガラス張りはどうなんだろう、という疑問があります。それから、各棟を離すことで建物間にできる庭の部分に、何か特別な機能が生まれるのかについて聞かせてください。

367：まず、なぜガラス張りにしたか、です。保育スタッフが子供たちの動きを見やすくするために、このようにしました。次に庭についてです。これは、この場所にこういう機能の庭があるという計画ではなく、建物の窓を開いた時に、そこにある庭と内部空間が思わぬかたちでつながるというイメージで計画しました。

西沢：1つ思ったのは、屋根の傘（構造体）は開閉できたほうが、絶対におもしろいな、ということ。もう1つ、真ん中に1本の柱があって4辺がフリーになっているという構造だと圧倒的におもしろいな、と思ったんです。そこにガラスが入ることで開放感が……どうなのかな。まあ、場合によっては、あってもいいんです。でも、たとえば、屋根の傘が閉じます、とか……。まあ別にそうしなくてもいいのだけれど、もう少し、外と中のつながりというのが……。せっかく構造が示唆しているだけに、ガラス張りしか選択肢がなかったのか、と……。しつこいようですが……。

田根：各ボリューム（建物）の間に庭がありますが、それらを長方形の各敷地ごとにくくった時に、その境界や周囲とのあり方についての説明がなかったので、敷地全体と周囲との問題も含めて教えてください。

367：（模型のほうへ移動して）この提案はもともと、公園の一角という敷地なので、一応、エントランスがあって各建物がありますが、遊戯室からも保育室からも外へ出ると公園につながっています。

田根：子供たちは公園へ出て行っても大丈夫で、保育園の敷地の終わりも特に決めていなくて、周囲はすべて公園につながっているという理解でいいのですか？

367：はい。公園には樹木がたくさんあって、とても自然の豊かな環境という感じです。

成瀬：私は現在、リアルに子育てをしているので、こんな施設があったら、ぜひ近くに住みたいと思います。ただし、今の田根さんの質問は、結構、重要で、親の立場からすると、——西沢さんの質問とも関連しますが——全部ガラス張りで誰でもこの近くまで来られてしまうとなると、やっぱり危なくて子供を預けられない。けれど、その一方で開放感はほしい。その難しいところをしっかり設計することが、この手の施設では特に重要だと思うのです。内部は本当にワンダーランドなので、そんなところをワーッと走り回ったら、子供たちはすごく楽しいだろうと思います。ただし、建物の周囲との微妙な関係性といった問題をもう少していねいに解いて、設計してほしかったと思います。

本江（進行）：岡部さん（307）、外との関係について、何かコメントがありますか？

367：うーん……。おっしゃるとおりだと思います。
（会場　笑）

本江（進行）：みなさん、非常に正直ですね。

西沢：構造をずらしているところにも、すごく興味をもっています。何でずらすの？　それも場合によってはすごくおもしろいと思うのですが……。

本江（進行）：建物の中心ではなくて、中心から少しずらしたところに柱を立てているということです。

367：たぶん、あまりおもしろくない回答だと思いますが（笑）、傘状の建物の柱を真ん中に置かずに少しずらして、屋根を片流れにしたほうが、いろいろな方向に傾いている屋根がたくさんある風景ができて、おもしろいかなと思って……。

田根：それに付随して、それぞれの屋根の傾きの向きには、何か意図があるのですか？

367：内部の機能にもよりますが、保育室や遊戯室など、外部に向けたいところはなるべく外部に開くかたちに傾けています。あとは、近いところで同じ向きにならないように計画しています。

小野田：開口部に蔀戸が付いています。こういう施設に蔀戸を付けるというのは、なかなかおもしろいと思って見ていたのですが、それには何か具体的な理由があるのですか？

367：全面をサッシにしてしまうと、窓を開いた時にどこかしらにサッシが残るので、それが開放感を邪魔してしまうように思いました。それで蔀戸にして上へ開ければ、開口部に子供の出入りにとっての障害物がなくなると考えました。

小野田：蔀戸を開いた時に、あのすてきなフキの葉のような天井と蔀戸の関係はどうなるのですか。全面が上がるから関係ないと考えていますか。

367：傘状の屋根の軒の部分と蔀戸の開く部分との関係に配慮して、上まで上がる蔀戸と上がらない蔀戸があります。

西沢：宮本佳明さんの設計した武庫山幼稚園（1992年）では、開口部が上がって庇になります。この建築では蔀戸が上がらなくても庇があるのですか？

367：あるところとないところがあります。

田根：模型だとよくわからないのですが、床はどうなっていますか。外と中と……。

367：模型で白くした外の部分は、すべて土で、芝が生えていたりします。建物内の床は、少し弾力がある子供にやさしい材料を考えています。屋外と室内とのレベル差はゼロで、窓が開いたらそのまま外へ出られる状態に作ります。

審査員一同：（苦笑）

本江（進行）：レベル差がゼロだと、いろいろと不都合なことがあります……。それについては、そろそろ時間なので、いいですか。

審査員一同：（先への進行に同意）

本江（進行）：では以上、岡部さん（367）でした。
（会場　拍手）

394　小黒 日香理　日本女子大学　家政学部 住居学科

初音こども園

>>> Hikari Oguro presentation [プレゼンテーション]

①敷地は東京都台東区谷中5丁目、初音の森という大きな公園の隣に位置する静かな寺町です。
谷中には、ネコや子供しか知らない居場所がたくさんあります。私はそれらの居場所をつなぎ、マチを感じながら過ごすことのできるこども園を考えました。

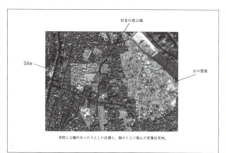

②子供の頃、無意識だったマチとの関わりを意識的にとらえ、子供に戻るように体感したマチの様子をていねいに記述しました。家々の表情は豊かで、道ごとに少しずつ雰囲気が異なっていました。

③通り抜けられるところや、いろいろな壁を見つけました。マチに立ち並ぶ家の展開図を作ってみると、似ているようでもそれぞれが個性をもっていることを知りました。
マチには6種類のすき間がありました。

④これらの発見をもとに、マチの中で見つけた小さな居場所や、ネコや子供の道をつなぐことを考えました。
⑤地図をもとにつなげる道の形をスタディ(検討)し、サーキットのような子供たちの走り回れる形に行き着きました。

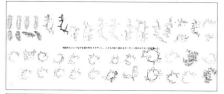

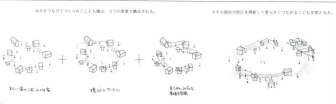

⑥マチに溶け込む小さな家と、それらをつなげる環状のサーキット、そこに架かるやわらかくシンプルな屋根による屋根下空間で構成され、マチの路地や街区を横断して、やわらかくつながる子供空間となります。
⑦全体平面図です。

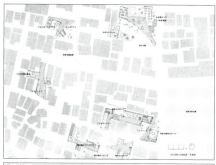

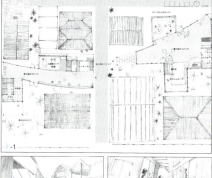

⑧3つの棟が面した袋小路のリビングは、くつろげる場所となります。

⑨こども園の横に、新しい路地ができました。
こどもアトリエの壁には作品が飾られ、マチの人々を呼び込みます。
⑩マチの小さな公園に面した秘密の入口は、子供たちを誘います。
ひなたぼっこのデッキには、木漏れ日が射し込みます。
⑪坂の公園からは、マチの屋根が見えます。
もとからある坂の傾斜でできたプレールーム(遊戯室)では、子供たちが転がって遊びます。
⑫初音の野外ステージで行なわれる学芸会にはたくさんの人が集まり、公園は野外ホールの延長になります。
低い庇(ひさし)の奥にはミニ・ファームがあり、近所の人に野菜をお裾分けしたりします。

子供たちが、マチのなかで
いろいろな人と出会うとき、
小さな生き物にふれるとき、
走り回って遊ぶとき、
子供たちが、はじめて都市を感じる瞬間に
私はそっと手を差し伸べたい。

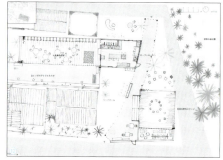

Q&A

手塚：子供たちと地元の人たちが混じり合ってしまうこども園というものをつくろうという提案ですね。先ほどの『子育ての芽』(367)と同じような質問だけれど、駄菓子屋へ行って帰ってこないとか、脱走する子供もいるけれど、そういう悪い子はここには、いないの？

394：個人的には、そういう子供がいてもいいと思っています。できれば、街の人たちも入れるような施設にして、そうしたら互いに顔見知りになるので、脱走した子供を地域の人が見つけけて連れて帰ってくるような現象が起きたらいいと思ってつくりました。

手塚：なるほど。では、もう1つ質問。この提案は保育園でも幼稚園でもなくて、こども園だけれど、これがすごく大きな要素なんだ。保育園だと子供たちの数に対して保育士はたくさんいて、幼稚園だと子供たちの数に対して幼稚園教諭は少数しかいない。こども園は、その中間ですごく難しい。なぜ、こども園にしたの？

394：こども園にした理由は、保育園よりも教育面が入るという点が1つです。もともと、このこども園をつくりはじめたきっかけが、シュタイナー教育*1 だったので……。

手塚：それなら、シュタイナー教育のことを説明しないとダメじゃない？

394：ただ、この建築案に直接、シュタイナー教育が現れているわけではないので……。

手塚：では、きっかけだけ？　模型は、一生懸命、シュタイナー教育的なことを考えているように見えるけれど……。

394：学内の講評会では、シュタイナー教育のことを話しても伝わらなかったので……。

手塚：だから言うのをやめた（笑）？　ここでは通じるから、話して大丈夫だよ！

西沢：この建築案も、おもしろいと思って高く評価しているものの1つです。1つは「けもの道」というか、都市の裏側で通常は低い評価しか与えられていない場所を中心にしていて、そういう場所の魅力を形にしていくというおもしろさがあることです。それから、次の展開として、その「けもの道」をもとに、子供たちが新たな「けもの道」を見つけていくという、その変化全体がおもしろく感じられました。その展開とも関係があるかもしれませんが、この建築案は単一の建築言語でつくられてはいません。いろいろと複合的な建築表現になっていますが、それには何か意味があるのですか？

394：「ここはこういう場所だからこういう構造にしました」というように、明確に説明できるところはありません。ただ、この街の雰囲気を読み取った時に、ここに私の計画しているこども園が建つと、その両脇にまた新しい道ができて、子供たちが遊ぶスペースができる、あるいは、この場所にこのように建物を作ったら、街との関係で新たにおもしろい場所ができる、というように局所的・具体的に考えて設計していったので……。

西沢：局所的に考えても、統一的な屋根にすることはできる。しかし、この提案では各棟を、いわば異なるショーパビリオン（展示館）のように設計している。あるいは、必要時には動線が建築になる、というように意識的に建築言語を変えています。それは、こども園というプログラムから考えたからなのか、あるいは街との関係から考えたからなのか……。

394：基本的には街並みをもとに考えています。もともと、この街が好きで、この街の景観をなるべく崩さないようにしたいと思ったのが計画のきっかけです。だから、屋根だけではなくて、周囲の家のような仕上げ素材を使うなどの工夫をしました。

倉方：たぶん、子供だけがこの建築によって変わるということではなくて、この建築は子供の視線を媒介にして、この街に住んでいる大人やここを訪れる人たちに対して、新しい谷中という街の認識の仕方を焚きつけているように思います。そうであれば、この建築を通して、大人たちがどのようにこの街への認識を改めていくことができるのかについて、もう少し説明してください。

394：「けもの道」のようなものをつないで建築をつくろうとした理由は、私自身かもう大人になった今、もう一度、子供の時に小さい道を見つけて遊んでいたことを思い出したい、と思ったからです。この建築には大人の入ることのできる施設もあるので、そういう施設を通して大人たちにも幼い頃の感覚をもう一度、体験してもらえたらいいなと思って作りました。

小野田：もう一度、平面図を見せてもらえますか。平面図はとても大事だと思います。それで、いくつか聞かせてください。1つは、あなたがこの街で行なったささやかなサーベイ（調査分析）で見つけた街の基礎資源＝小さな空きスペースがあります。その基礎資源と、建築案として実際に埋め込まれたデザイン要素がどういう関係にあるのか聞かせてください。

2つめは、このように大きなサークル状に分散した建築において、こども園の保育スタッフはどんな場所にいて、このスペース全体をマネジメントしているのか教えてください。子供たちの動きは何となくわかるのですが。もし具体的な動きなどを考えていたら、それを教えてください。

3つめは、配置された建物をつなぐような大きな円（サークル）についてです。円と言えば、ここにドーナツ*2 の大家がいますけれど（手塚審査員を見て微笑む）。最初は、子供たちがワーッとそのドーナツ型を回るというイメージでしたが、平面図を見ると、そのドーナツ型はずいぶん分断されている。それでは、ドーナツ型を子供たちが走り回るというのはイメージだけのものなのか、それとも実際に走り回るというアクティビティ（活動）があるのか、について教えてほしい。この3点です。簡単でいいので答えてください。

394：よず1つめの、街の基礎資源と建築案として埋め込んだものとの関係についてです。リサーチ（調査分析）の結果の中で特に公園がわかりやすい例ですが、この街には公園からアプローチをとっている家があります。それを不思議に感じたので、私の建築でも公園に入口をとって設計しました。

2つめの保育スタッフの居場所についてです。一応、シュタイナー教育に基づいて、1クラスは3～4人の少人数を基本としているので、保育スタッフは子供たちを見守りながらこのサークル上を歩く形で保育しているというイメージです。通常、保育スタッフがいる建築全体の中心となる場所は、全体平面図（⑦）の右上に示したメインの建物（⑪）内です。受付などもこの建物で行ないます。

3つめの子供たちがサークル状に走り回るか、という質問です。そもそもこの建築の環状配置を思いついたきっかけが、子供たちが走り回るということなので、実際に子供たちはこの環の形に走り回ります。環状部分は、なるべく既存の空間を生かして、なるべく壁などを設けないように設計しています。この建築案が実際に円（環状）かという点については、たぶん実際に歩いたり走る時に地上ではカーブだけを感じるのではないかと思います。しかし、建築としては、バラバラに広がりつつもまとまりをもつ形にしたいと思って環状にしました。

田根：話を聞くのが非常に楽しみな案でした。この提案には、幼稚園や子供のための施設という機能や用途を超えて、建築の本質や始まりに関わるものが潜んでいると思っていました。それを円やサークルということで説明していましたが、そこには、もう少し深い意味があると期待していました。何か付け加えるコメントはありませんか？

394：深いかどうかわかりませんが、この大きな公園がとても印象的で、そこに環状のイメージがあったので、それから連想して全体のイメージを思いつきました。

本江（進行）：よろしいでしょうか。ありがとうございました。
（会場　拍手）

註
*1　シュタイナー教育：ドイツの思想家、ルドルフ・シュタイナーが1919年シュツットガルトに設立した「ヴァルドルフ学校」が開始した子供の自由意志を尊重した教育。
*2　ドーナツ：手塚審査員（手塚建築研究所）の設計した「ふじようちえん」(2007年)の園舎平面が、ドーナツ型をしていることを指す。

452 田中 太樹　芝浦工業大学　工学部 建築・土木学群 建築学科

劇テキ・サカ場──北区赤羽一番街の演劇を核としたコミュニティ空間の提案

>>> Taiju Tanaka presentation［プレゼンテーション］

みなさんは東京都北区と聞いて、どんなことをイメージしますか？
イメージをもちづらい私の住む北区という場所には、実はさまざまな表情がありました。

背景
北区の個性として「北区つかこうへい劇団」（現・北区AKT STAGE）があります。
つかこうへいの作品は、非常に過激でとても深い世界観をもっています。その反面、子供から大人までさまざまな演劇教室を開き、純粋な演劇の楽しさを伝える工夫もしています。深い世界観を見せ、なおかつその原点である演劇の楽しさを実際に体感できる、劇団と街の関係性に大きな魅力を感じました。

問題提起
みなさんは劇場と聞いて、どんなイメージをもちますか？
劇場とは堅く閉ざされた建築。舞台では、生身の人間が身体を使って対話をしています。劇を見ることは自分自身と社会のあり方を見つめ直すきっかけとなります。
しかし2016年、北区では劇場の閉鎖や建て直しの時期が重なり、生の舞台芸術を見る機会が減ってしまいます。
そこで、地域に根ざす小劇場に注目します。演劇という世界をもっと身近に感じられ、実際に体験もできる「演劇的場所」を地域につくることを提案します。

①敷地＝東京都北区赤羽
東京都の「北の玄関口」とも呼ばれています。線路を隔てた東西で街のつくられ方が異なっています。
北区のもう1つの個性として、赤羽一番街があります。闇市から発展した3つの飲み屋街を中心とした商店街。さまざまなコンプレックス（複合施設）があり、多くの人をひきつけます。
昼から賑わう店も多い赤羽一番街は、肩肘張らない第3の空間としてとても注目されています。

しかし、そんな赤羽一番街も変化しつつあります。建物の老朽化や高層化、チェーン店の増加、そして再開発により個性や人間味のない均質な街並みになろうとしています。3つの異なる街並みに接する三角地を敷地とし、赤羽一番街ならではの文化や空間を未来につなぐことを考えます。
手がかりを探して、実際に赤羽一番街にある酒場を調べていきます。
多くの酒場は身近な材料や小道具を使って、通りに店の賑わいを表出しています。
酒場には演劇的要素がたくさんありました。これらを建築によって顕在化させていきます。

手法
②赤羽一番街の中でも老舗の「まるます家」にあるコの字型カウンターに注目します。

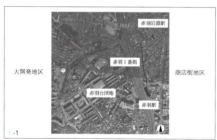

コの字型によって人の視線や声が交差し、カウンター・テーブルは舞台となります。これを建築言語として利用します。
コの字の形に変形し組み合わせることで、多様な関係性、新たな空間が生まれます。また敷地形状に合わせた小さな三角形に分割した基準線をもとに設計することで周辺と調和します。
③さまざまなコの字型の関係が生まれます。

用途・構成
④まず劇場を中心におきます。⑤次に3方向からコの字型の酒場をおいて敷地内を構成していきます。コの字型同士の関係によって広場や野外劇場など多様な空間が生まれます。⑥劇場の下には稽古場、劇場の上には貸しスタジオができる場所もあり、人の活動を見る場所が生まれます。⑦俯瞰図です。

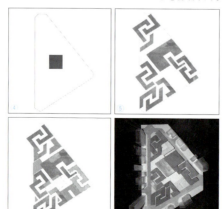

平面図
⑧1層目です。稽古場や集会所の周りにコの字型酒場が構成されます。

⑨夜になると提灯の明かりが通りに表出し、通りの人々が引き込まれます。
⑩酒場越しに稽古場が見えます。

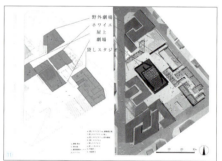

⑪2層めです。中心に劇場があり、酒場の上には貸しスタジオがあります。

⑫劇場前の大階段には、人の溜まれる場所があります。

人と人との関わり合いが薄れている社会に対して、このような活気に満ちあふれた場所は予期せぬ出会いや出来事を演出する都市装置となります。

Q&A（質疑応答）

手塚：いやあ、君は酒好きだね。この提案を見ていると、東京の北区の人たちはみんな、酒ばかり飲んでいるんじゃないか、という感じがする。この建物は、ほとんど酒場だけれど、これだけ酒を飲んでから演劇を観たら、みんな劇を観ないで寝てしまうのではないかと思うけれど、大丈夫？
452：それも考えられますけれども、自分としては劇を観てからみんなに酒を飲んでもらえればいいなあという感じでした。
手塚：演劇を観、みんなで酔っぱらってから帰るということか。何で君はこんなに酒に固執しているの？ そんなに酒が好きなの？
452：いえ、実際に赤羽には酒場が多くて、それが特徴的だと思ったからです。
手塚：そこに、もっと酒場をつくろうという計画なの？
452：いえ、再開発で赤羽らしい居酒屋がなくなってしまう不安があって、赤羽らしい酒場を現実的に残していく方法として考えました。

西沢：これは、赤羽の一番街にある商店を取り壊して劇場にするという提案ですか？
452：（模型を指しながら）ここには今、マンションがあり、手前の三角公園を引き伸ばして付け足し、敷地にしています。
西沢：では、マンションと公園を取り壊して、この劇場・居酒屋をつくるということですか。
452：そうです。それと、もともと北区の行政では、ここにある3本のラインを強調して再開発を進めていきたいという指針があって、たまたまここに三角形の敷地があったので、再開発の起爆装置としてこの敷地を選びました（†）。

倉方：この作品をいいと思っていました。ただし、劇場が、いかにも「劇場っぽい」デザインなのが気になっています。大階段があって、その正面に劇場がドーンとあり、「ザ・公共施設」といったイメージです。その構成にした意図を教えてください。
452：自分の中では、劇場に対して堅いイメージがあり、あまり日常的には自分が入っていかない場所だと思っていました。そこで、あえてアンチテーゼ（対立命題）として、劇場を敷地の真ん中に置いて、周囲から堅いイメージを変えていこうとしています。まず大階段は劇場を象徴する装飾ですが、そこに穴を開けたり削ったりすることで、人々が溜まれる場所をつくったり、下のほうから稽古場が見えたりする。劇場自体がもつ堅いイメージを解きほぐそうとしてこういう形にしました。大階段の横にある野外劇場も同様の意図で作っています。
倉方：少し批判的に言うと、この提案はどうしても、劇場プラス飲み屋街に見えてしまう。そこにテーマパーク的なイメージを拭えない原因があると思います。何でこの2つのビルディング・タイプを合体させたのか。酒場は、ある意味で劇場ではないですか？ カウンターのこちらと向こうが見えて、外の通りも見えたりするからおもしろい。けれど、酒場の魅力と劇場についての説明が、どこか分離しく聞こえます。あえて、戦略としてそう説明しているのですか？
452：自分でも、酒場はある種の劇場だと思っています。けれども、劇場が自分にとってとても遠い存在なので、劇場を身近なものにする戦略として、身近な酒場と合体させました。日常的に自宅を第1の空間とすると、職場や学校が第2の空間、そして酒場のようなものが第3の空間としてある。そういうふうに人々の生活空間が成り立っているという認識があります。その第3の空間である酒場が人々に身近な空間として、劇場という遠い存在を引き寄せる機能を果たすと考えました。

西沢：では、どちらかというと劇場よりも酒場がこの計画の中心？
452：うーん。最初は、劇場を身近なものにしたかったのですけれど……。
西沢：たとえば、楽屋やリハーサル室はあるのですか？
452：一応、劇場の下に稽古場があって、酒場から見えたりします。

小野田：小劇場に行ったことがあるかな？ 吊り物[*1]などがあるから、タッパ（天井高）がけっこう高いんだ。だから、寸法上、たぶん、この作品のようにはならないと思う。また、練習室などの小さい部屋でも、吊り物が使えるようにタッパをかなり高くしているんだ。照明設備などもある。そういう演劇施設の技術面から見ると、これは、少しひ弱な施設のような気がする。劇場空間の基本の計画方法を読み込んだ上で、あえて確信犯的に、この提案にしたのでしょうか。そのあたりも含めて、教えてもらえますか？ たとえば、メインの劇場の舞台上の階高は、どれくらいあるのだろう。
452：そういう細かい点までは、設計できていないのですけれども……。
小野田：細かくない（苦笑）！ それは、劇場を作る時の基本だから。まず、そこから始まる。
本江（進行）：まあまあ（笑）。それで、後は何を考えましたか？
452：実際に演劇を見に行った時に、舞台装置は、あまり派手なものではなく、天井高もそれほど高くなかったので、そのイメージに引きずられて、この高さになりました……。

田根：先ほど、『虚（うろ）の家』（109）の質疑応答で西沢審査員長が言ったラジカセの話に近いのだけれど、せっかく全く違うものが隣り合っているのに、両者が融け合っているように見えません。それから、使われていない時の劇場のあり方については考えていますか？ というのは、劇場は、公演が行なわれていない期間が非常に長いからです。
452：劇場が公演に使われていない時には、扉が開いていたら、普段は見えない劇場の内部が見えて、おもしろいのではないかと思っています。
田根：内部が見えると何かいいことがありますか？
452：普段は見えない場所なので……（苦笑）。

西沢：劇場のおもしろさには、いろいろあるけれど、1つは公演時だと思います。もう1つ、準備期間があると思う。劇団が来て舞台装置を作っていく。そうすると、ここはさながら工場で、大道具も作られていく、演技もつくられていく。そこがおもしろいのです。そして、劇団員がその土地に移り住む。そういう視点からすると劇場はある種の村のようなもので、飲み屋ではない時もあるわけです。1つの公演まで持っていく過程には、そういう人間の共同体のおもしろさがある。だから、飲み屋からディナーショーのように稽古風景が見えるという以外に、もう少し違うシーンも想像したほうがよかったのではないかと思います。
本江（進行）：今のコメントで時間が参りましたが、他に、いいですか？
審査員一同：（進行を了承）
本江（進行）：ありがとうございました。
（会場 拍手）

註
*1 吊り物：舞台吊物装置。緞帳、袖幕、舞台照明、音響反射板、スクリーンなど、舞台上部に吊る舞台美術のセットや幕類の総称。

Final Round
02_Final Discussion
ファイナル・ディスカション

本江(進行)：それでは、ファイナリスト10人のプレゼンテーションを踏まえて、これから最終のディスカションを行ない、日本一、日本二、日本三、そして特別賞の2作品を決めていきたいと思います。
まず、最初に、先ほどの質疑応答の中で時間の都合で途中で打ち切った議論もありますので、ディスカションの前にファイナリストに確認しておきたいことがあれば、審査員のどなたからでも、誰に対してでも質問をお願いします。では、成瀬審査員、どうぞ。

成瀬：高野案『そして、自閉症のままおじいさんになればいい。——自閉症者と一般の人々が共生する設計手法の提案』(090)に質問です。「都市で自閉症者のための建築をつくるとこうなってしまうのです」とアンチテーゼ(対立命題)として答えたことが、とても気になっています。アンチテーゼをこれだけ一生懸命に設計するのなら、なぜ理想型を一生懸命に設計しなかったのだろうか、ととても疑問に思います。それはどうしてなのでしょうか。

高野(090)：自閉症者の兄をもつ家族として、当事者である僕が思うことは、兄の幸せはもちろんですが、自閉症者みんなが幸せになることです。そう考えると日本社会のソフト面をどう変えるか、という課題に行き着きます。自閉症者への社会全体の対応が遅れていることを市民が知らないこと自体が問題なので、その状況を伝えるにはアンチテーゼとして伝えるほうが印象的で有効だと考えたからです。

小野田：それは「啓蒙」ということですね。けれど、我々、建築家というのは、啓蒙という手段を使わなくても直接、社会にコミットメントできる(働きかけられる)非常に数少ない、重要な職能です。それなのに、なぜわざわざ迂回して「啓蒙」するのか、僕には全然わからない。

高野(090)：そこは、僕の中にある社会に対する葛藤や怒りも盛り込んでいるので……。自分の卒業設計なので、自分にしかできない表現を、と考えて。

小野田：あなたの家族が自閉症者だから、というのはよくわかる。僕が言いたかったのは、そのことではなくて、普通の人は「啓蒙」によって多くの人の意識を変え、上からの力で制度を変えないと、社会や物事の構造部分に働きかけることができないけれど、建築家はダイレクト・アクセス(直接、働きかけること)が許されている非常に数少ない職能だということです。たとえば、この会場である「せんだいメディアテーク」の建築は公共圏*¹がベースになっているけれど、「公共圏とはこういうものです」ということを一切、啓蒙しないで建築が建っている。もちろん実現にあたって、設計者の伊東豊雄さんは、さまざまな建築的な説明をして、設計の意図を伝える努力をしたけれど。建築ならそういうことができるのに、なぜ、わざわざ「啓蒙」しないといけないのですか？　あなたが「これが理想型だ」という建物を設計すればいいだけなのに。
それから僕が気になっているのは、あなたのお兄さんとつながりをもちながら住む5世帯の家族も幸せにならないと、あなたのお兄さんも幸せにならないのに、この建築案では、その5世帯の人たちの存在がとても希薄なところです。そこを含めて、正面からきちんと取り組んでデザインすればいいのではないですか？　それでは、ダメなのですか？

高野(090)：福祉の面から考えると、「障害者たちができるだけ『普通』に好きなところに住んで、好きなことをして生活する」というのが最高の幸せであって、それを設計するべきだ、と僕も思いました。でも「普通」というところをめざして設計してしまうと、卒業設計においては、人々に対するメッセージ性が薄れてしまう、と考えました。

本江(進行)：ありがとうございました。他にありませんか。

小野田：では、倉員案『壁の在る小景』(037)に質問です。作品名が途中で「自分史ミュージアム」から「壁の在る小景」に変わりました。それは、「建築に向き合う自分に向き合う」という当初のコンセプトから、あなたが少し後景に引いたという意味なのでしょうか。
それから、壁を彫琢(ちょうたく)したことはわかりましたが、この建築の空間体験がいかにおもしろいかというところは、

*文中の作品名は、初出を除きサブタイトルを省略
*(　)内の3桁数字は出展作品のID番号
*SDL=せんだいデザインリーグ　卒業設計日本一決定戦

PROCESS_3
Final Round
02_Final Discussion

あまり伝わってきませんでした。すごく表現したかった空間体験があれば、教えてください。
倉員(037)：作品名を変更したのは学内講評会の後です。講評会で教授たちから、死生観というのは人それぞれだから、私が何を言おうと物語にしかならない、と言われました。それで多くの人の共感を得るために、もっと「空間寄り」のプレゼンテーションをすることに決めて作品名を変更しました。
審査員席：(苦笑)
手塚：もともと、設計した時には「自分」のミュージアムだったのでしょう？ それから設計自体はそれほど変更していないのでしょう？
倉員(037)：プログラム自体は、変わっていません。
手塚：では、教授たちのせいだな。
会場、審査員席：(笑)
倉員(037)：(苦笑)
本江(進行)：では、小野田審査員からのもう1つの質問、空間体験についてお願いします。
倉員(037)：内部空間については、動線のプラン(計画)を1つ示しています。見せ所というのは、正直に言って、すべて、です。一番インパクトのある空間は(模型の部分を示しながら)この、正面から入って内部を見通せる1本線になった部分です。
手塚：ところで、これは何でできていましたか？ コンクリート？
倉員(037)：RC(鉄筋コンクリート)です。
手塚：RCの打放し、ペンキなどを塗らないで、素材感をそのままバシッと打ち出すイメージですか？
倉員(037)：そうです。型枠が1つ1つ違うので、大工さんに怒られそうですけれど。
手塚：それは、いい型枠大工さんを探せばいいのではないかな。それで、ビーコン穴*2はどうするの？ 消す？
倉員(037)：うーん、消さなくていいと思っています。
手塚：そうか、いいね。

福屋：小黒案「初音こども園」(394)は、とてもやさしい計画でいいと思います。リサーチから街のすき間空間を把握して、環状に子供たちがグルグル回るというのもいいと思う。それで、小黒さん(394)に訊きます。質疑応答でも出ましたが、建物を分散配置していて、なおかつ環状の新築部分と既存の街のすき間空間をつないでいく部分とが分かれています。その構成によって、そこにはどういう空間体験が生まれるのか。つまり新築のところを環状に回ることと、既存のすき間部分をガチャガチャと回ることを、どのように連続させているのか、聞かせてください。
それから、どうして新築部分を作らなければならなかったのか。既存の部分をつなぎ合わせるだけでは、あなたがつくりたい空間はできなかったのか。新築部分を作った理由をもう少し説明してください。
小黒(394)：まずリサーチで見つけた「ちょっと目に付く建物」「塀に囲まれた路」といったところを、子供たちは目印のように感じると思います。たとえば「あそこの赤い家の向こうにこども園があるぞ」というような意識をもてます。ですから、既存の街の中でガイドとなるようなポイントを探して、それをつなぎながら、切れ切れになっているところはそのままにして設計しました。
手塚：昔、お笑いグループのドリフターズのコントで、家の中を次々と人が通り過ぎていって、最後に地下鉄の駅になってしまう、といった舞台装置がありましたね。知らない？ コントであったんです。この提案でも、そのように、子供がどんどん家を通り抜けてしまってもいいのではないかと思いました。昔、僕は、それで警察に捕まったけれど(笑)。家の中でも垣根や庭先でも、子供がどんどん通り抜けていくというのはいいなあ、と思っています。
福屋：子供にとっては楽しいと思います。でも、新築部分を作らないとそういう体験は発生しないのか、という疑問があります。
本江(進行)：もう1つの「なぜ新築部分を作ったか」という質問ですね。小黒さん(394)、どうでしょうか。
小黒(394)：プレゼンテーションでは話しませんでしたが、この建築の背景の1つにはシュタイナー教育*3があります。シュタイナー教育では21歳までが子供だとされています。ですから、このこども園を21歳までの人々に使われる場所として考えているのです。そうすると、本当に幼い子供は小さなすき間などにも入り込んで遊ぶと思いますが、21歳の人がすき間を求めるイメージはあまりありません。大人に近い年齢になっても、子供の頃の楽しさを感じられる、そういうすき間空間を顕著にするために新築部分は必要でした。

本江(進行)：それでは、他に個別の質問はいいでしょうか。
手塚：持井案「百年地図。――2つの器から始まる鞆の浦の未来」(030)に訊きたいです。船が出入りするという説明がありました。模型の船は、昔の帆船のようにものすごくゴージャスだけれど、どのように動くのか、もう少し詳しく聞きたい。誰がどう引っ張って、どう使うのでしょうか。何か含みがありそうなすごいデザインですけれど。
持井(030)：形をほめてもらって、とてもうれしいです。この建築案には、鞆の浦の産業の特徴を表す8種類のプログラムを組み込んでいます。それぞれの船を使う人が異なっていて、メインで使う人たちが各船を動かすというシステムです。こういう船的な建築を持つことで、鞆の浦の人たちが互いに船の操作方法などを教え合う。一方、左官職人を育てる学校があり、そこで職人となった人たちがまた新たな物(船)を作って50年間、船が増え続けるという計画です。
手塚：隣の小さい船は普通の船だけれど、大きいものは普通の船ではないでしょう？ この「海上浮体構造物」には、すごい力がある。この形には何か意図があるのでしょう？ どういう動きをするの？
持井(030)：これらの船は船着き場から1kmも沖へ出ません。というのは、海には漁船が走っているので、その動線を邪魔できないからです。今の鞆の浦は漁業が盛んなので、その活動を邪魔しない範囲での動き方、増え方をすると考えています。
手塚：でも、この船の斜めの壁とかすごいじゃない？ ダメ？ うーん、そうか……。
成瀬：こういう船が1km沖へ出て行くというのは面白い

93

PROCESS_3
Final Round
02_Final Discussion

すか？ どんないいところがあるのでしょうか。
持井（030）：これらの船で、観光客への印象的なアプローチをつくったつもりです。動きは少ないですが、こういう船が増えることによって港の活気を可視化できたり、かつて貿易港として栄えた風景、船が集うイメージもつくれると思っています。
本江（進行）：景観をつくるという説明でした。他には、よろしいでしょうか。
審査員一同：（特に質問なし）

本江（進行）：では日本一選考へ向けて1回めの投票をしたいと思います。投票で決めるわけではありませんが、どんな作品を日本一に推せるかという議論を進めるための目安として、各審査員には3作品ずつ投票してもらいたいと思います。

（審査員一同　投票）

本江（進行）：投票結果は、元村案『金魚の水荘──街を彩る金魚屋さん』（366）が最も多く票を集め、続いて小黒案『初音こども園』（394）です。さらに持井案『百年地図』（030）、倉員案『壁の在る小景』（037）、國清案『micro Re: construction』（029）、平木案『まなざしの在る場所──《写真のこころ》から読み解く視空間』（350）にそれぞれ得票があります（表1参照）。投票について、各審査員からコメントをもらいたいと思います。では福屋審査員から、お願いします。
福屋：今年は審査員が7人になってはじめての年ということで、視点を定めて投票したいと思いました。私は、地域のことをよく考えて設計していると思う作品に投票しました。

本江（進行）：ありがとうございます。福屋審査員のように選んだ視点を説明してもらえるとわかりやすいです。もちろん、3作品とも同じ視点から選んだということではなくて結構です。では次に、小野田審査員、お願いします。
小野田：休憩時間に田根審査員とも話したのですが、何だかファイナルの場の居心地がものすごく悪いのです。たとえば、海外で教えていると、作品そのものをどう見るか、ということですぐに議論になるのですが、ここではファイナリストのみなさんが「いい人」たちで、ふわーっとやわらかく説明してくれるので、議論にならない。でも、実際の建築のクライアントと話をする際には、それでは困るのです。クライアントは大枚をはたいて、「少しでもバリュー（価値）の高いものを」と建築家という職能に対して期待しています。もちろん、「いい人」であったほうが、打合せもスムーズにいくかもしれないけれど、建築家の職能に必要なのは、問題にすごく執着して、いろいろなことを検証して、しつこく、しつこくやることです。そして誰が何と言おうと、これはこういう形でこのようにできているのがいいんだ、ここを見てください、ここがこのようにいいんだ、と「いい人」であることをやめて、あくまでも自分の提案をきちんと説明するべきなのです。そういう態度が、最終的にアウトカム（成果）として私たちの手を離れていく作品の質を上げると思います。そういう姿勢が感じられないのは、ファイナリストのみなさんにとって、すごく損だと思う。もっと、さまざまなしがらみを振り切って、説明してほしい。最近は、ツイッター（Twitter）などで仲間はずれにされたくない、など、いろいろと事情があるのかもしれないけれど（笑）。
そういう意味で、自分のつくった提案に責任をもちたいという覚悟を決めている、と思われる倉員案『壁の在る小景』（037）をまず推しました。学内でいろいろと言われて変更したのかもしれないけれど。
そうは言っても、建築だけで独り相撲を取ってもダメで、建築は環境を含めて構想していかなければならない。それで周辺環境をよく読み取りながら、具体的に建築化していた小黒案『初音こども園』（394）を選びました。
その他の案は、それぞれいいと思っていたけれど、説明を聞くうちに、作者がどんどん「いい人」になって後景に下がっていってしまうので、もう入賞はないと思いました。でも、その中で元村案『金魚の水荘』（366）はあきらめられない、ということで推しました。元村さん（366）は、気づいていないかもしれないけれど、このスキーマ（全体提案）はとてもよくできています。しかし、元村さん（366）は「いい人」になりすぎ。もっともっと「悪い人」になるというか、しつこくなって、勉強して、自分が作ったスキーマをしっかり把握できないとダメです。この案が、ただの「金魚愛」のような段階で終わってしまっているのが非常に惜しい。でも、やはりスキーマがいいので推します。

本江（進行）：では、倉方さんお願いします。
倉方：10作品はちょうど5作品ずつ、「ネガティブ」なものと「ポジティブ」なものに分割できると思いました。「ネガティブ」が、國清案『micro Re: construction』（029）、倉員案『壁の在る小景』（037）、高野案『そして、自閉症のままおじいさんになればいい。』（090）、須藤案『虚（うろ）の家』（109）、田中案『劇テキ・サカ場──北区赤羽一番街の演劇を核としたコミュニティ空間の提案』（452）で、他が「ポジティブ」です。
「ネガティブ」と呼んでいるのは、「このままできればいいなあ」という素直な思いより、「卒業設計として試みてみました」という姿勢が目立つ作品です。プレゼンテーションで「あえて」や「アンチテーゼ（対立命題）」といった言葉がよく使われていたのはそのためです。「ゲームとしての卒業設計は選びたくない」と思って仙台に来たので、私はこれらに票を入れませんでした。
なぜ今回のファイナルに「ネガティブ」な作品が多く残ったのか？　直接的な理由は、今年の審査員の顔ぶれが、未来に向かって朗らかに構築したいという「ポジティブ」系だったからでしょう。よって、ひところ多かったリノベーション（改修）や、まちづくり、シェア（共用）などの「弱い」テーマがあまり入っていません。今年は審査員の意向を反映して「強い」10作品を残したつもりだった。しかし、審査員たちの思いに反して、「あえて」という「ネガティブ」な提案が目立ったというのが現状です。
それはなぜか？　そして私がなぜそれが好きではないか？　それらを合わせて一言で説明すると、「ネガティブ」な作品は「自分」と「社会」を無理に両立させようとし

表1　上位3作品への投票（1人3票をめやす）

ID	氏名	西沢	手塚	田根	成瀬	倉方	小野田	福屋	合計	
029	國清 尚之			●	●				2	入賞決選投票へ
030	持井 英敏		●			●		●	3	入賞決選投票へ
037	倉員 香織	▲	●				●		2.5	入賞決選投票へ
090	高野 哲也								0	
109	須藤 嘉顕								0	
350	平木 かおる	●②							1	入賞決選投票へ
366	元村 文春	▲	●	●	●	●	●	●	6.5	日本二以上確定
367	岡部 絢子								0	
394	小黒 日香理	●①		●③	●	●	●		6	日本二以上確定
452	田中 太樹								0	

＊①〜③は推す順序（以下、同）
＊●は1票（以下、同）
＊▲は0.5票以下、同）

ているから、です。出展者の意識の中に現代の卒業設計コンクールを巡る2つの与条件があって、それが変に組み合わさってしまっているのではないかと思います。1つは、賞を取るためには「自分」らしい「強い印象」を与えないといけないという空気。もう1つは、現状を否定する結果になってはいけない、でも何か「社会」性はもっていないとダメだという雰囲気です。

今ある「自分」と「社会」の両方に切り込まずに「強い印象」を与えるにはどうしたらいいか。わざと「ここまでに留めました」という立場に身を置くのが上手い回答でしょう。だから、「この建築は最後の姿ではない」「使う人があとから変えていっていい」「問題提起だ」というアイロニカル(反語的、皮肉的)な姿勢になります。最初から『「あえて」なんです』と言ってしまえば、「自分」の領域も確保されるし、「社会」も傷つけないですみますから。でも、この無意識の回答群は「自分」と「社会」というものを自明視して、両者のちっぽけな現状を温存しているように思えてしまいます。「社会」なんて本当にあるのでしょうか。一見、「社会問題」を扱っているように見えない提案だとしても、建築の形によって私たちの中にある思い込みを解き放ち、ある専門領域のしくみを徐々に変えていくことができるはずです。そうやって社会の現状の一部を説得力をもって否定できた時にはじめて、自分らしさも現れます。

そんなふうに、既往の「自分」と「社会」という思い込みを抜け出して、互いが新たに侵食し合う行為のことを建築設計と呼ぶのではないでしょうか。卒業設計は賞取りゲームではなく、基本的には建築設計の実践です。したがって、私は「ポジティブ」な5作品の中から選びました。

3作品の中で持井案『百年地図』(030)は、先日開催された「Diploma×KYOTO'16｜京都建築学生之会合同卒業設計展」にも出展されましたが、あまりに開発的で妄想的過ぎると思って、そこでは私は推しませんでした。今日の場の中ではこれもいいか、と思って投票しました。

本江(進行)：ありがとうございました。課題に対して作者がアイロニカルな立場に身を置く案についてでしたが、それは小野田審査員のいう「いい人」とある意味で同じようなものかもしれませんね。では成瀬さん、お願いします。

成瀬：建築家の職能として大事に思っている、世界の新しい楽しみ方や見方など、何か新しい風景を見せてくれる案を期待して、作品を見ていました。他の審査員のコメントを聞いていろいろと感じましたが(笑)、それでも当初の自分の考えを変えないでいきます。

元村案『金魚の水荘』(366)は、たぶん作者本人がわかっていない部分でとても可能性に満ちていて(笑)、いい風景になると思うので推します。小黒案『初音こども園』(394)も街を新しい視点で見せてくれるのではないかと思って選びました。残りの1つはすごく迷いました。國清案『micro Re: construction』(029)が、どういう思いでつくったのかについては、まだ議論したいと思いますが、でき上がった空間は実際におもしろい景観をつくっているので、審査員のみなさんともう少し議論したいと思って選びました。

本江(進行)：ありがとうございました。では、田根さん、お願いします。

田根：午前中のセミファイナル審査から、大事に考えていたのは、まず、提案した内容に作者の人生を注いでいるか、ということ。それから、未来や地域に対する強い思いがあるか、ということです。建築案の日本一を決めるので、やはり機能や用途、プログラムを超えて、この建築が生き残れるのか、ということを自分の審査のポイントとして作品を見ていました。

國清案『micro Re: construction』(029)は、プレゼンテーションを聞いてがっかりした点と僕と読み違えていた点もありました(苦笑)。そして、図書館のようにも見えた。無縁仏を弔う場所という設定は、もしかしたら失敗かもしれませんが、この提案のアーカイビング(記録の保存)の場所と公共の祈りの場というあり方がいい、と感銘を受けていたので、推します。

小黒案『初音こども園』(394)は、プレゼンテーションに「子供がはじめて都市に出合う瞬間をつくりたい」という言葉があり、シンプルで実直で、その言葉に感動しました。また先ほど、環状が断絶している場所では赤い家が目印になる、などの説明がありましたが、そこに子供たちがはじめて都市と出合う瞬間が生まれたり、すき間に作った建物のさらにそのすき間に都市と関わる場所が生まれているのではないか、と思いました。よかったと思います。

3つめはずっと悩んでいました。元村案『金魚の水荘』(366)は、基本的に盛り込みたいことを把握した上で、この建築が使われる時のダイナミズムをしっかりと計画したら、もっとおもしろくなったはずです。作者の興味が金魚に集中してしまったのが残念ですけれど(苦笑)、建築案としてはいいと思っています。

本江(進行)：ありがとうございます。次の手塚さんは、勤めている大学から2作品も出ていて審査しづらかったかもしれませんが、このSDLでは、学校などは全然関係なく審査しています。途中の議論でも学校名はほとんど出ていません。その立場でお願いします。

手塚：そう言われても非常に難しいです(笑)。実は、僕が推そうとしていた作品は全部、ここまでの審査過程で消えてしまいました。いつも思うのですが、こういう卒業設計展ではどうしても、審査員の批評性に耐え得る作品を選ぶ、ということになります。けれど、その一方で建築という「物を作る」という視点も、ものすごく大切なことだと思います。設計コンセプトはいくらでも深読みできるだろうけれど、実物ができたらどうなんだ、というところも大事だ。

倉員案『壁の在る小景』(037)は、普通だったら教員がどこかで止めると思います(笑)。ところが、「何と言われても私はやる」という意志の強さ。たぶん10作品の中で最も意志が強いのではないかと思う。それから、模型で見える入口部分の壁の重なりなどが、実際にできたらすごいと思うんだ。建築家には「何だかわからないけれど、やってみようか」という意志力がとても大事だと思っている。そういう意味で、少し狂気が入っているかもしれないけれど、これは将来何かしでかすのではないか、と思っています。建築をめざす人は、こ

のくらい頑固　ではない（笑）、元気でないといけないと思って選び直した。

それから、柱井案『百年地図。』（030）については、こういう審査会の審査員には、「大規模開発は評価したくない」という雰囲気がどうしてもあるけれど、大規模だろうが何だろうが、いいものはいい。「こちらは観光で、こちらは開発で……」なんて説明したら、このSDLの審査では不利に決まっているから「こいつはバカだなあ」と思う。けれど、その部分には耳をふさいで、できているものを見ると魅力がある。この提案では、船が沖に出て行かなくてもいいんだ。え？　時間？　わかった、もっと話したかったけれど。

本江（進行）：いえ、大丈夫です。3作品めについても、話してください。

手塚：では元村案『金魚の水荘』（366）。これは、金魚を入れている箱について、もっと説明したらいいと思う。あの箱をどうやって運んでいくのか、それをきちんと設計することが大切なんだ。

本江（進行）：ありがとうございました。では最後に、西沢審査員長、お願いします。

西沢：大体、みなさんと同じ意見です。ただ、ここで全10作品についてコメントしなくていいのか、という点が少し気になっています。このあと、推す作品以外の作品にコメントできる時間があるのでしょうか。

本江（進行）：少し時間的に厳しいのですが、賞の対象になるかどうかは別として、特に伝えたいことがあれば、そういう時間を取りたいと思います。ただし、どうしても言いたいことに限らせてください。

西沢：わかりました。では推す作品ですが、いろいろな案があるので、福屋さんのように共通して推すポイントを挙げるのは難しいです。特に審査のポイントはないのですが、基本的には、おもしろいかどうか（苦笑）、ということです。

本江（進行）：十分だと思います。

西沢：いろいろなことしがある中で、あえて審査のポイントを挙げるとすると、卒業設計という一大イベントではやはり、作戦的というか、メッセージ性やインパクトといったものも狙うということがあると思います。しかし、手塚審査員の見地と近いけれど、それがどう見られるかはさておき、やはり「自分の思いがそのまま建築になっていく」という、作者の等身大の思いに共感をもっています。それが4作品あって、2作品は0.5票（＝▲）なのですが、いいですか？

本江（進行）：大丈夫です。

西沢：では、まず0.5票の作品の倉員案『壁の在る小景』（037）は、手塚審査員と同様の理由（「実際にできてみたらすごいと思う」「建築家には「何だかわからないけれど、やってみようか」という意志力がとても大事」など）で推しました。僕から見ると、これは、圧倒的にスタディが足りない印象で惜しい。しかし、ものづくりという意味ではとてもがんばっていて、自分なりの天井なども作っている。それで0.5票です。

もう1つの0.5票、元村案『金魚の水荘』（366）には、他のみなさんと大体、同じ印象をもっています。何というか、この案は「売れよう」としているところが惜しい。でも、どこか素朴な思いもある。もし僕に、この建築案のこの先の設計を託してくれたら、もっともっと（会場　笑）、地域と建築の一体化にまで辿り着けたのに。それなのに、なぜ「売れよう」とするのか……。惜しいよね。

次に1票を投じた作品、平木案『まなざしの在る場所』（350）には、等身大の自分の思いがそのまま建築になっていくという意味で、とても好感をもっている。たとえば分厚い壁の空間のところなど、いろいろと問題はありますが、こういう卒業設計審査会の舞台でも、自分の思いをストレートに建築にしようというところがあるので推します。

同じく1票の小黒案『初音こども園』（394）は、一番いい。推す理由は、田根審査員と同じです。また、「けもの道」という——裏通りのようなものかな——計算できないものに着目して設計するところに「生命建築」のイメージを感じました。複数の増築部分がありますが、それを、街がどんどん変わっていくというかたちで示したら、このプロジェクトが理論的にもとても先鋭的になって、よりすごいものになったと思う。そうした理論的な可能性も含めて、いろいろなことを思わせてくれる提案なので、いいと思います。

木江（進行）：ありがとうございました。大変、真摯な議論が繰り広げられています。

集計表をあらためて確認しましょう。端的に言うと、散々ディスられ（否定的なことを言われ）ながらも元村案『金魚の水荘』（366）と小黒案『初音こども園』（394）がトップの一騎打ち。墓の國清案『micro Reconstruction』（029）と、鞆の浦の持井案『百年地図。』（030）と壁の家の倉員案『壁の在る小景』（037）が団子状態。という認識で、審査員のみなさん、いいでしょうか。

審査員一同：（同意）

本江（進行）：それでは「この作品は特に推す」というコメントがあれば、ごく手短かにお願いしたいと思います。西沢審査員長のように「推さないけれどコメントしたい」ということでも大丈夫です。

小野田：では、高野案『そして、自閉症のままおじいさんになればいい。』（090）について。僕は、この作品をすごくいいと思っています。自閉症の家族を持つという立場なので内容的にもよくわかっていて、それをどう社会にアピールしようかということで設計している。プレゼンテーションもそれなりによかった。でも、どうしても、そこから新たな可能性が開かれていかない。福祉の問題の現実はたしかに高野さん（090）の言うとおりだけれど、あらためて思ってほしいのは、我々は直接、建築をつくることができるということです。それだけ責任も重いですけれど、やろうと思えば、理想の建築をつくることができる。そういう立場から、提案をもっと煮詰めて精度を上げてほしい。たとえば、つながりをもちながら生活する5世帯の家族がどのように自閉症者と一緒に生活していくのか。あるいは、あなたのお兄さんがおじいさんになっていくと、こういう建物を垂直移動できなくなってくる。その時に、この建築は街とどのように関わっていくのか。自閉症は

PROCESS_3
Final Round
02_Final Discussion

にとって理想の建築のプロトタイプがどうやってできていくのか。建築の話に特化して前向きに設計してくれたら、とても強い建築案になったのに、なぜそこから「啓蒙」への道を進むのか。あなたへのエールを含めて、そこがすごく残念でした。今は学生だからわからないかもしれないけど、もしあなたがこのプロフェッション(専門職種)に入って、働いたらよくわかると思う。すごくつらいし、儲からないし、いいことばかりではないですけれど(笑)、建築家はすばらしいプロフェッションだと思います。そのことに気づいてほしくて、あえて票を入れませんでした。

西沢:思いの大きさはとてもよくわかるけれど、提案がストレートでないから、その思いが形になっていない。高野さん(090)が説明しなければ、普通に誰もが住める建物に見える。違う要素が入り過ぎているので、むしろあなたのプレゼンテーションを必要としない建築になっている。それが、ストレートな提案ではないということ。

手塚:僕は、言い方次第だと思う。自閉症者は、本当はそんなものではない。たとえば「自然の音が聞こえるか」「閉じ込められるところと自由なところがあるか」という見方をすれば、この建築案をネガティブにではなく、もっとうまく使えると思うんだ。だから、海かなんかに行って叫んで、説明の仕方を練習して、もっとポジティブになれば、JIAや赤レンガ*4などでも、いいところまで行けるんじゃないの?

高野(090):(笑みがこぼれる)

西沢:というか、その説明に合わせて、建築も変えるべきだと思う。

手塚:うん、檻がよくない。檻を取って(笑)。

小野田:いや、あれは変わるんだ。温室のガラスも取れて、音や匂いを感じられるようになる。絶対に、変わっていくんだ。あのガラスのファサード(外観)もすごく気になってくるはず。抽象的なガラスで終わっているということは、「啓蒙」から抜け出ていないからです。そこが残念なのです。

本江(進行):これだけ、集中的にコメントをもらっていながら1票も入っていないから入賞は難しいけれども、そういう非常に重要な建築案だということです。
そろそろ進行担当学生の視線が痛いので、受賞作品を決めにかかりたいと思いますが、他にこれだけはというコメントがあれば……。

西沢:國清案『micro Re: construction』(029)。セミファイナルの時には「これはおもしろい」と思っていた。僕は、インドのヴァラーナシ*5のように、この提案に、何か生と死を超えるようなものを感じて、「ああ、こういうお墓はいいな」と思っていました。それがプレゼンテーションを聞いたら、ダイアグラム(図式)の話になってしまって、きれいに図式化され棲み分けられていた。何だか話のスケールが小さいというか、すごく残念でした。あんなふうに空間を分けるべきではなかったし、これこそ、説明によって建築の生き死にが決まった。惜しかったなあと思います。

手塚:これは、敷地を変えて、中で人を燃やせばいいんじゃない?(会場 笑)

國清(029):(笑みをこぼす)

小野田:僕は、田中案『劇テキ・サカ場』(452)を、セミファイナルではすごく推したんだ。けれどプレゼンテーションで、作者に「劇場愛がない」ということがバレてしまったので、それ以上は推せない(苦笑)。

田中(452):(苦笑)

小野田:単に「北区」「つか・こうへい」「劇場」などを記号として扱うのではなくて、演劇空間がどういうもので、どういうディメンション(寸法)や素材からできてくるのかを徹底的に追求して、それを反転させて作品に反映するという手順を踏んでほしかった。器用な人なので、それができると思う。せっかくその能力があるのに、単純に記号化して簡易に構築してしまっているから、できた建築に突破力が生まれない。かえって損だと思います。推した立場としては「これは化けるぞ」と期待してこのファイナルに臨んだのですが、推しきれずにすみません(苦笑)。

本江(進行):ありがとうございます。
では、もう決めます。日本一については、元村案『金魚の水荘』(366)と、小黒案『初音こども園』(394)で一騎打ち。日本三以下については、得票からは、持井案『百年地図。』(030)が日本三、國清案『micro Re: construction』(029)と倉員案『壁の在る小景』(037)が特別賞になりますが、異論はありますか。

田根:持井案『百年地図。』(030)の魅力がよくわからなかったので、審査員のどなたか、説明してもらえますか?

西沢:あえて推す理由を挙げるとしたら、先ほど手塚審査員が言ったように、卒業設計展ではこういう大規模開発を避けるという雰囲気がどうしてもあるけれど、それを気にしないで、「大規模だろうが何だろうが、いいものはいい」という作者の姿勢がいいと思う。そして、地域に対して「何とかしたい」という思い、ではないかな(笑)。

倉方:造形に力があると思う。卒業設計で大規模開発をやってはいけないわけではないので、このように鞆の浦を変えていくことによる、過去の遺産だけに頼らない意志や態度、そして設計の密度という点で、僕は買っています。

小野田:逆に、推していない理由をあえて言います。潮の干満で構造物が動く時に、それが建築化されているかという質問に対して、「桟橋でつなぎます、以上。」のような答え。でも、別につながなくても、「視線がず

表2 日本三への投票(1人1票をめやす)

ID	氏名	西沢	手塚	田根	成瀬	倉方	小野田	福屋	合計	
029	國清 尚之			●	●				2	
030	持井 英敏					●			1	
037	倉員 香織		●						3	日本三
350	平木 かおる	●					●	●	1	
366	元村 文春									日本二以上確定
394	小黒 日香理									日本二以上確定

れで、このように空間の質が変わります」というように設計してもいいのに、どういう工夫がないのかわからない。その部分をしっかりと考えれば建築のスケール（規模）やディメンションも変わってくると思います。そこが足りないというか、むしろそこをていねいに見ることが、ここに建物を建てることの重要性ではないか、と。そこのファクターが抜けているので、推しませんでした。

手塚：では、推した立場から言います。「これができたら鞆の浦へ行くか」と考えたら、行く気がしたのです。一般に、卒業設計展になったとたんに、コンセプトやステートメント（声明）が先走って、実際にできたとしたら「それは他の人に任せたらいい」という傾向が最近ある。実は私は、そういう姿勢がイヤなので、持井案『百年地図。』(030)のような作品があったほうがいいと思った。

西沢：地域を何とかしたい、という意味ではいいと思う。けれど、先ほどの小野田審査員の言葉を借りれば、この建築案は「建築群」を設計しています。このように単体建築でない場合には、1つの建築言語で設計できるというか──建物1つ1つがお金を稼げるかどうかではなくて──海から見てどうか、通りから見てどうか、という設計をできるわけです。つまり、通りを作れるんだ。そういう時に、この提案では、平（棟木と平行の面）と妻（棟木と直角の面）とを、それぞれ分けて整然と並べているだけではないですか。

それで、海賊船のテーマパークのような構成になっている。その点を見ても、地域への思いが、街並みや通りというかたちになっているのかどうか、疑問です。プレゼンテーションで通りや海の話がほとんど出てこなかったので、すごく残念だと思います。でもまあ……。

本江（進行）：はい、力作ですね。
ではもう、受賞作品を決める過程に進みますよ（笑）。

小野田：僕も持井案『百年地図。』(030)が日本三というのには疑問がある。それから得票が1票の平木案『まなざしの在る場所』(350)はどうなのですか？ 僕はこの作品(350)もすごくおもしろいと思っています。でも票を入れなかったのは、ディメンションに対するフェチ（偏執）も加減が、この建築案の命だと思っていたのだけれど、それをサラッと説明していたからです。たとえば、成瀬審査員の「写真の大きさは、それでいいのですか？」という質問に通じることですけれど。でも、この作品をいいと思っています。

日本一と日本二の決選は後にするとして、それ以外の、平木案『まなざしの在る場所』(350)を含めて得票のある4作品を対象に再投票して、日本三と特別賞2作品を決めたらいいのではないですか。

本江（進行）：みなさん、どうですか。
審査員一同：（同意）

本江（進行）：では、日本一と日本二は、元村案『金魚の水荘』(366)と小黒案『初音こども園』(394)から最後に決めるとして、その前に、國清案『micro Re: construction』(029)、持井案『百年地図。』(030)、倉員案『壁の在る小景』(037)、平木案『まなざしの在る場所』(350)の4作品の中から、日本三と特別賞2作品を決めていくことにします。

ではまず、4作品の中で日本三と思う作品に、1人1票を入れてください。一番、得票があった作品が日本三ということでいいですね？

（審査員一同 投票）

本江（進行）：國清案『micro Re: construction』(029)が2票、持井案『百年地図。』(030)が1票、倉員案『壁の在る小景』(037)が3票、平木案『まなざしの在る場所』(350)が1票ということで、3票を獲得した九州大学の倉員香織さん『壁の在る小景』(037)が、日本三に決まりました。おめでとうございます（表2参照）。
（会場 大きな拍手）
倉員(037)：（着座のまま神妙な面持ちで深く一礼）

本江（進行）：それでは、残りの3作品から特別賞の2作品を決めます。審査員のみなさん、特別賞にふさわしいと思う2作品に投票してください。候補は、國清案『micro Re: construction』(029)、持井案『百年地図。』(030)、平木案『まなざしの在る場所』(350)の3作品です。得票の多かった2作品を特別賞にします。決まった2作品の何がどう特別かは、オフィシャルブックなどに講評が載りますので、そこで確認してください。

（審査員一同 投票）

本江（進行）：國清案『micro Re: construction』(029)が4票、持井案『百年地図。』(030)が4票、平木案『まなざしの在る場所』(350)が6票です（表3参照）。4票同士になったらイヤだなと思っていたのですが（苦笑）。ではまず、6票の平木案『まなざしの在る場所』(350)を、1つめの特別賞に決めていいでしょうか？
審査員一同：（了承）
本江（進行）：では、東京都市大学の平木かおるさん『まなざしの在る場所』(350)が特別賞です。おめでとうございます。
（会場 大きな拍手）
平木(350)：（着座のまま照れたような表情で深々と頭を下げる）

本江（進行）：では、もう1作品の特別賞について投票します。審査員が7人だから1回で決まります。

（審査員一同 投票）

本江（進行）：國清案『micro Re: construction』(029)が4票、持井案『百年地図。』(030)が3票です。九州大学の國清尚之さん『micro Re: construction』(029)が2つめの特別賞に決まりました。おめでとうございます（表4参照）。
（会場 大きな拍手）
國清(029)：（着座のまま、複雑な表情で小さく会釈）

本江（進行）：では日本一を決めます。本当に議論は尽きないのですが、投票で決めたいと思います。審査員が7人なので、得票の多いほうが日本一です。決め方は

表3 特別賞への投票（1人2票をめやす）

ID	氏名	西沢	手塚	田根	成瀬	倉方	小野田	福屋	合計	
029	國清 尚之	●		●	●	●			4	
030	持井 央毅		●		●	●		●	4	
037	倉員 香織									日本三
350	平木 かをる	●	●	●		●	●	●	6	
366	元村 文春									日本二以上確定
394	小黒 日香理									日本一以上確定

表4 特別賞2への投票（1人1票をめやす）

ID	氏名	西沢	手塚	田根	成瀬	倉方	小野田	福屋	合計	
029	國清 尚之	●		●	●		●		4	
030	持井 央毅		●			●		●	3	
037	倉員 香織									日本三
350	平木 かをる									特別賞1
366	元村 文春									日本二以上確定
394	小黒 日香理									日本一以上確定

PROCESS_3
Final Round
02_Final Discussion

これでいいでしょうか。
審査員一同：(了承)
本江(進行)：では、あらためて、元村案『金魚の水荘』(366)と、小黒案『初音こども園』(394)の2作品のうち、日本一にふさわしいと思うほうに投票してください。

(審査員一同　投票)

本江(進行)：元村案『金魚の水荘』(366)が2票、小黒案『初音こども園』(394)が5票です。決まりました！(表5参照)
(会場　大きな拍手)
本江(進行)：では、日本女子大学の小黒日香理さんの『初音こども園』(394)が日本一、九州産業大学の元村文春さんの『金魚の水荘』(366)が日本二です。
小黒(394)：(着座のまま、笑みを浮かべ、元村を見て小さく拍手)
元村(366)：(着座のまま、ややうつむき小さく拍手をしながら小さく会釈)
その他のファイナリスト：(思い思いの表情で拍手)

本江(進行)：ずいぶん長時間となってしまいましたが、以上でファイナルの審査を終了したいと思います。審査員のみなさん、ありがとうございました。ファイナリストのみなさん、いろいろありましたけれども、おめでとうございます。お疲れさまでした。では、マイクを司会に返します。
(会場　拍手)

註
*1　公共圏：ドイツの哲学者ユルゲン・ハーバーマスが提唱した概念で、市民が対等な立場で議論し、世論を形成していく場。広義には、人々が「共通の関心事」について語り合う空間を指す。
*2　ピーコン穴：コンクリート打設時に型枠を固定する部品(ピーコン＝プラスチック・コーンの略)の跡。
*3　シュタイナー教育：本書85ページ註1参照。
*4　JIAや赤レンガ：いずれも大学の枠を超えた卒業設計の講評会。JIA＝公益社団法人日本建築家協会主催の2015年度全国学生卒業設計コンクール。赤レンガ＝関東圏の建築系大学生の有志が主催する赤レンガ卒業設計展2016。
*5　ヴァラーナシ(Varanasi)：ガンジス川での沐浴や、死者の遺体を河原で荼毘に付しガンジス川に流すことで知られるヒンドゥー教最大の聖地。英語ではベナレス(Benares)。

表5　日本一への投票(1人1票をめやす)

ID	氏名	西沢	手塚	田根	成瀬	倉方	小野田	福屋	合計	
029	國清 尚之									特別賞2
037	倉員 香織									日本三
350	平木 かおる									特別賞1
366	元村 文春		●					●	2	日本二
394	小黒 日香理	●		●	●	●	●		5	日本一

審査員紹介

JURY

ファイナル&セミファイナル審査員
FINAL & SEMII-FINAL JURY

西沢 立衛（審査員長）
Ryue Nishizawa

手塚 貴晴
Takaharu Tezuka

田根 剛
Tsuyoshi Tane

成瀬 友梨
Yuri Naruse

倉方 俊輔
Shunsuke Kurakata

小野田 泰明
Yasuaki Onoda

福屋 粧子
Shoko Fukuya

「それぞれの卒業設計」

予選審査員
PRELIMINARY JURY

櫻井 一弥
Kazuya Sakurai

佃 悠
Haruka Tsukuda

土岐 文乃
Ayano Toki

中田 千彦
Senhiko Nakata

西澤 高男
Takao Nishizawa

堀井 義博
Yoshihiro Horii

堀口 徹
Tohru Moriguchi

本江 正茂
Masashige Motoe

厳 爽
Shuang Yan

「2016年卒業設計日本一決定戦に寄せて」

Photos except as noted by Toru Ito, Izuru Echiguya, Hajime Saito.

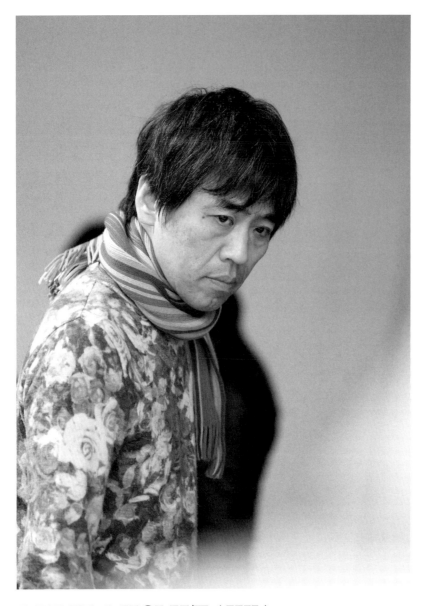

反省の果てに

僕の卒業設計は、首都高速道路を大建築にするというものだった。街の中で最大の大きさの建築を作ろうとして、機能はホールとかクラブとかカフェとか、よくある感じ。中身はなんでもよくて、街中で蜃気楼みたいに浮かぶ大建築という設計をやりたかったのだと思う。締切より1週間も早く仕上がってしまって、学内講評会ではそれなりに評価されて、その時はうれしかったが、その後反省するようになっていった。作品として大したものでなかったとは思うが、そこは僕としては苦にならず、むしろせっかくの卒業設計を死ぬ気でやらなかった、なんとなくやっちゃった、という所が痛恨だった。後輩が卒業設計に挑んで、逃亡したり挫折したりするのを見て、彼らの真剣さを見て、いかに自分が手ぬるかったかを思うようになった。後々それが重い十字架になって、大学院の時に図面を焼却炉で燃やした。

森山邸／2005年
Photo: Office of Ryue Nishizawa

RYUE NISHIZAWA
西沢 立衛 審査員長

にしざわ・りゅうえ
建築家、横浜国立大学大学院Y-GSA教授

1966年　東京都生まれ。
1988年　横浜国立大学工学部建築学科卒業。
1990年　同学大学院工学研究科計画建設学専攻修士課程修了。
　　　　妹島和世建築設計事務所入所。
1995年　SANAAを妹島和世と共同設立。
1997年　西沢立衛建築設計事務所設立。
2001-10年　横浜国立大学大学院建築都市スクールY-GSA准教授。
2010年-　同教授。

主な建築作品に、ディオール表参道*(2003年)、金沢21世紀美術館*(2004年)、森山邸(2005年)、House A(2006年)、ニューミュージアム・オヴ・コンテンポラリー・アート*(2007年)、十和田市現代美術館(2008年)、ROLEXラーニングセンター(2010年)、豊島美術館(2010年)、軽井沢千住博美術館(2011年)、ルーヴル・ランス(ルーヴル美術館別館)*(2012年)、日本キリスト教団生田教会(2014年)、グレースファーム*(2015年)など。
主な受賞に、日本建築学会賞(1998年、2011年、2012年など)、ヴェネツィアビエンナーレ第9回国際建築展金獅子賞*(2004年)、ベルリン芸術賞*(2007年)、プリツカー賞*(2010年)、藝術文化勲章オフィシエ(2011年)、村野藤吾賞(2012年)など。

＊印はSANAAとして妹島和世との共同設計および受賞

永遠のライバル

同級生に大橋くんという天才がいた。頬の削げた新撰組の沖田総司を思わせる風貌で、凄惨な未来を含んだ影を漂わせていた。何が天才かというと、ともかく図面にしろ模型にしろひたすら美しいのである。それは「綺麗に」というレベルではなく、誰が見ようと言葉を失い批判のしようのないレベルなのである。彼の卒業設計以上に美しい図面を私は未だに見たことがない。ショパンの幻想即興曲のように華麗でありながらも大胆なリズムを波のように刻んでいた。絵で言えば、ディマンオという画家のデッサンに近い。

その彼と私は、私なりに競り合っていた。私に近しい友人は「俺は手塚の作品のほうが本物だと思う」と票を送ってくれるのであるが、まわりが何と言おうと彼の図面を前に私の劣等感が消えることはなかった。

その大橋くんが若くして急逝した。まさしく若くしてこの世を去ったショパンやモーツァルトの如くであった。大橋くんは今でも私の最大のライバルである。

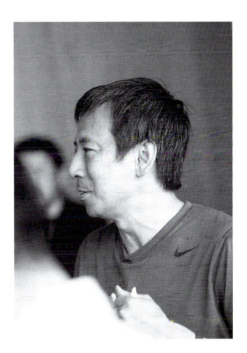

TAKAHARU TEZUKA
手塚 貴晴　審査員（予選審査員を兼任）

てづか・たかはる
建築家、東京都市大学教授

1964年　東京都生まれ。
1987年　武蔵工業大学工学部建築学科卒業（現・東京都市大学）。
1990年　ペンシルベニア大学芸術学部建築学科修士課程修了（アメリカ合衆国、ペンシルベニア州）。
1990-94年　リチャード・ロジャース・パートナーシップ・ロンドンに勤務（イギリス、ロンドン）。
1994年　手塚建築研究所を手塚由比と共同設立。
1996-2002年　武蔵工業大学工学部建築学科専任講師。
2003-08年　同准教授。
2009年-　同教授。

主な建築作品に『屋根の家』(2001年)、『森の学校キョロロ』(2003年)、『ふじようちえん』(2007年、日本建築学会賞、日本建築家協会賞)、『空の森クリニック』(2014年、JIA優秀建築賞)など。その他の主な受賞に、グッドデザイン賞金賞(1997年、2013年)など。
主な共著・著書に、『きもちのいい家』(清流出版刊、2005年)、『手塚貴晴の手で描くパース』(彰国社刊、2009年)、『手塚貴晴＋手塚由比　建築カタログ』1、2、3(TOTO出版刊、2006年、2009年、2015年)、『やねのいえ（くうねるところにすむところ──家を伝える本シリーズ）』(平凡社刊、2014年)など。

ふじようちえん／2007年
Photo: TEZUKA ARCHITECTS

建築から学んだこと

大学は北海道を選んだ。東京で生まれ、東京で育った自分にとって北海道の大自然、その雄大な風景は憧れだった。先のことなんて考えない、行きたいという好奇心だけが自分を北海道に向かわせた。そこで建築に出合った。

卒業設計は敷地もプログラムもテーマもはじめて自分で考える。一生に1回しかないチャレンジだ。そして「空気のような建築」について考えようと思った。空気のように、もっと自由に、もっと柔らかく、もっと感覚的になる建築はできないだろうか……。今、思えば、いろいろな考え、建築に対して真剣に向き合うことを知った大切な時間だった。

そして、これまで大学間で交流のなかった北海道5大学の学生に連絡をして、「精一杯頑張ったはずの卒業設計なんだから合同発表をしよう」と企画を持ち込んだ。北海道ではじめての卒業設計合同発表会だ。審査員には北海道にゆかりある建築家として藤本壮介さんと五十嵐淳さんなどを招いた。もう14年も前の話だけれど「建築は出会いを生んでくれる」、建築から学んだ大切なことだ。

TSUYOSHI TANE
田根 剛　審査員

たね・つよし
建築家

1979年　東京都生まれ。
2002年　北海道東海大学芸術工学部建築学科卒業。
2003年　デンマーク王立芸術学院客員研究員。
2004年　ヘニング・ラーセン・アーキテクツ（デンマーク、コペンハーゲン）に勤務。
2005年-　アジャイエ・アソシエイツ（イギリス、ロンドン）に勤務。
2006年　DGT.(DORELL.GHOTMEH.TANE/ARCHITECTS)をDan Dorell、Lina Ghotmehと共同設立（フランス、パリ）。
2012年　コロンビア大学GSAPP非常勤講師（アメリカ合衆国、ニューヨーク州）。

主な建築作品に、『A House for Oiso』(2015年)、『とらやパリ店』(2015年)、『エストニア国立博物館』(2016年完成予定)など。
主な受賞に、エストニア国立博物館国際設計競技　最優秀賞(2006年)、フランス文化庁新進建築家賞(2008年)、ミラノ建築家協会賞(2008年)、新国立競技場基本構想国際デザイン競技最終選考入選(2012年)、Red Dot Award Winner(2013年)、ミラノデザインアワード「LIGHT is TIME」2部門受賞(2014年)など。

エストニア国立博物館／2016年完成予定
Photo: Tsuyoshi Tane

その先にあるワクワク感

建築を続けるべきか、否か。この問いに答えようと、必死にもがいていた時期が、ちょうど卒業設計のタイミングと重なってしまった。最悪である。自分の将来と、自分が今学んでいることを、うまくつなぎ合わせることができなかった。卒業設計の敷地は移転が決まっている東京の築地市場。滑り止めのために付けられた、地面のさまざまな模様や凹凸を地道にサンプリングした。思えば下ばかり見ていて、より一層暗い気持ちになったかもしれない。ミクロスケール（極小規模）の素材を建築や敷地全体に関係づけることは困難を極め、案も自分の将来も、答えが見つからないまま提出期日を迎え、とにかく支離滅裂な結果に終わった。

大学の図書館に保存されている自分の卒業設計のデータを思うと、今でも胃がぎゅっとなってしまう。修士課程に入り、いくつかの設計事務所でアルバイトをさせてもらった。世界的に活躍する建築家たちが、徹夜で案を検討している、ひたむきな姿を目の当たりにし、胸のつかえがすっと取れていく気がした。こんなに没頭できる仕事が目の前にあることにワクワクした。そのワクワク感は今も続いている。

YURI NARUSE
成瀬 友梨 審査員

LT城西／2013年／Photo: Masao Nishikawa

なるせ・ゆり
建築家、東京大学大学院助教

1979年　愛知県一宮市生まれ。
2002年　東京大学工学部建築学科卒業。
2004年　同学大学院工学系研究科建築学専攻修士課程修了。
2007年　同博士課程単位取得退学。
2007年　成瀬・猪熊建築設計事務所を猪熊純と共同設立。
2010年-　東京大学大学院工学系研究科建築学専攻助教。

主な建築作品に、『FabCafe TOKYO』(2012年)、『LT城西』(2013年)、『KOIL 柏の葉オープンイノベーションラボ』(2014年)、『りくカフェ』(2014年)、『SPRIT HOUSE』(2014年)、『豊島八百万ラボ』(2016年)など。
主な受賞に、JIA東海住宅建築賞(2014年)、Design For Asia Awards(2014年)、Best of Asia Pacific Design Awards Winning Projects(2014年)、JID AWARD(2015年)、日本建築学会作品選集新人賞(2015年)など。
主な共著・著書に、『シェアをデザインする』(共著、学芸出版社刊、2013年)など。

20年前、10年前、そしていま

こういう本で書いてはいけないかもしれない。私は卒業設計に対して、何の意欲も関心もなかった。そもそも設計に興味がなく建築学科に入学したのだから、初志貫徹だ。それが約20年前。それでも大好きになった建築のことを卒業後も考え続け、建築家の伊東忠太について研究した学位論文と、吉阪隆正に関する著書をまとめたのが約10年前。研究というのは洞穴に潜り込むようなものなので、同時代の建築は知らなかった。建築家なんて誰とも話したことがなかった。

転機は、その頃に五十嵐太郎さん[*1]にお声がけいただいた『卒業設計で考えたこと。そしていま』(彰国社刊、2005年)だった。今をときめく建築家の卒業設計を拝見し、対話して、なんだ建築は建築ではないか。それは私でも判断できるし、設計する人ともわかり合えるかもしれない。そう思えたのだ。

卒業設計の制作物に、建築家の全身像が現れていたからかもしれない。思い出せば、卒業設計の代わりに熱意を燃やした私の卒業論文は、伊東忠太の卒業論文を扱ったものだった。伊東は「大失敗」したのだが、それが彼のその後を生んでいる。私のその後も生んでいる。あなたもそうかもしれない。

くらかた・しゅんすけ
建築史家、大阪市立大学准教授

1971年　東京都生まれ。
1994年　早稲田大学理工学部建築学科卒業。
1996年　同学大学院理工学研究科建設工学専攻修士課程修了。
1999年　同博士課程満期退学。
2004年　博士(工学)取得。
2010-11年　西日本工業大学デザイン学部建築学科准教授。
2011年-　大阪市立大学大学院工学研究科都市系専攻准教授。

註
*1　五十嵐太郎：建築史・建築批評家、東北大学大学院教授。仙台建築都市学生会議アドバイザリーボード。

『吉祥寺ハモニカ横丁のつくり方』／倉方俊輔編／彰国社刊、2016年

建築そのものの魅力と可能性を、研究、執筆、大阪市「生きた建築ミュージアム」推進有識者会議委員の活動などを通じて追究。

主な共編著書に、『吉阪隆正とル・コルビュジエ』(王国社刊、2005年)、『ドコノモン』(日経BP社刊、2011年)、『東京建築 みる・あるく・かたる』(共著、京阪神エルマガジン社刊、2012年)、『伊東忠太建築資料集』(監修・解説、ゆまに書房刊、2013年)、『大阪建築 みる・あるく・かたる』(共著、京阪神エルマガジン社刊、2014年)、『生きた建築大阪』(共著、140B刊、2015年)、『これからの建築士』(共著、学芸出版社刊、2016年)、『吉祥寺ハモニカ横丁のつくり方』(編、彰国社刊、2016年)など。

SHUNSUKE KURAKATA
倉方 俊輔 審査員

ものづくりの原点——SDL初代「日本一」の成長

先般、SDLの初代チャンピオン庵原義隆さんと、あるパーティで会ったことを思い出した。その時の話が学生諸君の参考になると思うので、僕の卒業設計の話に代えて、ここに紹介したい。伊東豊雄建築設計事務所のチーフとして『みんなの森 ぎふメディアコスモス』（2015年）を作り上げた強者に成長した彼だが、SDL2003では、せんだいメディアテークの審査会場で最初は3番手の評価だった。その庵原さんの作品『千住百面町』を、僕や塚本由晴審査員が強く推して、最後に逆転で日本一になったのだ。10数年を経てはじめて、庵原さんとそんなことを懐かしく話し合った。『みんなの森 ぎふメディアコスモス』はものづくりの信念にあふれるすばらしい作品である。そして、今にして思えば、彼のものづくりへの意思は、卒業設計の頃から形成されていたように思う。そういう意味でも、やはり卒業設計はものづくりの原点なのだ。みなさんも将来に向けて頑張ってほしい。

＊SDL=せんだいデザインリーグ 卒業設計日本一決定戦

おのだ　やすあき
建築計画者、東北大学大学院教授

1963年　石川県金沢市生まれ。
1986年　東北大学工学部建築学科卒業。
1993年　同大学にて博士号（工学）取得。
1997年　同学大学院工学研究科都市・建築学専攻助教授。
1998-99年　UCLA客員研究員（アメリカ合衆国）。
2007年　東北大学大学院工学研究科都市・建築学専攻教授。
2010年　重慶大学建築学院（中華人民共和国）客員教授。
2012年-　東北大学大学院工学研究科都市・建築学専攻教授。
　　　　同大学院災害科学国際研究所災害復興実践学教授。

建築計画者として参画した主な建築作品に『せんだいメディアテーク』（2000年）、『横須賀美術館』（2006年）、『東北大学百周年記念会館　川内萩ホール』（2008年）、『伊那東小学校』（2009年）など。東日本大震災後は、岩手県釜石市にて復興ディレクター、宮城県石巻市復興推進会議副会長、宮城県七ヶ浜町復興アドバイザーなどを務めながら各地の復興計画に参画。アーキエイド発起人（2011年）。
主な受賞に、日本建築学会作品賞（2003年、阿部仁史と共同）、同教育賞（2009年、阿部仁史ほかと共同）など。
主な共書・著書に、『空間管理社会』（新曜社刊、2006年）など。

YASUAKI ONODA
小野田　泰明　審査員（予選審査員を兼任）

東北大学百周年記念会館　川内萩ホール／
阿部仁史アトリエ、三菱地所設計との共同設計／2008年
Photo: Yasuaki Onoda

図面を1枚も描かない卒業設計を描ききる、無謀な試みの意味を思い出してみた

仕事の折々に、卒業設計のことを思い出すことがある。何か新しいプロジェクトに向けて、新しいアイディアをもとに図面や模型でわーっと作業を進めている時、「おや、これは昔取り掛かっていたアレでは？」と思い出す。それぐらい、卒業設計には自分の原点が表れてしまうのではないかと思う。
1995年度の卒業設計当時は、都市の変容に興味があり、無謀にも長さ12kmの幹線道路一帯を敷地とした。東京で常に行なわれている道路工事の仮囲い地で、買収が進む一筆ごとに路盤を立てておこして店舗などの暫定利用を行ない、道路が開通する瞬間にタイル貼地／道一筆を剥がして街の風景をつくる、そのプロセスをデザインしようとした。変化のデザインだから平面図や断面図などは不要だという妙な理屈をつけて、12枚の紙をコラージュし、ストーリを綴った。模型はA2判以内という規則をキリギリ守るローリングタワー（移動式足場）を制作し、縮尺1/5～1/10000の模型を6段積み上げる。結果、企画や表現形式に力が入りすぎ、スケジュールがコントロールできず、未完成に近い状態での提出となった。学内では奨励作。
あまりの空振りにその後、設計の道に進みたくなくなったほどだったが、今、時間もかかり法律も手順も複雑なまちづくりに興味をもって関わっていられるのは、その原点があるからかもしれない。

ふくや・しょうこ
建築家、東北工業大学准教授

1971年　東京都生まれ。
1994年　東京大学工学部反応化学科卒業。
1996年　同建築学科卒業。
1998年　米ハーバード大学大学院建築修士課程修了。
1999-2004年　妹島和世+西沢立衛 SANAAに勤務。
2005年　福屋粧子建築設計事務所設立。
2006-10年　慶應義塾大学理工学部システムデザイン工学科助教。
2010-15年　東北工業大学工学部建築学科講師。
2013年　AL建築設計事務所を小島善文、堀井義博と共同設立。
2015年-　東北工業大学工学部建築学科准教授。

主な建築作品に、『梅田阪急ビルスカイロビー tomarigi』（2010年）、『石巻市復興まちづくり情報交流館　中央館（仮設）』（設計監修、2015年）など。「東日本人震災における建築家による復興支援ネットワーク「アーキエイド」」から始まった宮城県石巻市牡鹿半島での復興まちづくり「せんだいリノベーションまちづくり」など、まちづくりと空間設計の活動に幅広く関わる。
主な受賞に、日本建築学会業績賞（2015年、共同受賞）、第3回古阪隆正賞（2015年）など。

SHOKO FUKUYA
福屋　粧子　審査員（予選審査員を兼任）

梅田阪急ビルスカイロビー tomarigi／2010年
Photo: Shoko Fukuya

JURY | PRELIMINARY | 予選審査員 | 2016年卒業設計日本一決定戦に寄せて

KAZUYA SAKURAI
櫻井 一弥
ファイナル　コメンテータ(smt 7階シアター)
アドバイザリーボード

伝達メディアの使い方が効果的

以前の大会だと、無意味に模型が大きい作品がかなり多かったのだが、少し前から、単に思いつきで模型がバカでかいとか、無節操に衝撃的なパネルの表現などはあまり見かけなくなった。もちろん大きい模型はたくさんあるが、大きいことが効果的になる作り方をしていたり、油絵や銅版画を使うなどパネルの表現手法も凝っていたり。模型・図面・パネルといった伝達メディアそれぞれの特性をよく認識して、設計内容にふさわしいものをみなさん効果的に選択するようになっている。すばらしいことだ。

さくらい・かずや
建築家、東北学院大学教授

1972年　宮城県仙台市生まれ。
1996年　東北大学工学部建築学科卒業。
1998年　同学大学院工学研究科都市・建築学専攻修士課程修了。
1999年　伊藤邦明都市・建築研究所に在籍。
2000年　東北大学大学院工学研究科都市・建築学専攻助手。
2004年　博士(工学)取得。
2005年　SOYsource建築設計事務所を共同設立。
2010-14年　東北学院大学工学部環境建設工学科准教授。
2014年-　同教授。

主な建築作品に『日本バプテスト仙台基督教会』(2007年、グッドデザイン賞、キッズデザイン賞)、『S博士の家』(2008年、JIA東北住宅大賞優秀賞、日本建築学会東北建築賞作品賞)、『田郷医院』(2012年、北上市景観賞)など。
http://www.soy-source.com

HARUKA TSUKUDA
佃 悠
ファイナル　コメンテータ(エレクトロンホール)
アドバイザリーボード

似て非なる「木」なるもの

今年のSDLを見渡して、まず思ったのが昨年に比べて木造建築の提案が格段に増えていることだ。東日本大震災後のエネルギー問題やサステナブル(持続可能)な建築への動き、リノベーションが活況を呈する建築業界を横目にしながら、建築を学んだ学生たちとしては木造建築への回帰も自然な流れなのかもしれない。しかし、「木で作った」だけの建築になってしまうのも落とし穴だ。似て非なる「木造風のもの」にならないように、(どの構造を採用してもそうだが)力の伝わり方、材料の活かし方を学んで、技術に基づいた提案をしてほしい。

つくだ・はるか
東北大学大学院助教

1981年　福岡県北九州市生まれ。
2004年　東京大学工学部建築学科卒業。
2006年　同学大学院工学系研究科建築学専攻修士課程修了。
2012年　同博士課程修了。博士(工学)取得。
2012年-　東北大学大学院工学研究科都市・建築学専攻助教。

AYANO TOKI
土岐 文乃
ファイナル　コメンテータ(smt 7階シアター)
アドバイザリーボード

密度に対抗する自由な構想力

物理的に図面や模型の密度の高い作品が多かった。社会的な問題に着目し、綿密なリサーチをもとに空間を組み立てるロジック(論理)を構築した誠実な作品には大きな破綻がない。既存建築の魅力を拡張する提案は、どこまで既存で、どこから提案なのかわからないほどの巧みな操作により、過去と融合した一体的な空間となっていた。一方、審査ではのびのびとした自由な提案が評価された。情報社会において、情報に依拠するだけでなく、作者自ら空間を立ち上げる構想力が問われている。

とき・あやの
東北大学大学院助教

1983年　青森県弘前市生まれ。
2005年　筑波大学芸術専門学群建築デザイン専攻卒業。
2007年　同学大学院芸術研究科デザイン学専攻修士課程修了。
2012年　同学大学院人間総合科学研究科芸術学専攻博士課程修了。博士(デザイン学)取得。
2012年-　東北大学大学院工学研究科都市・建築学専攻助教。

*smt=せんだいメディアテーク　　*SDL=せんだいデザインリーグ　卒業設計日本一決定戦　　*エレクトロンホール=東京エレクトロンホール宮城(宮城県民会館)

SENHIKO NAKATA
中田 千彦

ファイナル　コメンテータ(smt 7階シアター)
アドバイザリーボード

成長しつつある卒業設計

ハチャメチャな作品が影を潜め、堅実でありつつもファンタジーの要素が盛り込まれた作品が目立つ。ともかく派手、大きい、ずば抜けてかっこいい、グロいという作品はあまり目にしなかった。きちんと社会性を携え、問題意識が高く、真面目な建築手法によっていねいに作り込まれた作品の整列に、この数年での卒業設計の変質と学生たちの習熟を強く感じた。他方、昔のようなただただ目立つ作品という存在感が希薄化していることには寂しさを感じる。しかしながら、卒業設計が成長しつつあることへの感動もあった。

なかた・せんひこ
建築家、宮城大学准教授

1965年　東京都生まれ。
1990年　東京藝術大学美術学部建築科卒業。
1993年　コロンビア大学大学院Master of Architecture(建築修士課程)修了(アメリカ合衆国、ニューヨーク)。
1994年　東京藝術大学美術学部建築科常勤助手。
1997年　京都造形芸術大学通信教育部専任講師。
2000年　同芸術学部環境デザイン学科助教授。
2003-07年　新建築社に在籍、『新建築』誌、『a+u』誌副編集長。
2004　東京藝術大学大学院美術研究科建築専攻博士課程満期退学。
2006年-　宮城大学事業構想学部デザイン情報学科准教授。
RENGO DMS ／連合設計社市谷建築事務所プロジェクトアーキテクト。

主な活動に、企業のブランド・ビルディングと空間デザインに関連する記事の作成、国土交通省、慶應義塾大学、日本建築センターとの共同によるプロジェクト、建築・空間デジタルアーカイブス(DAAS)の設立など。

TAKAO NISHIZAWA
西澤 高男

ファイナル　コメンテータ(エレクトロンホール)
ゲスト審査員

見えにくい形

形が見えにくい作品が多くなっている。つまり、点在し群として総体をなす作品や土木的な巨大スケール(規模)の作品、人や時間が介在することで形作られる作品などだ。
社会が窮屈になっていく中で問題にどう応えるべきなのかを思索し、造形の決定要因をその中に見出そうとする過程で、建築として通常に考えられるスケールを超えていくのだろう。
そういった中にあっても、仕組みだけをつくって造形を因果関係に委ねてしまう作品より、想像力の限りを尽くしてあるべき形の可能性を明示した作品のほうが魅力的に映った。

にしざわ・たかお
建築家、メディアアーティスト、東北芸術工科大学准教授

1971年　東京都生まれ。
1993年　横浜国立大学工学部建設学科建築学コース卒業。
1994年　メディアアートユニットResponsive Environmentを共同設立。
1995年　横浜国立大学大学院工学研究科計画建設学専攻修士課程修了。
1995-98年　長谷川逸子・建築計画工房に勤務。
2002年　ビルディングランドスケープ一級建築士事務所を山代悟と共同設立。
2007-12年　東北芸術工科大学プロダクトデザイン学科准教授。
2012年　同学建築・環境デザイン学科准教授。

http://responsiveenvironment.com
http://buildinglandscape.com

YOSHIHIRO HORII
堀井 義博

ファイナル　コメンテータ(smt 7階シアター)
ゲスト審査員

木造バラックと錦絵タッチ

どういうワケか映画『ALWAYS 三丁目の夕日』(2005年公開)的な木造バラックの高密度集合体。どういうワケか錦絵タッチのレンダリング。この2点が今年の強い傾向として広範囲に見られた。レーザーカッター利用の大ブームはひとまず止み、ようやく標準的な「道具の1つ」になった感じがした。しかし、そうした道具の発達で、模型が高精度化、巨大化していく一方で、図面表現の稚拙化はより深刻さを増しているようにも思えた。

ほりい・よしひろ
建築家

1967年　大阪府大阪市生まれ。
1990年　京都工芸繊維大学工学部住環境学科卒業。
1992年　同大学院工芸科学研究科造形工学専攻修士前期課程修了。
1992-2000年　UPM(八束はじめ主宰)に勤務。
2000-02年　ETHZ(スイス連邦工科大学チューリヒ校)客員研究員(スイス、チューリヒ)。
2002年　0110110 architectoを設立。
2012年　AL建築設計事務所を小島善文、福屋粧子と共同設立、共同主宰、代表取締役。

JURY | PRELIMINARY | 予選審査員 | 2016年卒業設計日本一決定戦に寄せて

TOHRU HORIGUCHI
堀口 徹
ファイナル コメンテータ(エレクトロンホール)
アドバイザリーボード

「減衰する時間」と「建築家なしの建築」

今年は、例年以上に減衰する時間を扱うテーマが目に付いた。墓地の設計を通して死に向き合うもの、空き家や廃村など風景の消えゆくプロセスを扱うもの、記憶のアーカイブに関するもの、風化する時間を扱うもの。また「建築家なしの建築」さながらに日常の中であまり前景化されない風景の断片や空き地を「パタン・ランゲージ」*1的に採集するところに創作の手がかりを見出す傾向も見られた。創造性のベクトルがますます多様化してきたということだろうか。

註
*1 パタン・ランゲージ(pattern language)：建築家、都市計画家のクリストファー・アレグザンダー(Christopher Alexander, 1936-)が提唱した、誰もがデザインのプロセスに参加できる考え方。建物や街の形態に繰り返し現れる法則性「パタン」を「共通言語」(ランゲージ)として、記述・共有する。

ほりぐち・とおる
建築批評家、近畿大学講師

1972年 アメリカ合衆国オハイオ州生まれ。
1995年 東北大学工学部建築学科卒業。
1999年 オハイオ州立大学大学院建築学修士課程修了。
2003-06年 東北大学大学院工学研究科都市・建築学専攻博士後期課程修了。博士(工学)取得。同阿部仁史研究室リサーチフェロー。
2006-12年 東北大学大学院工学研究科都市・建築学専攻助教。
2009-10年 UCLA建築都市デザイン学科客員研究員(アメリカ合衆国)。
2012年 モンペリエ建築大学スタジオマスター(ENSAM、フランス)。
2012-16年 立命館大学理工学部建築都市デザイン学科准教授。
2016年- 近畿大学建築学部建築学科講師。

MASASHIGE MOTOE
本江 正茂
ファイナル 司会進行
アドバイザリーボード

「弱さ」の現れる場所

子供や高齢者、外国人、衰退する地方など、社会のある種の「弱さ」に対応するビルディング・タイプが目立った。啓蒙的な視点や俯瞰的な視点からではなく、対象者(地)に同じ目線で寄り添おうとする態度でアプローチしている。個別具体的に「弱さ」が発現しているケースをリサーチして設計に臨んでいるので、敷地もおのずと多様化する。誰もが知っている記号的な土地の意味を文脈として利用しない分、敷地の説明には工夫が必要になっている。

もとえ・まさしげ
建築家、東北大学大学院准教授

1966年 富山県富山市生まれ。
1989年 東京大学工学部建築学科卒業。
1993年 同大学院工学系研究科建築学専攻博士課程中退
1993-2001年 同助手。
2001-06年 宮城大学事業構想学部デザイン情報学科講師。
2006- 東北大学大学院工学研究科都市・建築学専攻准教授。
2010-15年 せんだいスクール・オブ・デザイン校長。

システムデザイン作品に『時空間ポエマー』、『MEGAHOUSE』など。
主な共著訳書に『シティ・オブ・ビット』(W.J. ミッチェル著、共訳、彰国社刊、1996年)、『Office Urbanism』(共著、新建築社刊、2003年)、『プロジェクト・ブック』(共著、彰国社刊、2005年)など。
http://www.motoelab.com/

SHUANG YAN
厳 爽
アドバイザリーボード

建築遺構の改築案

近代以降の建築遺構をリノベーション(改修)する作品が多かった。着眼点が建築の「成長と変化」に置かれ、50年、100年という時間軸の中で空間をとらえようとする課題設定も散見されるようになった。また、精神疾患、自閉症の患者や死刑囚の生活の場など、これまで日常からは遠ざけられてきた「負的イメージ」を帯びたテーマに真っ向から向き合い、ポジティブな切り口によって日常の中に溶け込ませようとする課題設定は、近年の傾向の1つとして継続して見られる。むしろ、その傾向はさらに強まっているようにも感じられ、マイノリティに対する問題意識をもつ若者が増えていることに将来への大きな可能性を感じる。

やん・しゅあん
建築計画学者、宮城学院女子大学教授

1970年 中華人民共和国北京市生まれ。
1992年 礦業大学建築学科卒業(中華人民共和国)。
1998年 東京大学大学院工学系研究科建築学専攻修士課程修了。
2001年 同博士課程修了。
日本学術振興会特別研究員(東京大学大学院)。
2002年 東北大学大学院工学研究科リサーチフェロー。
2004-11年 宮城学院女子大学学芸学部生活文化学科准教授。
2011- 同教授。

専門は医療福祉建築の建築計画。主な受賞に、2006年度日本建築学会奨励賞など。
主な共著書に『環境行動のデータファイル 空間デザインのための道具箱』(共著、彰国社刊、2003年)、『超高齢社会の福祉居住環境 暮らしを支える住宅・施設・まちの環境整備』(共著、中央法規出版刊、2008年)、『建築大百科事典』(共著、朝倉書店刊、2008年)など。ほか論文多数。

Curator's View

9年ぶりにせんだいメディアテークに集約されたSDL
――次の第15回記念大会に向けて

清水 有
Tamotsu Shimizu
せんだいメディアテーク 企画事業係長、学芸員

今大会で特筆すべきことは、毎年大勢の人が押し寄せる「せんだいデザインリーグ　卒業設計日本一決定戦」(以下、SDL)の最終審査(以下、ファイナル)の会場が、2007年以来、9大会ぶりに、せんだいメディアテーク(以下、smt)へと戻ったことである。smtだけで大観衆を収容しきれるのかという不安は、当館や運営を担当する学生会議[*1]のスタッフの間にさまざまな危機感をもたらした。だが、過去の経験の蓄積と万全の準備によって、最終的には目立った混乱もなく、大会は無事に終了した。

しかし、同時に見えてきた課題も多い。特に問題視されたのは、ファイナル(公開審査)の会場についてだ。安全管理のためとは言え、「市民に開かれた場での審査」を大会のコンセプトに掲げていることから考えると、1階オープンスクエアの一部を壁で囲い込んだ閉鎖的な会場でのファイナル開催には、検討の余地があるのではないか。メイン会場をsmtに集約したことにより、十分な観覧者席を確保することの難しさも浮き彫りになった。

一方、作品の展示期間も重要な課題だ。ファイナルが終わると、展示期間の終了を待たず全国の他の卒業設計展や審査会への出展のために早期に搬出される作品が年々その数を増し、今年に至っては全出展作品の1／3を占めるまでになった。出展する学生にとっては、複数の大会へ出展する機会が得られるありがたい措置ではあるが、一般来館者の多い会期最後の週末には、かなりの作品が搬出されてなくなっている。展示台とポートフォリオだけが残されたがらんどうの展示空間を見て、観覧者はどう思うだろうか。多くの出展作品が搬出されたあと、どのように魅力的な展覧会となるように工夫するか。大会主催者にとっては、ファイナルだけではなく、展覧会の運営も今後の大きな課題だろう。

むろん、長年の蓄積による成果も数々見受けられた。まず、2006年から発行されている本書(SDLオフィシャルブック)は、知恵と経験の集積である。特に本年のファイナルを開催する準備においては、過去の会場の写真やテキストなどが大変参考になった。

また、SDL関連企画として行なわれた「ギャラリーツアー」では、学生会議のOBたちが、学生の視点から出展作品をガイドしてギャラリーを回る姿が頼もしかった。一方、この大会のために海外から見学に訪れる学生もずいぶん増えた。その多くが日本の学生のアイディアや模型に高い関心を示しているのも、本大会と出展作品の質の高さを裏付ける。

来年は15回めという記念すべき節目の大会となる。全国各地で開催される他の大会との差別化を図りながら、本大会の本質を逸らすことなく、出展者、そして観客を再び誘う求心力とは何なのか。それは、smtにも向けられている課題と言えるだろう。

註
*1　学生会議：本書4ページ註2参照。

しみず・たもつ
1971年、山口県下関生まれ。1994年、多摩美術大学美術学部芸術学科卒業。1994-99年、山口県徳山市美術博物館(現・周南市)美術担当学芸員。1999年から、せんだいメディアテーク学芸員。2014年より、同企画・活動支援室、企画事業係長。主な共著書に『1985／写真がアートになったとき』(青弓社刊、2014年)など。

Photos by Izuru Echigoya.

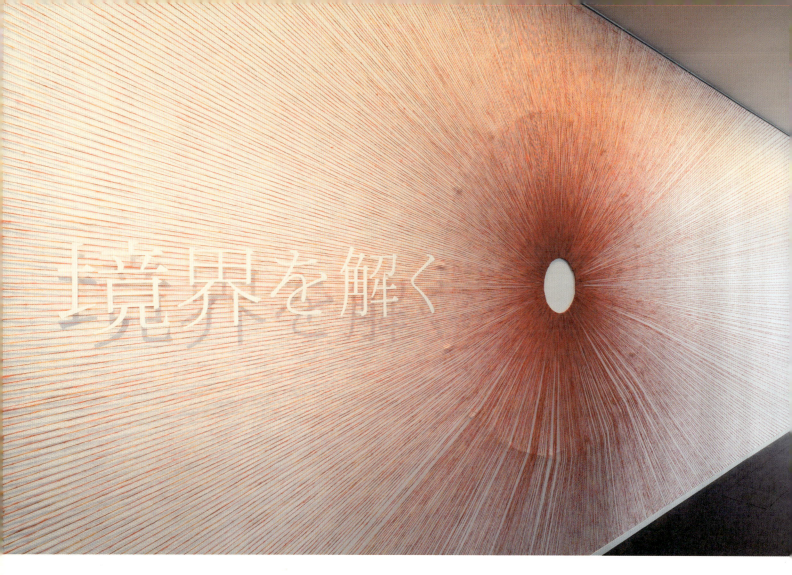

EXHIBITOR
出展者・作品一覧

撮影監修：越後谷 出／模型撮影：仙台建築都市学生会議
Photos except as noted by Izuru Echigoya.

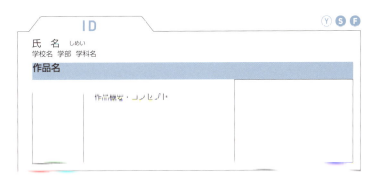

Ⓨ =予選通過者（100選）
Ⓢ =セミファイナルのグループ審査で選出。ディスカション審査の対象者。
Ⓕ =ファイナリスト、受賞名は別記

114～146ページのリストは、仙台建築都市学生会議+せんだいメディアテーク発行の『せんだいデザインリーグ2016 卒業設計日本一決定戦 公式パンフレット』内「作品紹介」からの転載である。学校学部学科名は、学校の改組再編などにより入学時と卒業時の名称が異なるものがあるが、現在の名称で統一した。
作品名は、原則として出展時のものに変更した。「作品概要・コンセプト」は、原則として原文のままであるが、読者の混乱を避けるために、一部、出展作品の文章に変更したり、意味の取りにくい点を修正したり、数字や記号などの表記を統一した。パンフレットには出展登録時の未完成状態の画像が多く含まれているため、出展模型を中心に会場で再度撮影を行なった。

001
武谷 創　たけや はじめ
九州大学　芸術工学部　環境設計学科

街的空間試行

1つの建築に街をつくりたい。本提案はさまざまなモノが共鳴し合い、影響し合うヘテロジニアスな「街」という空間への憧憬である。

002 （Y）
林 和希　はやし かずき
京都大学　工学部　建築学科

解レ
社会の病理を愛するための建築

人々が互いに交わることのない街、大阪の釜ヶ崎。既存の機能、躯体（構造体）をもとに釜ヶ崎の暗黙の構成則を抽出しながら空間の再構築を試みる。

003
王 隽斉　おう しゅんさい
京都大学　工学部　建築学科

SOUND THEATER:「詩吟館」

中国浙江省杭州市の中心部にある水域面積6.5km²の「西湖」という湖の一画をイメージ上の敷地として、朗読劇のための浮遊劇場を設計する。

006 （Y）（S）
西村 朋也　にしむら ともや
東京工業大学　工学部　建築学科

都市を知覚する

日常的／非日常的に起こる都市の現象を主題とし、都市を身体的に知覚しながら旅することができる建築を計画した。
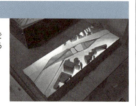

007 （Y）（S）
杉 拓磨　すぎ たくま　　新田 ベン　にった べん　　平井 七々子　ひらい ななこ
早稲田大学芸術学校　建築科

IN THE LOOP

学園祭のスローガン「広がれ！ 理工の環」を象徴する過去最大規模のパビリオンを学生だけで設計し、建設した。1辺5.4mの直方体の四方を球で切り欠いたようなフォルムが合板のグリッド（方眼）で形成されている。

008
鬼塚 平平　おにづか くるひ
富山大学　芸術文化学部　芸術文化学科

アクティビティと建築の部位の関係性によって構築された学びの場
富山工業高校の再建

アクティビティ（活動）と建築的要素の関係をもとに、アクティビティに寄り添うように設計を進めることで、常に人々の生き生きとしたアクティビティであふれる建築をつくり出すことを試みた。

010
徐 佳凝　じょ かぎょう
東京大学　工学部　建築学科

過ぎ去るオリンピック
WHEN OLYMPICS ELAPSE

消えるオリンピック。

011
吹抜 祥平　ふきぬき しょうへい
京都大学　工学部　建築学科

駅舎解体

再開発による駅の巨大化が都市へ広がる賑わいを堰き止めていることに着目し、神戸三宮駅を対象に大都市中央駅の有り様を模索した。街と都市との境界を解き、多くの人が通過する場所で人々がつながる契機をつくり出す。

013
馬場 智美　ばば ともみ
神戸大学　工学部　建築学専攻・建築学科

日向神峡の間
ダム湖の出現により浸水した峡谷と人との縁結び

日向の神々がそのあまりの美しさに降り立ったという伝説の残る峡谷、福岡県の日向神峡。その景観は63年前のダム湖の出現により大きく変貌した。水により断絶された人と日向神峡の縁を再び結ぶべく、その両者の「間」を解く。

014 （Y）
谷 大蔵　たに だいぞう
神戸大学　工学部　建築学専攻・建築学科

滲出する哀惜
都市における死の価値観を民主化する葬祭空間の設計

葬送と公園、相反する空間の雰囲気を「レオトミック」につなぐ近未来のモデル。

016
板井 大樹　いたい だいき
大分大学　工学部　福祉環境工学科　建築コース

地方集落存続物語
棚田建築によるワンダーランドの構築

大分県の軸丸地区の集落と棚田風景を未来へつなぐ。棚田の耕作放棄地に棚田建築を提案し、都市とのつながりをつくり出すワンダーランドを構築する。この世界は数十年先も都市とのつながりをもつ世界として存続していく。

017
太田 みづき　おおた みづき
日本大学 理工学部 建築学科
大地となった建築
植物に寄り添ったコミュニティのためのこども園×地域センター

この建築自体がやわらかくて力強い大地となることで、植物や雨を受け止め、自然と人間が寄り添いながら共生する環境をつくり出すことをめざした。
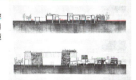

025
田島 雅己　たじま もとき
慶應義塾大学 理工学部 システムデザイン工学科
泡沫のすゝめ
超高層建築に対する圧迫感からの解放を求めて

効率化社会を体現して聳え立つ超高層建築。ヒューマンスケールを逸脱し、建築内と外部空間の対話がなくなってしまった現状を、圧迫感の観点から打開することを目的とし、徹底したリサーチから解決の糸口を見つけ出す。

018
国分 将呂　こくぶ しょうご
高知工科大学 工学系学群 システム工学群 建築・都市デザイン専攻
ユメウルバ

オタクたちが夢を抱き、思いを馳せたイラスト内の世界を参考に、オタクたちの活気や文化を観光客に伝える場を設計する。

026
前芝 優也　まえしば ゆうや
近畿大学 建築学部 建築学科
大阪千日前が浸透するテクスチャ

ストリートの雰囲気をコントロールするテクスチュア(物、店構え、床材)を切り替えるという小さな変化により、都市を作る上で定番のテクスチュアの使われ方とは違う世界を描く。

020
金子 千穂　かねこ ちほ
大阪大学 工学部 地球総合工学科
記憶を継ぐモノ

東日本大震災で大きな被害を受けた宮城県本吉郡南三陸町。そこには確かに人々の生活があり、日常があった。千年後、再び起こり得る災害のためにこの記憶を伝承し、残していく手段を提案する。

027
川崎 光克　かわさき みつよし
東北大学 工学部 建築・社会環境工学科
記憶の箱

記憶の箱は、東日本大震災から5年が経とうとしている今、「仙台」という都市の日常空間を漂流することで、仙台に住む人々の記憶や意識を共有し、発信していくメディアであり、対話の場である。

021　　　　　　　　　　　Y
田中 健一郎　たなか けんいちろう
京都大学 工学部 建築学科
ものづくり再考
工業高校から創造高校へ

大量生産大量消費が行き詰った社会において20世紀型の工業を行なっていた工場を敷地として、21世紀の社会に対応したものづくりができる人材を育成する高校を設計する。

029　　　　　>>特別賞　　　Y S F
國清 尚之　くにきよ なおゆき
九州大学 工学部 建築学科
micro Re: construction

いつの時代も忌み嫌われてきた墓という存在は、実は現代の静的でつまらない世界の縮図である。所属・管理・情報によって客体化を促す世界と、それを語る墓に対する建築のパワーを提案する。

022
野原 直子　のはら なおこ
昭和女子大学 生活科学部 環境デザイン学科
谷に浮く島

東京の渋谷は、谷という地形の上を人工物が覆い、唯一無二の都市空間をつくり出している。この都市の空間を採集し、解釈し設計に落とし込む。渋谷という谷にこの建築が島のように浮かび上がる。
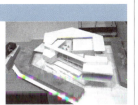

030　　　　　　　　　　　Y S F
持井 英敏　もちい ひでとし
大阪工業大学 工学部 空間デザイン学科
百年地図
2つの器から始まる鞆の浦の未来

僕の生まれた街、広島県福山市。鞆の浦という小さな美しい港町。2つの器から始まる。百年地図。100年後、僕の死んだ時、マチが生き続けるための始まりの日。

024
田岡 宏和　たおか ひろかず
大阪工業大学 工学部 建築学科
Gatelessの生む空間
メタモルフォーシス的橋本駅前の在り方

和歌山県の橋本駅前は高野山への宿場町として栄え、多くの町家の並ぶ人々の居場所であった。しかし現在、宿場町の南北を分断し、居場所は失われた。時代に合った駅を作ることで、再び居場所ができるのではないか。

032
秋永 凌　あきなが りょう
東北大学 工学部 建築・社会環境工学科
瑕疵
判決をふりかえる人のための場所

裁判は厳格な平等が図られている一方で、一度行なった案件に関して再び裁かれることはなく、裁判に負けた人たちは自分の信念とは違った生き方を迫られることになる。裁判に対する無念を鎮めるための空間を提案する。

033
萩野谷 早紀 (はぎのや さき)
東洋大学 ライフデザイン学部 人間環境デザイン学科
汚いカプセルホテル

私は汚いものが好きである。汚いものを見ると私の顔は自然と笑う。私の「汚い」は乱雑で、ごちゃごちゃしていることを指している。私は「汚い」を形にした。

041 Ⓨ Ⓢ
吉川 尚哉 (よしかわ なおや)
東北大学 工学部 建築・社会環境工学科
少年と長老
記憶の集積による人格形成の私的解釈と精神世界の空間表現

人は、記憶や知識をかたまりにして、自分の中に柱をつくる。精神世界にあるその柱は、いわば自分だけの神様だ。想起されたイメージとストーリーを造形化し、精神世界を表現する。

036 Ⓨ Ⓢ
矢野 ひかる (やの ひかる)
名古屋工業大学 工学部 第一部 建築・デザイン工学科
加子母で生きる
100年後の未来

岐阜県中津川市加子母地区では古来から住民の力で地域がつくられ、守られている。しかし、そんな加子母にも人口減少の影が忍び寄る。住民や行政の声と郷土資料から、加子母という舞台で建築にできることを探求する。

042 Ⓨ
河野 裕太 (こうの ゆうた)
長岡造形大学 造形学部 建築・環境デザイン学科
浦に幸わう海神の湊
東日本大震災から5年、福島県沿岸「松川浦」に描く職住一体の湊街

遠くから被災地を見ると悪い部分が目立つものである。復興の前線では災害に立ち向かう人たちの輝かしさ(光)を見てきた。空虚な思いが漂う海際の前線に、その小さな光が集まる湊街の提案。

037 >>日本三 Ⓨ Ⓢ Ⓕ
倉員 香織 (くらかず かおり)
九州大学 芸術工学部 環境設計学科
壁の在る小景

壁という建築。建築(壁)が集まった建築。壁のくぼみに込められた小景。

044 Ⓨ
丸伊 紫仍 (まるい しの)
東北大学 工学部 建築・社会環境工学科
はなれ
孤独と社会の狭間で暮らす大人の第2の住まい

住宅は、1家族に1つであるべきか。私はここに、成人期(23〜50歳)の少人数世帯を対象とした「離れ(セカンドハウス)」を設計する。

038 Ⓨ
平山 雄基 (ひらやま ゆうき)
京都工芸繊維大学 工芸科学部 造形科学域 デザイン・建築学課程
リノベーションで救うガソリンスタンドの未来

ガソリンスタンド(以下GS)の減少に伴い増加する閉鎖GSの放置問題。この問題の原因の1つ、その後の選択肢の少なさに着目し、リノベーション(改修)で新たな選択肢を増やすことでGSの未来を解決しようとした。

045
陳 奇勲 (ちん きふん)
青山製図専門学校 建築学部 建築科(夜間)
APEC Spaceport Terminal 2

アジアのハブとして、沖縄にある宇宙港と空港とを兼ねる施設を企画。スペースシップのホームとしてのターミナル2を中心に計画するプロジェクトである。

039 Ⓨ Ⓢ
森田 秀一 (もりた しゅういち)
日本大学 理工学部 建築学科
建築が動く時
エレベーターの再評価による超動的建築

縦(上下)動線は建築計画学でレンタブル比(有効比)を重視する上では必要悪とされてきた。必要悪とされた縦動線を価値あるものととらえ直し、設計する試み。東京都豊島区大塚駅前、下町の場末に都市・建築の必要悪を詰め込んだ城。

047 Ⓨ Ⓢ
山口 薫平 (やまぐち くんぺい)
東京理科大学 理工学部 建築学科
道後湯神前冠山湯浴郷

愛媛県の道後温泉本館に依存した従来の方法では、道後が観光地として今後も発展していくことは不可能である。冠山によって周りの景観を保ちつつ、温泉地に住む地元民の力強さと観光客をつなぐ湯浴郷として道後を再生する。

040
遠藤 正恭 (えんどう まさやす)
法政大学 デザイン工学部 建築学科
場の結縁
新たな地形の模索

宅地造成が分断した上下のつながりを、建築と土木を一体的に設計することで取り戻す。改悪された垂直方向の関係を建築が結び、土木が水平方向のつながりを紡ぐ。

048 Ⓨ
山本 雄一 (やまもと ゆういち)
豊田工業高等専門学校 建築学科
心のトポフィリア
11の環境因子に基づく心療空間の探求

医療と建築の接点を探求した。昨今の不明瞭な医療空間に明確な言語と文法を与え、人々の心象をもとに豊かな心療空間を生み出す。小さな心が寄り合った、診療を超えた心療の場となる建築である。

050
相見 良樹 （あいみ よしき）
大阪工業大学 工学部 建築学科
ろう

都市と地方が区分されるようになり、地方には南北格差が生まれて久しい。都心へ労働力を供給するベッドタウンとしての滋賀県ではなく、地域のポテンシャルを活かしたこれからの滋賀県の暮らしのあり方を考える。

056
牧田 涼 （まきた りょう）
東洋大学 理工学部 建築学科
天狗連小道亭

現代において笑いは失われつつある。そこで若手の笑いを復活させ、笑顔で日本を明るくする。この建築を訪れた人はみな笑って帰っていく。

051
鈴木 叔久
東洋大学 ライフデザイン学部 人間環境デザイン学科
装置一〇〇二番
ショートショートの空間化を通じて星新一記念館をつくる

ショートショートの物語展開や結末などの分析と、シークエンス（場面展開）体験において量的に変化する現実空間が人に抱かせる感情などに着目して、ショートショートを空間体験として再構築した星新一記念館の設計。

058
大沼 美朝子 （おおぬま みさこ）
東京都市大学 都市生活学部 都市生活学科
非定型都市
粘菌から学ぶ新しい都市・建築の可能性

都会の高層ビルを栄養として育つ「非定型都市」である。ビルに内包されていた機能が空にあふれ出し、つながり、新しい都市が生まれる。粘菌プログラムにより、街の水平ネットワークが随時生成、解体される動的都市。

052
菅野 達夫 （かんの たつお）
日本大学 生産工学部 建築工学科
透明に近い佇まい

都市機能が集中する千葉県の柏で、公民館を再生する。抽象的な場所をつくりながら立体的につながる床は、自由な空間をつくる。新たな地域の拠点は周辺に溶け込むように存在することで新しい風景となる。

061
高橋 佑輔 （たかはし ゆうすけ）
日本工学院専門学校 建築設計科
ふつうのマチをただ積みかさねるという行為とそれを成立させるためのシステムのはてに

都市の魅力を形成するのは、そこに住む1人1人の魅力なのではないだろうか。超都心部の人口空洞化に着目し、余剰容積率売買という手法から超都心での新しい住まいを提案する。

053
松林 幸佑 （まつばやし こうすけ）
高知工科大学 工学系3学群 システム工学群 建築・都市デザイン専攻
湯路を歩き、お湯見小屋を巡る
温泉資源を利用した周遊型観光施設の提案

兵庫県の有馬温泉には、人々に忘れられた路地と雑に整備された泉源が街中に点在している。そこで路地を整備し、泉源の横に小さな小屋を建てる。街には路地を歩き泉源を巡る新たな人の流れが生まれる。

062
洲脇 純平 （すわき じゅんぺい）
大阪工業大学 工学部 空間デザイン学科
再起の術
竹林を介した山と人々の関係の再編

荒廃した寺、社会復帰をめざす人。両者が共に歩み寄ることで、従来の関係に戻すとともに、新たな関係による風景の創出につながらないだろうか。

054
加登 柊平 （かと しゅうへい）
豊橋技術科学大学 工学部 建築・都市システム学系
彩ルセカイのそのウチに

私たちは色から情動を感じ取る。ならば、「ペインティング（着彩）」とは感情を乗せる行為だと言える。画廊にて絵画が私たちに見せようとしているものは何なのだろうか。今、絵画は柵を打ち破り現実を色づける。

064
藤田 拓 （ふじた たく）
近畿大学 建築学部 建築学科
高井田地区のワンスパンストリート

大阪のベッドタウンである東大阪。その中でも日本有数の町工場密集地域である高井田地区の裏ストリートを対象に町工場で働く人のための居場所であり、町工場と住民との接点となる場を提案する。

055
小川 理紗 （おがわ りさ）
日本女子大学 家政学部 住居学科
ポップアップホテル
計画道路における仮設建築の提案

都心には多くの計画道路があるが、敷地にフェンスが張られ、何年も、何にも使われないケースがほとんどである。そこで計画が完了するまでの間の「期間限定」で、その空いた敷地に仮設的な建築物を提案する。

065
森 遊哉 （もり ゆうや）
芝浦工業大学 工学部 建築・土木学群 建築学科
薄都濃村
道の駅の転換による地方再生

地方再生のために道の駅の数を増やし続けてきた。しかし活性化に至らず負の遺産と化した。道の駅を別の質へと転換させ、都市と農村の関係に変化をもたらし、色濃い地方再生の未来を描く。本提案は都市と農村の狭間である。

066 Ⓨ
塚越 仁貴　つかごし　まさき
神戸大学　工学部　建築学専攻・建築学科
久遠の環
神戸・布引ダムの転生

機能の終了が予測される神戸市の布引ダム。貯水を終了したダムの記憶として、かつての湛水域を巡る環を巡らせ、都市から人々を呼び込む観光施設、研究拠点、ミュージアムを計画する。

067
高橋 祐太　たかはし　ゆうた
日本大学　生産工学部　建築工学科
暮らしの諸相

沖縄県の伊是名集落は、本島から遠く離れた小さな集落である。ここで感じた空気や色、におい、人柄、祭、風景は、私を魅了した。集落が培ってきたこれらの要素をベースとし、新しい住宅群を設計する。

069
佐藤 由基　さとう　ゆうき
近畿大学　建築学部　建築学科
もっと大阪
道頓堀川の更新

400年間、人の手で築き上げてきた大阪らしい大阪、開削より栄え続けている道頓堀を両岸の建物から考える。この場所に大阪の魅力が凝縮された店舗を設計し、受け継がれてきた大阪の賑わいを更新する。

070
木村 友美　きむら　ともみ
東京理科大学　理工学部　建築学科
ハネダムービングウォークウェイ

交通のための建築を人間スケール（規模）の歩行空間が貫く、新たな交通拠点を提案する。

072
濱本 清佳　はまもと　さやか
東京理科大学　工学部　第一部　建築学科
Stacked Mobility City
積層する首都高

半世紀前のモータリゼーションと共に東京を大きく変えた首都高速は、今回のインフラ更新で再び東京を変えるチャンスとなり得るだろう。そして、東京に、新たな交通の流動をもつ未来の都市を提案する。

073 Ⓨ
廣畑 佑樹　ひろはた　ゆうき
大阪大学　工学部　地球総合工学科
PALETTE

建築は空間に質の変化をもたらす。同じスケール（規模）でも人々のもつスケール感によって空間の質は変化する。この学び舎ではさまざまなスケール感とアクティビティ（活動）が混ざり合い、新たな色を生み出していく。

074
泉谷 一輝　いずたに　かずき
大阪工業大学　工学部　建築学科
ここでしか住めない住民のためのコミュニティ形成
終の住処の創出

問題を抱えている。それは阪神・淡路大震災によって知らない人同士が、復興公営住宅に住まざるを得なくなり、そこにコミュニティが成立しないことだ。そんな住民のためのコミュニティ形成に挑戦する。

077 Ⓢ
高麗 夏実　こま　なつみ
東京都市大学　工学部　建築学科
木漏れ日の音色

ふとした時に聞こえてきた音色、木々の間から漏れる光、どうして心地いいのだろうか。音楽や自然への憧れから生まれる建築の提案。

078
岸 苑実　きし　そのみ
東北大学　工学部　建築・社会環境工学科
茶の物語を紡ぐ駅

鉄道と街、街と人間の新たなつながりを生み出すために、100年の歴史をもつ茶づくりの風景と共にある駅を提案する。

079 Ⓨ
石川 一平　いしかわ　いっぺい
立命館大学　理工学部　建築都市デザイン学科
大阪大博覧会
ミナミを繋ぐ日常のミュージアム

ナニワ文化、そこには泥臭くも魅力的で力強い生命力が宿っている。本計画は現代に生きるナニワ文化の魅力を再構築し、大阪天王寺駅に1人1人の心の記憶装置（ストレージ）としての庶民文化の殿堂を設計する。

080 Ⓨ
戸田 勇登　とだ　ゆうと
千葉大学　工学部　建築学科
仮想建築：彩

VR技術が発達した未来、人々の生活には仮想空間が干渉するだろう。国境のない仮想世界だからこそ、日本建築を受け継ぎ、和の美しさを表現する空間を。

081
草野 祥太　くさの　しょうた
慶應義塾大学　理工学部　システムデザイン工学科
雁木はまちを紡ぐ
小学校を核としたまちへの広がり

日本一長い雁木が続く新潟県上越市の高田地区。本来、雁木は雪を避けるためのものだが、雁木下には生活があふれ出ている様子が見られる。この雁木の空間性を再考し、衰退している街を雁木でつなぎ賑わいを取り戻す。

082
大町 和也　おおまち　かずや
大阪工業大学　工学部　建築学科
杉香ル故郷ノ継承
廃校後のあるべき姿としての提案

京北町（現在の京都市右京区の一部）は、昔から北山林業と農業によって栄えてきた。過疎化により、地域の交流拠点として機能していた小学校が廃校になる。そこで、廃校後の校舎と林業・農業で京北町継承の場を提案する。

084
永山 樹　ながやま　いつき
東京都市大学　工学部　建築学科
手しごとの家
民藝のある暮らし

民藝は日常生活で使うための道具であり、「用の美」と言われ、使われてこそその美しさが最も生きる。そこで、ただ展示するだけでなく、民藝を用いた暮らしを体感し、「用の美」を生かせる建築を考える。

085
大久保 佑耶　おおくぼ　ゆうや
前橋工科大学　工学部　建築学科
KOROMO

街の賑わいの創出につながっている群馬県前橋市のアーツ前橋。既存の商業施設の「記憶」を残しながら、新たなる街の表情をつくり出している。その表情と連続するような「衣」を纏った建築の提案である。

086
石川 恵理　いしかわ　えり
東京都市大学　工学部　建築学科
成長するまなびや

不登校を選択した子供たちのためのフリースクール。ここに通う子供たちは、セルフビルドによって更新されていく空間の中で、自ら遊び、自ら発見し、自ら学ぶ。

087
中西 海人　なかにし　かいと
東京電機大学　理工学部　建築・都市環境学系
additionation
住宅と街路をつなぐ中間領域

建築と都市の間に公私をつなぐ「境界」がある。この境界を「中間領域」と定義し、「中間領域」の備える空間要素により、衰退した商店街に新しい関係性や住み方を与える。

088　Ｙ Ｓ
土田 稜　つちだ　りょう
前橋工科大学　工学部　建築学科
都市に鐘が鳴り　森が震える

都市に鐘が鳴る。それは、新しい死の告げ方であり、それが都市の風景となっていく。林立した柱が共振しながらその音を都市全体に送って死を知らせる。

089
西山 史晃　にしやま　ふみあき
名古屋工業大学　工学部　第一部　建築・デザイン工学科
農には都市が足りてない、都市には農が足りてない

建築のもつ同時多発性を、より俯瞰的にとらえたい。

090　Ｙ Ｓ Ｆ
高野 哲也　こうの　てつや
名城大学　理工学部　建築学科
そして、自閉症のおじいさんになればいい。
自閉症者と一般の人々が共生する設計手法の提案

「見えない障害」である自閉症の特殊性を建築によって体現し可視化することにより、自閉症に対する人々の正しい理解と負の意識の払拭を促すとともに、自閉症者にとって住みやすい社会環境へと成熟するための提案を行なう。

091
馬籠 歩　まごめ　あゆむ
慶應義塾大学　理工学部　システムデザイン工学科
横丁の「道」
ハーモニカ横丁更新計画

「古い建物に代わるものは新しい建物だろうか？」。本提案は老朽化し使用困難となった建物を解体し「道」を挿入することで、東京のハーモニカ横丁の更新を図るものである。

092　Ｙ
川本 稜　かわもと　りょう
京都大学　工学部　建築学科
Spiral Extension
無限成長美術館

海上に浮かぶこの建築は、螺旋状に無限に成長しつつ、世界中の文化財を保存していく。やがて建築から都市へ、そして大陸となる。

093
二島 冬太　ふたしま　とうた
九州大学　芸術工学部　環境設計学科
浮遊する木、更新される建築と都市

新たな建築の更新の仕方を構造的に考えてみる。滑車の原理を利用して、駅の中に木質の建築を挿入する。これだけで既存の建築は新たな価値を獲得する。
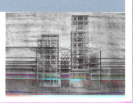

095　Ｙ
志藤 拓巳　しどう　たくみ
京都大学　工学部　建築学科
OOTSUNAGU
湖西線高架下サイクリングロード計画　及び　大津びわこ競輪場跡地再編

滋賀県大津市において、サイクリングロードと、サイクル拠点を整備することによって、大津、ひいては琵琶湖全体をつなぐ計画。

097
垣内 美帆子 （かきうち みほこ）
京都大学 工学部 建築学科

鼓動
agriculture & Architecture

大地の恵みを通して、建築と大地が響き合うことはできないか。大地の雄大な力を秘めて伸びゆく植物の力と、建築による空間が人と敷地に与える力が呼応する時、その空間は脈動を始める。

105
間宮 苗子 （まみや なえこ）
法政大学 デザイン工学部 建築学科

すきまから拡がるまち

木密地域（木造住宅密集地域）で住宅と住宅の間のすきま空間を操作し、木密地域らしい住環境を継承する住宅の更新を提案する。街の一部で起きる些細なシーンの連続が、街全体にあふれるすきま空間を縫うように拡がる。

100
篠原 裕貴 （しのはら ゆうき）
東北大学 工学部 建築・社会環境工学科

SPORTSCAPE

スポーツの定義＝体を動かして余暇を楽しむこと。スポーツと体育はまったくの別物である。東京ディズニーランドを歩き回って楽しむことも一種のスポーツ。人々がスポーツにふとひきこまれてしまう空間を構築する。

107
村山 大騎 （むらやま だいき）
愛知工業大学 建築学科

晩年の在処

超高齢化社会が抱える高齢者問題。高齢者が社会から取り残されていく存在となることを危惧し、高齢者が土着的文化によって社会に参加しながら生きがいを見つけられる社会システムと体現の場を提案する。

109
須藤 嘉顕 （すとう よしあき）
千葉大学 工学部 建築学科

虚（うろ）の家

ハリボテの都市計画に無自覚に加担する人々へのアンチテーゼ。

102
小林 洵也 （こばやし じゅんや）
名古屋工業大学 工学部 第一部 建築・デザイン工学科

重なりの様相
総体としての「弱い紐帯」

都市部における共同体の単位は個人にまで分解されている。必然的に存在する共同体ではなく、個人が接続する偶然に存在し得る共同体について考える。「弱い紐帯の強さ」を具現化する計画。

110
竹澤 洸人 （たけさわ ひろと）
工学院大学 建築学部 建築デザイン学科

TOKYO INFERNO / PURGATORY

この建物はダンテの『神曲』をモチーフとした夜のテーマパークである。2020年に世界中から集まる人々に最高のナイトライフを提供するだろう。

103
小坂 諭美 （こさか さとみ） 斎藤 実佳 （さいとう みか） 古家 萌子 （こいえ もえこ）
早稲田大学 創造理工学部 建築学科

胎動
台場を巡る助産院として

3.11以降、死を連想させる海は本来、「命の始まり」だった。近年は終が尊重され生は尊重されなくなった。子供を産む「始まる空間」に転用することで、周縁だった台場は中心へと姿を変える。胎動としての新たな都市像の計画。

111
村上 裕貴 （むらかみ ひろき）
東京都市大学 工学部 建築学科

記憶の器
福島第一原子力発電所アーカイブ化計画

人は建築なしに過去の記憶を蘇らせることはできない。震災、原発事故の記憶を後世へと残すための空間を福島第一原子力発電所の廃炉と共に、200年かけてできる建築として提案したい。

104
熊谷 直也 （くまがい なおや）
福井工業大学 工学部 建築生活環境学科

始まりの駅
新たな一歩とこれからの歩み

これは「建築を伝える建築」である。22歳の私が伝えたい5つの記憶。リニア中央新幹線を迎え、次なる時代への架け橋として、失われつつある大切な記憶を次世代へと伝えるための始まりの駅の提案。

112
舟橋 菜々子 （ふなはし ななこ）
大阪大学 工学部 地球総合工学科

壁の間に住まうこと

働きながら子供を育てることが当たり前の今、特にシングルマザーが抱える問題は深刻である。同じ境遇の人々が集まって暮らすシェアハウスという形ではなく、都会に住み、さまざまな人と出会う暮らしを提案する。

113

市川 綾音　いちかわ あやね
名古屋大学　工学部　環境土木・建築学科

温室コンプレックスシティ
農蜂一体集落

栽培用温室ユニットの新しいプロトタイプを用いた、農業と養蜂を一体化した1つの集落の提案。日本の特徴的な国土に応じた線形農業と、作物生育に不可欠な養蜂を融合し、近未来の農風景を描く。

119

水野 由女　みずの ゆめ
名城大学　理工学部　建築学科

音楽を奏でる都市
風景が生み出す音、音が生み出す風景

人が風景をとらえる要素の1つに、音がある。街の中には、ある場所をイメージさせる「その場らしい音」が存在している。しかし、オフィス街にはそのような音がない。オフィス街の音の風景をデザインし、豊かにする。

114

鈴江 佑弥　すずえ ゆうや
大阪工業大学　工学部　建築学科

炎との対話　第　章

自然の中で焚き火をすると、自然と一体になれたような気がする。炎に寄り添うと、人は本心を語り合う。私はそんな炎の魅力にひかれるような空間を創造したい。私はその空間を求める対話を一生続けていきたい。

122

山森 久武　やまもり ひさむ
慶應義塾大学　理工学部　システムデザイン工学科

染かれいる塔
絶滅植物の警鐘を鳴らず給水塔

都市の発展とともに不要な建物や自然が失われていく。給水塔に着目し、植物研究所・保管所へのコンバージョン（用途転換）を行なう。研究量に比例して徐々に高く成長していく塔は、植物の絶滅に対する警鐘を鳴らしはじめる。

115

西尾 拓真　にしお たくま
東京都市大学　工学部　建築学科

料亭 ぬの家 別館

かつて賑わった日本の文化の集大成の場である料亭の数が減ってきている。しかし、現代の日本料理は洗練され進化している。ならば、食べるという行為を再考し、今の日本料理の空間として料亭を考える。

124

鈴木 俊哉　すずき しゅんや
琉球大学　工学部　環境建設工学科

堆肥製造所
たいひくたーにひかれて

本計画では、地下水汚染の原因となっている硝酸態窒素を回収し、その硝酸態窒素を用いて、堆肥を製造する施設を提案する。

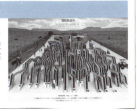

116

岩瀬 美緒　いわせ みお
名古屋大学　工学部　環境土木・建築学科

運河の標「シルシ」
中川運河再生計画

かつては交通の拠点として栄えた名古屋市の中川運河。衰退が進む運河に人を呼び込み再生する。水処理施設という土木施設により人が集まりにくいこの敷地に、建築を入れることによって人を集める。

126

加藤 采　かとう あや
京都造形芸術大学　芸術学部　環境デザイン学科

Collective Castle
屋台ステーションとしての集合城

京都の東山山頂に屋台のための集合住宅を計画した。コルテン鋼で構成された壁の中に屋台のおじさんたちが住み、自分たちの城を築き上げていく。権力者でない人々の集まりが、ここを拠点としてやがて京都を支配する。

117

長屋 美咲　ながや みさき
名城大学　理工学部　建築学科

もうひとつの家

現在の児童養護施設は、要養護児童の抱える問題の多様化に伴いさまざまなケアが求められている。要養護児童が職員や仲間による愛情を感じ、健康な生活が送れる児童養護施設を提案する。

127

下川 翔平　しもかわ しょうへい
千葉工業大学　工学部　建築都市環境学科

共創する河岸
昌平坂 茗渓の再生

都市間の競争によって裏側となった川辺を共創のための学校として再生する。これは江戸期の河岸の現代的解釈による復古である。斜路を地形と一体化させることで川辺へ人を導き、都市の舞台をつくる。

118

今山 少佛
名城大学　理工学部　建築学科

裏と表の生業

岐阜県高山市二町が、1979年に重要伝統的建造物群保存地区に選定された。高齢化や後継者不足によりこの先、保存、継承していく人がいなくなってしまう。そこで暮らい人を他にないない古い建物を守る建築を提案する。

128

枝元 翔子　えだもと しょうこ
大阪大学　工学部　地球総合工学科

ちいさなネコの国の物語

1軒の空き家の中にあるフランツが治めるちいさなネコの国。そこに現れた1人のおばあさん。そこから始まる物語。

129
平岡 志織 （ひらおか しおり）
大阪大学 工学部 地球総合工学科
Episode#6

コンクリートの壁によって海と隔てられた色のない工場町。そこに、6人の芸術家のエピソードが新たな彩りを添える。

136
堀部 芳樹 （ほりべ よしき）
大阪市立大学 工学部 建築学科
環の終結

時が経ち、加速する廃村。廃れていく集落に対して廃村プロセスの提案。

130
中村 勝広 （なかむら かつひろ）
大阪大学 工学部 地球総合工学科
幻影

これは2050年の大阪、中崎町の物語。私はある場所にさまよい込んでしまった。そこで中崎町の幻影を見る。

137 ⓨ Ⓢ
福島 啓奨 （ふくしま けいすけ）
新潟工科大学 工学部 建築学科
蛹が死ぬ街

死刑囚68人のための68個の独房の提案。現在東京拘置所がある街に独房を点在させ、街の人々が生きる豊かさを見出す建築。

131
山田 文音 （やまだ あやね）
京都大学 工学部 建築学科
green boundary
京都府立植物園における境界の提案

京都府立植物園のインターフェースの再提案。京都北山の街に、新たに境界面を創出する。

138
西蔵 祥大 （にしくら しょうた）
神奈川大学 工学部 建築学科
DIS PROGRAMMING

今日、我々の生活は1つの住宅内で完結するのではなく、都市の中で建築群の機能を寄せ集めるようにして日常的な生活を構成している。こうした広い意味での生活がより積極的に行なわれるための建築をつくり出せないかと考えた。

132
渡邊 大地 （わたなべ だいち）
千葉工業大学 工学部 建築都市環境学科
粒とビッグネス

都市に失われた共通の資本を現代に取り戻し、これからの東京にふさわしい建築のあり方を提案する。

139
市野 清香 （いちの さやか）
名古屋大学 工学部 環境土木・建築学科
私の身体をつくるもの、誰かの心と集う場所

スーパーマーケットは利便性を求めた進化に終止符を打ち、人に「食」を伝える「スーパー」なマーケットに進化の方向を転換する。食を見直し、地域コミュニティを再生することで「健康な暮らし」を手に入れる。

133
青葉 桜 （あおば さくら）
北海道大学 工学部 環境社会工学科
中心紋

グリッド（方眼）都市の1街区。設備ダクトがびっしり這っているビルのウラの顔、ひっそり立っている非常階段に八方囲まれた街区の内側は、どこか人をゾクゾクさせる。そう、このグリッドの内側は、もっともっと豊かになる。

140 ⓨ
野嶋 淳平 （のじま じゅんぺい）
九州大学 工学部 建築学科
長手ニケンチク短手ニドボク
多重消波型ボラス堤防とフジツボ式漁業空間

港町における堤防のあり方を考える。長手と短手にそれぞれ異なるパラメータ（媒介変数）をもつ構造体の連なりから生まれる漁業空間の提案。

134
林 健斗 （はやし けんと）
立命館大学 理工学部 建築都市デザイン学科
図書のアトラクター
製鋼所跡地のRedefinition

グーテンベルグ以来の大量出版の時代が終焉を迎えつつある現代において、情報化の波は図書館をも巻き込み電子化へと進みつつある。「文化遺産の継承」という役割を果たし、知識と本とを未来へつなぐ図書館を提案する。

141
川合 宏尚 （かわい ひろたか）
長岡造形大学 造形学部 建築・環境デザイン学科
人から人へ受け継がれるべき町並みへ
燕市吉田地域における、地元素材を生かした産業プログラムによる持続的なまちのこし

地元素材である味噌を用いた「まちのこし」を提案する。街の核となる味噌醸造施設と空き家を味噌事業の一部として利用活用する。この2つが補完関係になる持続性のある計画をめざした。

142
三井 崇司　みつい たかし
愛知工業大学　建築学科

集積回路化へのパラダイムシフト
都市工業型学術都市の形成

都市化によって破棄されていく工業地帯は、日本のものづくり文化にとって重要な要素である。現代の複雑化した都市と交差し混合していく、日本のこれからのものづくりの拠点を提案する。

145
森 秀亮　もり しゅうすけ
東京都市大学　工学部　建築学科

集合住宅率70%
集まって住むことの動的平衡性

日本の都市部では7割の人が集合住宅に暮らしている。戦災や戦後の高度成長期により短期間に大量生産された集合住宅は単調であり多様性がない。今後は集合住宅の多様性が求められるのではないだろうか。

146
高梨 真弘　たかなし まさひろ
日本大学　工学部　建築学科

音の路
家と店の開き方

個人の所有物である住宅(やそこでの暮らし)と公共(社会)との関係を再構築することを出発点とし、予測される家族や地域の縮退を鑑みながら公共性のあり方を提案する。

147
吉永 和真　よしなが かずま
京都大学　工学部　建築学科

KYOTO Innovation Complex
洛西ニュータウン再生計画

住居インフラとしての需要を失った「未来」におけるニュータウン・コンバージョン(用途転換)のケーススタディとして、企業知の集積場「KYOTO Innovation Complex」を提案する。

148　Ⓨ Ⓢ
中村 教祐　なかむら きょうすけ
明治大学　理工学部　建築学科

鎌近綺譚
「始源のもどき」とモダニズム建築の保存

現在、多くのモダニズム建築が失われようとしている。一方で物質のみが保存されることに違和感を感じている。本計画では坂倉準三設計の神奈川県立近代美術館鎌倉館を対象に、連続でも解体でもない第3の保存方法を提案する。

149
尾崎 健　おざき たけはる
日本大学　理工学部　建築学科

原風景の再読記
町工場からの学びとその転用までの旅路

私の地元、東京都大田区には数多くの町工場がある。そこにはさまざまな条件による現象がある。失われつつあるこの現象を再読し、転換期を迎えるこの街に落とし込む。町工場からの学びとその転用までの旅路。

150
千葉 雄介　ちば ゆうすけ
日本大学　理工学部　海洋建築工学科

希望の架橋
難民のための複合施設の提案

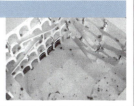

今日、1日に何千人もの難民が庇護やより良い生活を求めてヨーロッパに押し寄せている。本計画では、新たな難民の中継拠点をつくるとともに、第三国に定住させる方法を見直す。

151　Ⓨ Ⓢ
小山 恭史　こやま やすふみ
日本大学　理工学部　建築学科

塔上の異界

建築の中で「住宅」が最も数が多いことから「建築」が「公共圏」に属するのであれば、「公共圏」は「住宅」に求めるべきではないだろうか。「公共圏」に属するタワーマンションのあり方を問う。

152
折田 千秋　おりた ちあき
静岡文化芸術大学　デザイン学部　空間造形学科

Archiroid
アーキロイド

Archiroid = Architecture + oid、つまり、建築のようなもの。「土地に定着しないもの=動くもの」これをArchiroid(アーキロイド)とする。

153
加藤 大誠　かとう たいせい
名城大学　理工学部　建築学科

信仰軸と住まう
神宮と街の関係性を再構築する提案

分断された名古屋市の熱田神宮と街をつなぐ橋を設計した。大通りによって姿を消してしまった信仰軸に橋という構造を与えた。神宮と街の接点を生み、街と神宮を一体のものとし後世に残していくことを提案する。

154
三屋 皓紀　みつや こうき
大阪大学　工学部　地球総合工学科

Pierrot Harbour

耐震改修により躯体(構造体)だけを残した大阪市中津高架下空間は、都市の洞窟であり、杜の密林となる。改修によって失われた芸術文化を取り戻すべく人々の営みにより形成されていく「クリエイティブビレッジ」を提案する。

155　Ⓨ
藤本 雅広　ふじもと まさひろ
大阪大学　工学部　地球総合工学科

解社
境界性の再編

神社。人々の宗教観の変化から信仰は薄れ、人々は神社から離れていく。地方都市の神社はこの現象が一層深刻である。既存神社を解体し神社特有の境界性を追求し、街に対してゆとりをもつ空間に再編する。

158
藤枝 大樹　ふじえだ たいき
名古屋大学 工学部 環境土木・建築学科
Hyper Mountain Hut
エベレスト・ベースキャンプ整備計画

「原始的風景と建築」「極環境と建築」「動く大地と建築」。世界最高峰エヴェレスト・ベースキャンプ。標高5,300mに位置するこの場所にユニット建築とキャンプ・サイトとしてのランドスケープを計画する。

161
山下 尚行　やました なおゆき
名古屋大学 工学部 環境土木・建築学科
灰と緑
緑と建築による過去・現在、未来の解決

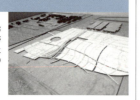

コンビナートと自然が対立する敷地において、植物園を核とする建築で工業地帯が抱える過去・現在の問題を、植物・土壌研究所でコンビナートが抱える未来の問題を解決する。

162
松岡 瑛美　まつおか えみ
京都工芸繊維大学 工芸科学部 造形科学域 デザイン・建築学課程
巣のような建築
身体とつながる　地球とつながる

虫の巣はその中に生きる者の身体に寄り添い、地球の循環の中に息づく。巣にはこれから人間が地球でどう生きるか、自分の身体とどう向き合うかという問いに対する本質的な答えがある。巣に共通する要素を建築に応用する。

163
牧野 佑哉　まきの ゆうや
東洋大学 理工学部 建築学科
Google EXPO 2016 Fukushima

情報化社会における建築の創造。「画像」をもとに形にした196のパビリオンを福島県に配置し、世界万博を開催する。現代の建築の価値や形態を見直し、そして福島のコミュニティや希望を取り戻す提案。

164
片山 優樹　かたやま ゆうき
東京理科大学 工学部 第一部 建築学科
私は、近代化された建築空間から逃れるためにダラヴィのスラムで過ごしてきました。

大学時代に世界各地へ旅行をした。その中でインド、ムンバイのスラム街を訪れ、街路に面する住居などの生活風景を見て、近代化された建築空間に対して疑問を抱くようになった。

165
小野木 敦紀　おのぎ あつき
京都工芸繊維大学 工芸科学部 造形科学域 デザイン・建築学課程
あつまる けんちく

本来の街の体験というのは、そのコンテクスト(背景、状況)に基づく立ち現れ方によって成し得ると思う。岐阜県の原風景である、金華山、長良川、岐阜城をコンテクストとして引き込み、街の骨格の一部となる建築をめざした。

166
遠藤 明　えんどう あきら
東京理科大学 工学部 第一部 建築学科
層壁の邂逅

経済主義的に建てられたマンションはその形態から地域と外部環境、隣接する住戸に対して孤立しており、持続性がない。建築形態操作によって持続性のあるアーキテクチュアをつくる。地域に根ざす集落的集合住宅の提案。

170
高以良 陽太　たかいら ようた
東京理科大学 工学部 第一部 建築学科
アメ横の胎盤
形骸化する建築と次なる場への更新

戦後の焼野原で発生した闇市をクリアランス(一掃)して建設された東京のアメ横センタービルを再び「原っぱ」へ還元する。形骸化した建築は新たな命を宿す胎盤となる。

173
山口 悠太　やまぐち ゆうた
北海道大学 工学部 環境社会工学科
再生と創造の間

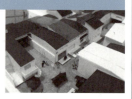

町家ブームの中、町家をリノベーション(改修)した店舗や町家風の住居が増える京都市都心部……。しかしそこには、職住の一体となった昔の生活は残らない。街並みの再生と創造の中で、人々の生活の場を考える。

174
木原 真慧　きはら まさと
大阪工業大学 工学部 建築学科
帯の閾
歴史を受け継ぎ未来へつなぐ番組小学校の再編

今ある機能を継承・維持・解体しながら建築をデザインしていくことで、縮小していく未来を許容する小学校を提案する。ここでは人々が関わりながら支え合い、交流を育み、永続的な地域の核として生まれ変わっていく。

175
南野 騰志　みなみの たかし
大阪市立大学 工学部 建築学科
Transstudio
あの塔の下に

電気が流れる塔がある。送電塔は街のあらゆる要素を横断していく。送電塔を建築することで、街の境界を貫く糸口とする。

176
野下 啓太　のした けいた
日本大学 理工学部 建築学科
闇の継承
闇市のスケールに基づいた街区インフラアーキテクチュア

闇市は日本の近代にとって非常に重要な遺産だと考える。闇市を新しい形で残していくことを目的とし、住空間と商業空間が、強い個性をもちながらも平等な空間が生まれるような建築を闇市のスケール(規模)に基づき設計。

179
伏見 啓希 （ふしみ ひろき）
近畿大学 建築学部 建築学科
高架下に集う

高架下は薄暗く、人が寄り付かない閉鎖的な環境となり、そこに都市の余白が発生する。都市の余白となる高架下に、周辺住民の活動によって、余白を埋める「建築と土木の融合」を考える。

187
小澤 拓夢 （おざわ たくむ）
芝浦工業大学 工学部 建築・土木学群 建築工学科
neoアメ横構想

唯一無二の商業空間である東京のアメ横を尊重しつつ、高度利用を目的とした全く新しい再開発の手法の提案。既存建築をリノベーション(改修)し、新たなボリューム(塊)を増築する。増築部分と既存建物が相互作用しつつ空間をつくる。

181
藤田 雅大 （ふじた まさひろ）
千葉大学 工学部 建築学科
道行きの双塔

近年の社会は死を単なる穢れととらえ、遠ざけ蓋をすることに専念してきた。しかし、死は誰もが迎える確実な未来であり、死を通すことによって生の意味を考えられるのではないだろうか。

190
常松 祐介 （つねまつ ゆうすけ）
東京大学 工学部 建築学科
会所地を立体化する

東京の上野広小路のかつての会所地を舞台に、商・住・宿が交錯する広場を設計する。テナントビルの立ち並ぶ広小路の街に、住と宿が挿入されることで、会所地を中心に街は生まれ変わる。

182
飯田 美帆 （いいだ みほ）
昭和女子大学 生活科学部 環境デザイン学科
崖上の劇場

「空想建築」と呼ばれる建築の範疇から着想を得て制作した。2つの大岩に橋のような建築を架り、空中に現実と空想の境界をつくる。建築は経年変化と植物の侵食により、やがて廃墟になり、新しい地面に変わっていく。

192
柴藪 綾介 （しばやぶ りょうすけ）
千葉大学 工学部 建築学科
軍靴の轟いた町へ

私が住んでいる町は「轟町」という。理由は、「かつて戦車や軍靴の音が轟いていたから」というものだった。学ぶということがどれだけ見ている景色を変容させるか、その力の大きさに気づかされた。

183
浅井 翔平 （あさい しょうへい）
滋賀県立大学 環境科学部 環境建築デザイン学科
都市、建築、再生

さまざまな問題を抱える都市。それは私たち人の生き方を変えることで変えることができる。利便性や快適性を重視するのではなく、生活の「質」を向上させることのできる建築、都市の再生法を提案する。
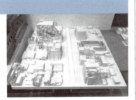

194
月森 健夫 （つきもり たけお）
名城大学 理工学部 建築学科
間借りの宿
街道再生計画

愛知県と岐阜県を結ぶ美濃路街道沿いの街は、近年、施設の充実した郊外のロードサイドに取って代わられ、衰退してしまった。街道沿いの空き家や民家に宿泊部屋を「間借り」したり、商店を利用した宿を建てることで街の再生をめざす。

184
陣 昂太郎 （じん こうたろう）
名古屋大学 工学部 環境土木・建築学科
マニアの巡礼

東京の靖国通り沿いのビル群は、時代を経て、効率化を求められ、より大きなビルに集約されつつある。神保町に残る人の身体性を感じられる空間を集積し、大きな流れへのカウンター(対抗)として新たな高層建築のビルディングタイプを提案する。

195
塩田 直哉 （しおだ なおや）
日本大学 生産工学部 建築工学科
舞台裏のわらしべ

280年に及ぶ熱気あふれる新潟市の地域文化「白根大凧合戦」。その製作過程では、わらしべ長者のように、細やかな材料から価値ある大凧へと昇華されていく。その製作現場のダイナミズムを顕在化し、この街の新しい情景を生み出す。

185
山岸 龍弘 （やまぎし たつひろ）
法政大学 デザイン工学部 建築学科
漂泊体
代謝する住処の提案

異なる器として計画されてきた住居と宿泊所。それぞれの内に存在する同質の振る舞いと体外的循環機能を交配することによって新たな住み方を、日本都市の縮図であり未来を映す東京山谷に提案する。住処は共同体から公共体へ。

196
宗 士淳 （そう しじゅん）
日本大学 生産工学部 建築工学科
巣
知覚空間を解く次元都市

日本大学大内研究室の研究結果から得た、東京の佃、月島地区住民の環境認知領域データ、大川端超高層集合住宅の各階層住民の認知領域と階層間の認知関係を使い、人間の認知領域と認知関係で決める超高層集合住宅街区を設計。

197
山本 千尋　やまもと　ちひろ
明治大学　理工学部　建築学科

SHOPPING PARADOX
倉庫街につくる次世代型商業施設の提案によるモノ・ヒト・都市の再構築

バーチャルなシステムが普及し、空間がキャンセル(取消)できるようになった。都市や建築が空間として必要とされるために建築の存在意義自体を再構築しなければいけない。中でも影響の著しい商業分野の再構築を試みる。

198
阪本 菜津子　さかもと　なつこ
東京都市大学　都市生活学部　都市生活学科

ルールから生まれるプラン

ルールから作る建築。どう組み合わせるかを決めたルールに従って記号を並べるとプラン(平面図)ができる。こんな簡単なことだけど、建築になる。どんな建築ができるかは、とりあえず手を動かしてみないとわからない。

199
冨安 達朗　とみやす　たつろう
法政大学　デザイン工学部　建築学科

さくらがおか観測装置

区画整理や都市計画により都市の風景や記憶は日々置換されている。しかし私たちはその変化に気づくことができない。そこで街の変化と変遷をとらえる手がかりとして、都市の基準点・観測点としての建築を考える。

200
平野 優太　ひらの　ゆうた
芝浦工業大学　工学部　建築・土木学群　建築学科

福島県小野町　石材工場の再生

「この工場が少しだけ良くなればいいのに」。この卒業設計は父の一言から始まった。その言葉が重くのしかかり、工場を中心とした自分の家の周りを考えるようになった。石屋の息子として、石の力で生まれた街を守る。

201
穴水 宏明　あなみず　ひろあき
千葉大学　工学部　建築学科

日常の交差

敷地は東京の多摩ニュータウン最後の農村。農村が近隣住民にとっても日常の一部となる枠組みをつくる。農村には都市生活にない暦の変化がある。それらを建築に表し、暦に応じて設えを替えることで都市の住民を迎え入れる。

203
髙橋 翔　たかはし　しょう
日本大学　理工学部　海洋建築工学科

新宿群中街
新宿ゴールデン街更新計画

時を生き続けた街、東京の新宿ゴールデン街。闇市、青線地帯、飲食街、そして、インターナショナルな街へ変わろうとしている中、街は不安定な状況にある。この街が未来へ残り続けるための方法を考える。

204
松田 茉利奈　まつだ　まりな
名城大学　理工学部　建築学科

15047の緑景

私は電車で旅をするのが好きある。でも同じ電車でも暗くうるさい地下鉄はあまり好きではない。それで私は、光を必要とし安らぎの効果がある緑と、本来もっている地下らしさで地下鉄の風景を設計した。

205
高橋 洸太　たかはし　こうた
千葉大学　工学部　建築学科

名付けられた碑

東京湾に浮ぶ無人島、「東京都中央防波堤埋立処分場」に112棟の環境循環装置を構想する。「機械」から「石碑」へ、「機能」から「メッセージ」へと移りゆくタイムカプセルのような建築。
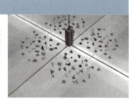

206
伊達 一穂　だて　かずほ
九州大学　芸術工学部　環境設計学科

転換する時層

広島県広島市に位置する旧広島陸軍被服支廠(出汐倉庫)のコンバージョン(用途転換)。家が密接する周囲の住宅街のスケール感に合わせて建物を区分し、倉庫の莫大な時層の余白を、多様な活動を受け入れる「がらんどうな空間」へと転換する。

207
森 知史　もり　さとし
東京理科大学　理工学部　建築学科

歪みの可視化

地下に存在する現在の災害対策施設は、人の目に触れることがなく、人から災害への意識を切り離しているのではないだろうか。このような公共空間を利用した災害対策用施設のあり方に警鐘を鳴らす。

209
大江 優司　おおえ　ゆうじ
法政大学　デザイン工学部　建築学科

YOKOHAMA未来予想図

鉄道開通時から終わらない工事を繰り返す横浜駅。この要因は人間の欲望によるものではないだろうか？　欲望を消化させる仕組みをつくり出すことで未来の都市の1つの可能性を提示する。

210

小野 直輝　おの　なおき
芝浦工業大学 工学部 建築・土木学群 建築学科

場所の記憶
登山道が再構築する軍事と観光の街

僕が育った街には富士山と自衛隊演習場がある。かつて富士登山の拠点として栄えたこの街は寂れ、自衛隊演習場によって冷たくなった。失われた登山道を再構築し、自衛隊施設と富士山をもつ街の新たな関係性をつくる。

218

渡邉 文彦　わたなべ　ふみひこ
近畿大学 工学部 建築学科

25m上のユートピア

日本に自由な独立国家をつくりたい。住む、自分の店を開く、アトリエを持つなどということは、地価や建物にかかる値段によって簡単にできることではない。それは自由を手にしていないと同じだ。

212

口野 貴　ひの　かずき
日本大学 生産工学部 建築工学科

都市中煙突ビル
街の或る黒い箱

ゴミ処理工場といった人と距離を置いた巨大建築は、どのように都市、そして人と生きていけるのか？ ゴミ処理工場とこれからの都市をつなぐ媒体としての煙突ビルを提案する。

219

岡本 隼樹　おかもと　しゅんき
芝浦工業大学 工学部 建築・土木学群 建築学科

Hideout Sequence
都市とゴミ処理場の接点の再編

近代以降、都市の風景は建築により分断されてきた。これに対し、都市の風景をつなぎ合わせる建築を提案する。都市の中で隔離されたゴミ処理場を中心に、都市のもつ多様性を集積し、分断された都市を再びつなぎ合せる。

213

内藤 佑　ないとう　たすく
京都工芸繊維大学 工芸科学部 造形科学域 デザイン・建築学課程

KURASHIKI HUB
倉敷駅前再開発による観光促進の提案

観光の促進を目的とした駅前の再開発を提案する。空洞化の進んだ駅前ビルの再建とバスターミナルの再編を行ない、岡山県倉敷市の観光拠点を新しく整備する。

220

山本 稜　やまもと　りょう
東京理科大学 工学部 第一部 建築学科

サイコロを用いたオートマティズム的建築思考
ビルディングタイプ批判から始まるフェティシズムへの目覚め

とても格好悪い機能論で語られる床面積至上主義の世の中を変えたい。突拍子もないやり方として、建築を転がすことのできるサイコロを手にする。そして、建築に住、光、土、風、愛（フェティシズム）を覚えさせる。

214

丸山 良太　まるやま　りょうた
東京理科大学 理工学部 建築学科

HOTEL SHINJUKU

私が生まれ育った街、東京の新宿。この街には歩くたびに変わる街並みがあり、多種多様な人が行き交う。現代における「泊まることが可能な建築」をまとめることで多種多様な人、風景が混在する新宿的な建築を計画する。

221

支 小咪　し　しょうまい
東京理科大学 工学部 第一部 建築学科

とある一族と建築家と村の話

全改築を前提に村の中心にある廃墟群をリノベーション（改修）することにより、縮小する一族の未来を許容した建築を提案する。村への人々の思いを反映した改修案をとおして、その地に根付いた建築を継承する意味を一族で共有する。

215

片山 京祐　かたやま　きょうすけ
法政大学 デザイン工学部 建築学科

窯の環
瀬戸のまちで学べること

愛知県瀬戸市は瀬戸物作りが生業の街で、歴史がある循環をつくった。街の本質を支えてきたその循環が止まった現代。新しい形で再びそれを軌道に乗せられるような瀬戸物、建築、都市、土木、自然の一体化を考えた。

223

櫻田 康太　さくらだ　こうた
首都大学東京 都市環境学部 都市環境学科

「さようなら」と「また会いましょう」のしかた

ゴルフ場に葬送施設と墓地公園を計画する提案である。「作業化して味気なくなった葬式」と「巨大化して個性がなくなった墓地」を「非日常的な祝祭性のある葬送」と「日常に近い、個性のある墓地公園」に変える。

216

野田 歩夢　のだ　あゆむ
芝浦工業大学 工学部 建築・土木学群 建築学科

くくりの姿
人の居場所としての建築

現在の生活は、人々の居場所が少ない。それを私は、「くくり」で解決する。「くくり」とは、何か共通項をもつ人たちのこと。「くくり」による居場所を建築で可視化する。「くくり」内の人が集まる場所を、「くくり」外の人も認知できる。

224

林 加奈　はやし　かな
東京藝術大学 美術学部 建築科

ショート・ショート・ショート

土地ごとの物語がどの街にも都市にもあるのだと思う。続いていく風景、変化していく風景のどちらも受け入れ、人々や大地からも愛され続けていく建築を考える。

225
榎本 奈奈 えのもと なな
室蘭工業大学 工学部 建築社会基盤系学科
矩形はうつろふ
田園の舎

農業体験者と地域の人たちの集まる場所。季節が移り変わり、装いを変えていくように、移動とともに、時間とともに領域や境界が変わっていく空間の提案。

232
大谷 美帆 おおや みほ　鈴木 登子 すずき とうこ　鈴木 弾 すずき だん
早稲田大学 創造理工学部 建築学科
想像寄港
紡ぎ続ける地域価値

来訪者の「想像」を蓄積して建築に展開することにより、その時代と場所の地域価値を表現する場として、フェリーターミナルと図書館の併設施設を設計した。この建築があり続けることで新たな地域価値を創出する。

226
木下 雄貴 きのした ゆうき
東洋大学 ライフデザイン学部 人間環境デザイン学科
URBAN SOIL
やがて都市の土になる

経済原理に基づき積層され高さを増す都市の建物群に対して、街路の姿はこのままで良いのだろうか。そこで都市動線を立体化し、街路、建物そして人との間に新たな関係性をもたらすためのインフラストラクチュアを提案する。

233
宮田 典和 みやた のりかず
東京理科大学 工学部 第一部 建築学科
下町の器

表層的な下町「らしさ」が現代の東京に依存し、イメージに基づいて景観がコントロールされていく下町に疑問をもった。景観ではなく空間で下町を解釈し、人々の暮らしや商いを包み込む「器」としての下町を、東京の葛飾区柴又に提案する。

228
野田 裕介 のだ ゆうすけ
大阪市立大学 工学部 建築学科
浸出都市
ホームレスから学ぶ住まい

「ホームレス」。彼らは都市から染み出たものを活用して生活する。都市に侵出し、街全体を活用して生活する住宅を提案する。

234
東野 健太 ひがしの けんた
大阪工業大学 工学部 建築学科
高野の酒場がつくる蔵

かつて日本の酒は寺院で作られ、信仰と共に地域に根付いてきた。大阪の河内長野も例外ではなく、その流れを受け継いだ酒蔵が存在している。長年地域に育てられた酒蔵だからこそ地域文化の発信の場となる。

229
藤岡 宗杜 ふじおか しゅうと
大阪工業大学 工学部 建築学科
雑居するパロール

開国を経て近代的発展を遂げた神戸に、移民の玄関口となり得る建築を提案する。移民は市民や観光客との交流を通して、ここで日本の文化や言語を学び、日本全国へと旅立つ。ヒトを受け入れる第2の開国が今始まる。

235
武山 加奈 たけやま かな
東北芸術工科大学 デザイン工学部 建築・環境デザイン学科
継承と再構築
小学校から考える集落の在り方

宮城県石巻市鮎川浜の核として住民の生涯を映してきた小学校を対象に、観光物産館と公民館の機能を組み合わせた小学校を設計する。

230
髙橋 衛 たかはし まもる
東京都市大学 工学部 建築学科
LINEAR MALL PROJECT
都市における流れや賑わいの立体的空間化

地方中心都市の再開発を利用した商業空間の新しい提案。現代と歴史とが断絶してしまった駅前の160,000m³の空間に、商業施設、美術館、大学、スポーツ施設、劇場、ホテル、バスターミナルなどの複合施設を計画する。

237
田村 桃子 たむら ももこ
富山大学 芸術文化学部 芸術文化学科
つむぎのタネ

子供たちが、おじいちゃんおばあちゃんと一緒に過ごす。当たり前のようで、当たり前ではなくなったこと。子供と高齢者の賑わいの声が街に広がる。人口減少と超高齢化問題に対して、異世代間の交流の場をつくる。

231
佐々木 広太郎 ささき こうたろう
東北工業大学 工学部 建築学科
空間の定義
自然との関わりを再考する

空間とは何かを考え、自然との関わりの中で人間の領域性を認識する場を考えた。

238
新家 佐和子 あらいえ さわこ
富山大学 芸術文化学部 芸術文化学科
都市における食品スーパーマーケットの提案

スーパーマーケットにおける新しいシステムと空間の提案である。コミュニティが生まれやすい場をつくることをめざす。

239
西澤 佳歩 （にしざわ かほ）
富山大学 芸術文化学部 芸術文化学科

果樹のための建築
長野県上田市における果樹と建築の新しい在り方

高齢化や若者の農業離れで果樹栽培は衰退。農地減少により私たちの原風景は失われていく。自分の大切な風景を残していくために、畑は、人は、建築は、どうあるべきか考える。五感で感じる、ふれあいのある建築の提案。

246
野倉 大輝 （のくら だいき）
名古屋大学 工学部 環境土木・建築学科

ひと ろじ まつり
路地が生み出す新たな関係

地域のコミュニティは衰退している。祭会館を作ることで観光客を集めるだけでなく、祭の練習ができる機能、地域の人たちが普段から使える機能を入れることで、地域コミュニティの再生を図る。

240
長谷川 敦大 （はせがわ のぶひろ）
明治大学 理工学部 建築学科

建築再構
現代住宅のアーキタイプ

ある住宅と10人の住人を対象に思考実験的な操作を行なう。それぞれの経験や記憶をもとに解体した住宅を編集する。これからの時代に描くべき新しい住宅の原型とは何なのか、再考する時が来ているのではないだろうか。

248
高橋 洋介 （たかはし ようすけ）
新潟大学 工学部 建設学科

まちとつながる園芸研究所

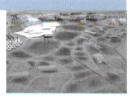

本計画は街から切り離された園芸研究所を開放し、地域住民の憩いの場とすることを目的とする。園芸研究所内を編集し、園芸作物と建築を用いて人々が親しみやすい空間をつくり上げる。

242
稲葉 来芙 （いなば くるみ）
日本大学 理工学部 建築学科

日本橋再計画
川を仰ぎ、下に昇る橋

東京に20代目の「日本橋」ができてから100年以上が経過したことで「日本橋」の象徴性は薄らぎ「渡るため」の橋でしかなくなってしまった。本提案は周辺環境を巻き込んだ、現代における「居るため」の「日本橋」である。

249
鯵坂 康平 （あじさか こうへい）
名古屋大学 工学部 環境土木・建築学科

地の記憶
知覧飛行場再生計画

鹿児島県にあるかつての知覧飛行場跡地を忘れてはならない記憶として大地から浮かび上がらせる。現在ある特攻平和会館の展示品を整理し、収蔵するスペースを備えた、戦没した特攻隊員の追悼施設を作る。

243
北村 将 （きたむら しょう）
名古屋大学 工学部 環境土木・建築学科

金魚水景のレリーフ
弥富市「金魚」複合施設計画

愛知県弥富市の水産試験場を、展示空間を併設する街に開放された研究施設に改造。弥富の原風景である水面に浮かぶ集落を思い起こさせる形で作り替える。同時に市内の養魚場を整備し、新たな水景をつくり出す。

250
高嶋 健伍 （たかしま けんご）
室蘭工業大学 工学部 建築社会基盤系学科

Behind the 4 grid
奥行きのある建築空間の提案

かつて日本建築には気持ちのよい奥行があった。札幌の均質なグリッド（方眼）に対して奥行のあるグリッドを挿入する。グリッドを二重に張り巡らせることで、均質な空間を崩す。

244
笠原 胡桃 （かさはら くるみ）
東北芸術工科大学 デザイン工学部 建築・環境デザイン学科

祖父母の家の改修
四季のリズムと風土を感じる

「祖父母の家」や「ゆかりの場所」、身内や近所のつながりと温かさがあることを大切に、山間地域ならではの四季のリズムや集落の魅力を感じながら、家族や仲間と一緒に行なう、祖父母の家の改修計画。

252
山口 裕香 （やまぐち ゆか）
千葉大学 工学部 建築学科

「生きる」から「活きる」へ
これからの人と団地を考える

住宅やオフィスといった用途を決めずに、集合体の大きさのみから建築を設計することで、廃墟化した埼玉県の松原団地の街に新しい指針を示す。

245
白鳥 大樹 （しらとり だいき）
東北工業大学 工学部 建築学科

未在

身体機能を奪われ、空虚な存在になっていく人々と、空虚な存在になろうとする人々、という交わることのない世界を重ね合せる。そこから現出した空間を現実に落とし、空虚化する人々の現実との距離を再定義する。

253
橋本 卓磨 （はしもと たくま）
兵庫県立大学 環境人間学部 環境デザインコース

帰る場所を失ったものたちに捧げる記憶としての痕跡
時間的再構築による事前復興の在り方

2度めの大震災を被ろうとしている地において、生きることとはどのような意味をもつのであろうか。懐かしさの記憶のないこの地にビッグデータをもとに、人の表層を形成する建築群を造形する。

254
中村 遥　なかむら はるか
東京理科大学 理工学部 建築学科

浦賀再開港
まちに響く汽笛

横浜から近い、横須賀市の浦賀ドック跡地の造船所跡地を生かし、現在は閉ざされている水際を街に開く。古くは船を受け止めてきた場所が人や物、風景を取り込んだ港として浦賀の中心となり、水際から街が賑わっていく。

255
鵜沢 信吾　うざわ しんご
日本工学院専門学校 建築設計科

「モノ」から始まる建築
谷中をまとう集合住宅

なぜ僕たちはこんなにも囲まれているのだろうか？　これまであった僕たちが良いと思うものと相交わらない強さをもってしまった。もっと人と、物と、歴史と……。さまざまなるモノと交わる弱いものを僕は作りたい。

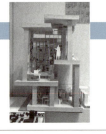

257
竹之内 眞菜　たけのうち まな
宮城大学 事業構想学部 デザイン情報学科

観る空間
演劇的空間が点在するまち

身体表現が抱える空間的特徴を演劇的空間と位置づけ、その演劇的空間を都市空間の中に落とし込み、人の動きを誘発する。また、演劇的空間の連続によって街の回遊性を向上させる。

258
福山 ふみの　ふくやま ふみの
芝浦工業大学 工学部 建築・土木学群 建築学科

優しい終い方
過疎地域における集落消滅までのデザイン設計

消滅可能性地域の拡大が問題視されている現代社会において、地域活性化は必ずしも正しい手段とは言えないだろう。私は、地域活性化とは真逆の、終わりを見据えた街のデザイン設計を提案する。

259
東田 夏海　とうでん なつみ
名古屋工業大学 工学部 第一部 建築・デザイン工学科

私のかえる街

私たちは学校、職場、家など常に集団に属している。しかし、時にそんな強制された集団に嫌気がさす。そこで集団からの帰り道の1つである地下鉄に、人とほどよい距離感をもつ居場所となるサードプレイスを提案する。

260
濱田 洋耀　はまだ ひろき
国際理工情報デザイン専門学校 建築設計科

100人の長屋暮らし
街と家の間に

便利で楽な暮らしは、人のコミュニティを低下させているのではないか。多少不便なほうが人とつながることも多くなる。「ちょっとお醤油貸して！」と言える、そんな長屋の生活をシェアハウスに取り入れたら……。

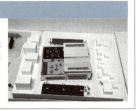

261
朴 正洙　ぱく じょんす
東京理科大学 工学部 第一部 建築学科

懸け橋
新大久保のパブリック

人々は互いに違う角度からものを見ている。その背景は、話をしてこそ理解することができるのではないか。場所と時間、そしてそれらによる状況を提供する建築を提案する。

262
坂口 佳　さかぐち けい
関西学院大学 総合政策学部 都市政策学科

下町商店街と高層建築の間で
お初天神通り商店街再開発計画

建築の高層化。居住効率を重視した高層なマンションが都心部に建てられている。しかし、こうした点的な開発は、周辺地域のコミュニティを縮小させるとともに、そこに住む人々の帰属意識を薄めているのではないか。

263
進藤 拓哉　しんどう たくや
京都大学 工学部 建築学科

SAKISHIMA PLATE

大阪湾に浮かぶ人工島、咲洲を再生するためのシンボルとなる建築を設計する。この建築は大阪や関西の観光の拠点となる。空を切り取り、人々のアクティビティ（活動）の標本となる建築である。

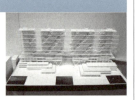

264
石本 遊大　いしもと ゆきひろ
芝浦工業大学 工学部 建築・土木学群 建築学科

新宿のあしもと
3つの減築手法によって生まれるまちの賑わい

3つの減築手法を用いて巨大な建物を街の中へ溶かしていく。人と都市の関わる表面積が増え、街の地形と人々の居場所がつくり出される。減じることで都市を更新する時代へ、新しい建築デザイン手法の提案。

266
津久井 森見　つくい もりみ
慶應義塾大学 環境情報学部 環境情報学科

W,W,W = WORLD WIDE WHEREABOUTS

コンテナを住居用にコンバージョン（用途転換）し、世界的な住宅の需給不均衡を防ぐ仕組みをつくる。「WORLD, WIDE, WEB」が世界中の人々をつないだように、「WORLD, WIDE, WHEREABOUTS」は世界の土地をつなぐ。

268
細川 奈未　ほそかわ なみ
新潟大学 工学部 建設学科

綻びを紡ぐ、境界のよすが

商店街のミセには暮らしと街をつなぐ力があり、利益を得ること以上に公共性をはらんでいる。トオリやニワを「境界のよすが（＝手がかり）」として綻びが生じ、減少する商店街に増殖する公共空間を提案する。

272
菊池 毅　きくち つよし
日本大学 理工学部 建築学科

14-STORY BUILDING
都営西台アパートと明日の新都市への試論

集合住宅団地の空間資源を広義にとらえて更新する。団地を核として周囲の街とつながり、地域から都市単位へと広がる更新の可能性を設計する提案。更新により書き換えられる都市を「明日の新都市」と定義する。

279
坪井 里穂　つぼい りほ
日本大学 生産工学部 建築工学科

辿る都市
廃線とコンテナによる新しいアメニティの提案

工業地から一転、大規模再開発により発展する東京の豊洲。多くの人や物が行き交い、日々姿を変えるこの場所に、工業遺産である廃線跡と海上コンテナを用いて、とっかえひっかえできる建築都市を提案する。

273
渡辺 結衣　わたなべ ゆい
昭和女子大学 生活科学部 環境デザイン学科

島と舞う能

新潟県の佐渡島には能の文化が根付き、年寄りから子供まで200人以上の愛好家と、30以上の能舞台が現存する。島内で起きている能文化の活性化や、能舞台の維持管理を受け継ぐ活動の拠点となる能楽練習場の計画。

281　Y S
平良 千明　たいら ちあき
芝浦工業大学 工学部 建築・土木学群 建築学科

ワージ畑のチャンプルー
きび刈り隊から広がる交流施設の提案

沖縄文化はチャンプルー（混ざる）文化である。そのような沖縄を舞台として、全国各地から集いさとうきび収穫を援農する「きび刈り隊」と地域市民の「チャンプルーの場」を提案する。

274
庄子 利佳　しょうじ りか
神奈川大学 工学部 建築学科

家を広げる
小さな生活感からはじまる多層な都市空間の提案

私たちには、自分たちなりの暮らし方がある。都市に多く存在するマンション群は、退屈に感じる。そこで、単身者・高齢者が増える世に敷地境界線からはみ出すような「家を広げる」要素を与え、人々の生活を広げる。

282
村上 智可　むらかみ ちか
東洋大学 理工学部 建築学科

3色パレット
彩られた生活の塗りかえ

増え続ける認知症患者が、支障なく希望に満ちた生活を送るためのインテリアの設計と、施設に頼らずに生活するためのまちづくりの提案。

275
吉村 凌　よしむら りょう
日本大学 理工学部 建築学科

狂想曲第二番 仮象
図形楽譜の理論を用いた設計手法の提案

新しい設計手法を提案する。都市に対する解釈を仮象図とし、再度都市に返還する。図形楽譜の理論を用いることで、譜面を都市の風景に委託し、演奏に徹底した建築をめざす。

285　Y S
釜谷 潤　かまたに じゅん
千葉大学 工学部 建築学科

見立ての仮面

生活における利便性が過剰になった社会の物語。建築は仮面を被り、私たちはそれを何かに見立てはじめる。

276
亀岡 貴彦　かめおか たかひこ
神奈川大学 工学部 建築学科

築地さんぽ
築地市場移転後の跡地利用の提案

2016年に移転が決まった東京の築地市場。しかし、市場がなくなった築地を、これからも多くの人が訪れるような場所にしたい。そこで築地市場移転後の新しい築地を提案する。

287
内田 裕介　うちだ ゆうすけ
大阪大学 工学部 地球総合工学科

祭を紡ぎ、纏い、継承する

400年前に三重県の桑名に誕生し、継承されてきた石取祭が変わろうとしている……。さまざまな属性をもつ人々が混在する中で、祭を再確認し、誇りをもって次世代へ継承していける施設を提案する。

277
諏訪 匠　すわ たくみ
名城大学 理工学部 建築学科

Billboard City
広告の3次元化による未来の街路空間の構想

言わずと知れた観光地、東京の秋葉原。その個性を支えている壁面広告看板を0次元化させることで、街区と街区を結ぶ、立体的な広告による公共空間を提案する。看板屋の倅は、広告看板の未来を見る。

288　Y
小黒 由美　おぐろ ゆみ
千葉大学 工学部 建築学科

日常懐疑装置

当たり前だと思っている事実は簡単に覆る。その時、毎日のように通り過ぎている都市への疑いが生まれ、見えなかった部分が見えはじめる。都市が成長するたびに、日常への「疑い」を誘発する場が生成される。

289
櫻井 貴祥　さくらい　たかよし
名古屋工業大学 工学部 第一部 建築・デザイン工学科
浸る日常
沈水集落の再編

浸水が日常化しているスラム街。住人は屋根の上で、水が引くのを待つ。シェルターの機能を兼ね備えた建築により、避難の概念が日常に溶け込む新しいライフスタイルを提案する。住人の暮らしの質と防災意識を向上させる。

296
中村 駿介　なかむら　しゅんすけ
東京理科大学 理工学部 建築学科
谷を耕す坩堝
広場と建築の間の器

消費の魔の手に落ちた床が増殖していく東京の渋谷は、大量のボリューム(容量)に多種なコンテンツを詰め込み、街路に人々とアクティビティ(活動)をこぼしている。それらの受け皿となる建築をつくることで集うとは何か、場所性とは何かを問う。

290
額田 奈菜子　ぬかた　ななこ
京都工芸繊維大学 工芸科学部 造形科学域 デザイン・建築学課程
afterschool townscape
放課後をつなぐ街中立体公園

子供の目線で考えると放課後の過ごし方はもっと多様で開かれたものになるべきである。狭い空間に子供を長時間、閉じ込めるのではなく、街全体で学童保育の機能を果たす新しい放課後の形を提案する。

297
中居 和也　なかい　かずや
近畿大学 建築学部 建築学科
Borderless Art Museum
近江八幡 煉瓦工場再生計画

敷地は滋賀県の近江八幡の旧・中川煉瓦製造所である。歴史的背景をもつ遺構に、この地に根付くボーダレス・アートという美術を組み合わせ、コンバージョン(用途転換)により、この街に再び必要とされる建物として再構築する。

291
長尾 柚希　ながお　ゆき
成安造形大学 空間デザイン領域 住環境デザインコース
See the Light

決してとらえることのできない光とというものを、造形と現象を通して視覚的に見せるアート空間を提案する。空間を覆う山のような大屋根を設計し、自然と調和して地形の一部となるような造形をめざした。

299
杉山 颯俊　すぎやま　はやとし
金沢工業大学 環境・建築学部 建築デザイン学科
ダーティ・リアリズム療法
アスペルガー症候群者の自己治療空間

特定の分野に著しく集中力を発揮するが故に、普遍的な能力が欠如しているアスペルガー症候群者。普遍性と独創性を兼ねた人間性に近づけるために、資源ゴミ選別工場×更生施設を提案する。

292
竹森 健人　たけもり　けんと
関西学院大学 総合政策学部 都市政策学科
渡しのポリフォニー

誰のための土木か。人の気配が感じられない、街と水辺の隔絶となっている防潮堤に対し、家のような防潮堤を提案する。リビングに見立てた堤上は地域と外部の結節点となり、人々で賑わう多様な風景を生み出す。

300
宮﨑 信　みやざき　しん
神戸大学 工学部 建築学専攻・建築学科
都市の鎧
神戸三宮駅前再編へ

都市の焦燥に違和感を覚える。利便性を追求した建築というよくできたハコは人を内部に留め、都市空間はハコからハコへの移動のための場所でしかない。もっと人間的で自由な、余裕のある場所になるべきではないか。

293
木村 貴将　きむら　たかまさ
工学院大学 建築学部 建築デザイン学科
+Pocket
大地に沿った建築の連続が豊かな場を作る

建物が高密度に立ち並ぶ東京の西新宿に「ゆとり」を持たせるべく「Pocket」を挿入する。そして、建物が連続することで街が独自の地形を描き、新たな大地が生まれることを願う。

294
桑原 由貴　くわばら　ゆき
筑波大学 理工学群 社会工学類
共育
ともに育て、ともに育つ保育園

地域コミュニティが衰退する今、地域住民を「保育者」として受け入れる。子育てを通し、子供、保護者、そして地域そのものが共に育て、共に育つ。地域コミュニティの「新生」で互いに「育ちあう」保育園。

301
森 優也　もり　ゆうや
神戸大学 工学部 建築学専攻・建築学科
めぐりの縁

縮退を転機ととらえられない郊外住宅地。幼い頃から感じるこの街の原風景をもとに、そこに生涯を通して巡れるようなコミュニティの場を再生する。これからの郊外住宅地を「こども」をきっかけに考えてみる。

304
佐藤 駿 さとう しゅん
芝浦工業大学 デザイン工学部 デザイン工学科 建築・空間デザイン領域
間（あわい）の拠点
放射能汚染区域における避難令解除のその後

20XX年、放射能汚染区域における避難令が解除されたなら、汚染の爪痕は「空白」という不可視な形状で至る所に現れるだろう。建築にはそんな不可視な現象への打開策が秘められているのだと、僕は信じている。

305
伊藤 優太 いとう ゆうた
日本大学 生産工学部 建築工学科
常滑の器

焼き物の街、愛知県常滑市栄町の文化や暮らしを継承していくため、景観法のように形態などを表面的に真似るだけではなく、自身の身体的経験から読み取った空間の性質をもとに、その場に根付いたものづくりの拠点をつくる。

306
西野 翔 にしの しょう
東洋大学 理工学部 建築学科
NeoThroughArchitecture
無意識の構造体

スルーアーキテクチュアとは通過される建築であり、最も生活に馴染んだ建築であり、そして社会を取り巻く構造である。サービスエリアで土産を買うような緩い関係――お互いをスルーし合う関係こそが暮らしやすい社会をつくる。

307
井上 喜乃 いのうえ よしの
近畿大学 建築学部 建築学科
田舎のドリームとオリジナルの先に

チェーン展開する大型ショッピングモールが敷地内で娯楽や利便性を、商業的なドリームとして形体化させた空間は、地方のオリジナリティを希薄にする。本設計はそのような矛盾にスポットライトを当てたものである。

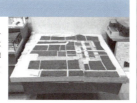

308
三上 陽平 みかみ ようへい
東京理科大学 理工学部 建築学科
路地に生きる

人の生活やアクティビティ（活動）が都市の重要な構成要素であるが、現在のタワーマンションでは、それがすべて建物内部に隠れてしまっている。昔の商店街のように、人々の生活行為を前面に出した建築。

309
小室 龍昭 こむろ たつあき
東京理科大学 理工学部 建築学科
余白な建築
その余白は風景を吸い込む

台湾人は余白を上手に使う。祖母の住む街は日本統治時代につくられた街区にあり、その家は台湾人の性格に合っていない。台湾人には多くの余白を内包する住宅がふさわしい。その余白は周りの色を吸い込み、周りに溶け込む。

310
小林 大陸 こばやし だいち
摂南大学 理工学部 建築学科
だれもいない 清水の舞台

カオス化された都市を誰もいない清水の舞台で変えたい。都市を再構築する際に敷地に合った大きさ、求められる機能の建築をS、M、L、XLのボリューム（規模）のクラスに分け、建築を建てることで都市を変える。

312
小林 航也 こばやし こうや
日本大学 工学部 建築学科
附路の桜閣

UAEのドバイの気候では、冷房によって建物の外皮に生じる結露から、水を生むという価値を見出せる。「床＜外皮」の建築の可能性を提示できる。水を生む超高層は内部・外部・周辺環境を巻き込み「一体」となる都市を形成する。

313
牧田 光 まきた ひかる
工学院大学 建築学部 建築デザイン学科
奥裏の集会市場
地域性を映し出す場・感じる場

かつて宿場街として賑わっていたが現在では主要交通が通り過ぎる場へと変化した街、静岡市由比。消えつつある街並みをデザインコードとして市場空間へ変換し、それぞれの交通と街をつなぎ、人々が集まる新たな市場を提案。

314
長谷川 理子 はせがわ りこ
東京理科大学 工学部 第二部 建築学科
縁
間合いを紡ぐ居場所

「散歩道の中の居場所」。敷地である潟周辺のもつデザインコードをもとに保育園と高齢者ケアセンターを設計する。散歩道のように帯状に続く空間の縁に園児と高齢者の交流、地域の交流が生まれる居場所ができる。

315
二瓶 賢人 にへい けんと
宇都宮大学 工学部 建設学科 建築学コース
第2のレイヤー 空中街区構想
警戒区域内のまちのカタチ

原発事故により失った土地。そこに残る数々の建物。そんな土地に2020年頃から出現したPC（プレキャスト・コンクリート）の閉じたチューブ。それが新たな街の足がかりとなる。50年後、人々はチューブから飛び出し、新たな街が始まる。

318
澤田 莉沙 さわだ りさ
大阪大学 工学部 地球総合工学科
on楽館

私たちは人生の中で必ず「音楽」に触れる。しかし、ヘッドホンで音を閉じ込めて聴いたり、楽器奏者には練習場所や時間の制限があったり、「楽しさ」が制限されているのではないだろうか。自由な音楽のきっかけの場をつくる。

3 1 9
鍛治田 祥尚 (かじた やすあき)
大阪市立大学 工学部 建築学科

大和郡山城跡高校
地方観光都市と文化財のあり方

現在、城跡は「表面上の冷凍保存」されることで形骸化している。しかし、保存や城の復元ではなく「城があった痕跡を残す」ことに本質があるのではないか。そこで、城の痕跡を感じ取る新しい文化学校を提案する。

3 2 0
山岡 義大 (やまおか よしひろ)
神戸大学 工学部 建築学専攻・建築学科

都市の居場所

現代の都市には「都市に開かれた」建築が多く、人との交流を生み、憩いの場になるとされているが、その多くは形骸化している。そこで、都市に対して閉じた形態をもつサードプレイスとしての建築を提案する。

3 2 1
宮嶋 春風 (みやじま はるか)　小松 萌 (こまつ めい)　北島 明 (きたじま あきら)
早稲田大学 創造理工学部 建築学科

次代の都市に暮らす
「動・漂・留」で生まれる都市の時間

都市の利便性の向上、均一化を都市本来の魅力を再認識する機会ととらえ、東京の品川で、都市に暮らす意義の本質を提示する。地域型インフラを担う「まちの駅」を計画し、「動・漂・留」により忘れていた時間の尺度を取り戻していく。

3 2 2
米澤 聡志 (よねざわ さとし)
大阪市立大学 工学部 建築学科

移ろいの丘
21世紀美術館ランドアート部門分館

現代アートは年々その活動の幅を広げている。敷地である金沢市の卯辰山は主要観光地に囲まれた自然公園である。この地にランドアートを対象とした現代美術館を計画する。山の斜面が鑑賞の場となるような建築の提案。

3 2 3
小刀 夏未 (こたち なつみ)
大阪大学 工学部 地球総合工学科

あなたへ

切り立った岩が覆う独特で美しい風景の広がる広島県の呉の街、しかしその背景には戦争という過去をもつ。表からうかがい知ることのできない埋もれてしまったこの地の歴史を、岩の裏側の空間が私たちに教えてくれる。

3 2 4
織 大起 (おり だいき)
千葉大学 工学部 建築学科

地図にない焦点

目的地と目的地を結ぶ移動。当たり前の日々の生活に移動は手段でしかなく、日々の記憶の空白地帯である。焦点の合わない移動空間に現れる都市の生態系と土地のエッジを顕在化し、記憶の空白地帯を埋めていく。

3 2 6
富樫 賢也 (とがし けんや)
新潟工科大学 工学部 建築学科

お家参り

祖母の死後、空き家となる築102年の祖母の家屋を、前向きな意義をもたせることで、今後も建ち続けるものにしたい。家屋を墓にコンバージョン(用途転換)し、新しい場をつくる。この建築は、家族の骨と、家屋の骨を埋めて美しく朽ちていく。

3 2 7
池田 薫 (いけだ かおる)
明治大学 理工学部 建築学科

層状都市を起こす／貫く：二子玉川における駅──都市の再編成

東京の二子玉川は層状の都市である。2つの堤防により川、住宅地、再開発地域の3層に分けられた都市空間。既存の駅の上と堤防沿いに地域のコミュニティの核となる学校を設計することで都市を再編する。

3 2 8
半澤 薫 (はんざわ かおる)
東京理科大学 理工学部 建築学科

かわりゆく街に寄り添う

最寄駅からバスで20分のところにある街、春野。そこは歴史の浅い埼玉県の郊外である。この街は今後住宅地としての役割を終え、姿を変えていくだろう。私はそこに、変わりゆく街に寄り添い共に変わる建築を建てる。

3 3 0
住吉 一起 (すみよし かずき)
大阪市立大学 工学部 建築学科

外側の避難所

社会から逃れた者の最後の受け皿であるドヤ街、大阪市西成区のあいりん地区。社会的包摂が推進されているにもかかわらず、いまだにあいりん地区の住人は社会から排除されている。外の世界に彼らだけの居場所を提案する。

3 3 1
髙原 三織 (たかはら みおり)
大阪市立大学 工学部 建築学科

水上製材所
木と水と人

「水中貯木場」は、水運によって日本の林業や木材業を支えてきた。しかし、技術の進歩や原木輸入の減少などにより、現在は未使用水面となっている。そこで、製材施設の新しいあり方として「水上製材所」を提案する。

3 3 2
辰己 祐輔 (たつみ ゆうすけ)
金沢工業大学 環境・建築学部 建築デザイン学科

プログラム・アンド・ビルド
拡張するまちの棲家

管理者が公を所有することでプログラムを多様に構築できる居場所。街を使いこなすことで生まれる新しい建築の姿。他人同士が家族になれるような「まちの棲家」を提案する。

333
仁科 智貴 (にしな ともき)
千葉大学 工学部 建築学科

レリーフ
風化することで生まれる書庫の提案

風化による変容を受け入れることで、建築のもつ「時間」を拡大させる。これは、誕生から、最期を迎えるまでの「時間」を考えた建築の提案である。

342
松田 克将 (まつだ かつまさ)
琉球大学 工学部 環境建設工学科

ナガシテタメテ
マングローブ林と72個の水タンク

本建築では、自然豊かな離島の埋め立てのあり方をテーマとしている。埋め立てによって起こる環境問題を建築物内部で解決し、さらに観光と都市の中心となる新たな島の玄関口を提案する。

335
桐谷 万奈人 (きりや まなと)
名城大学 理工学部 建築学科

歴史参詣熱田宮之圖

1900年の歴史の堆積を可視化する地下道を設計する。愛知県屈指の観光名所の1つ、熱田神宮にある旧参道と参道沿いの7つの歴史的構造物をつなげる。歴史を内包した道を作ることにより新たな神宮の顔が誕生する。

344
板倉 彰吾 (いたくら しょうご)
大阪大学 工学部 地球総合工学科

時と人に

政治への関心が2極化している現在、さまざまな対策が考えられているが、いまだ根本的な解決には至っていない。現・国会議事堂の中身を解体し、地下空間に図書館機能を合わせた新たな国会を提案する。

337
杉山 花梨 (すぎやま かりん)
芝浦工業大学 工学部 建築・土木学群 建築工学科

東京下町共同住宅
霞む場所性と建築の役割

私には「地元」と呼べる場所がない。暮らしている街のことなどほとんど何も知らない。東京はこのような「地元がない人」であふれ返っているように感じる。人と街との接点である建築が担うべき役割はどこにあるのだろうか。

345
内田 有香 (うちだ ゆか)
芝浦工業大学 工学部 建築・土木学群 建築学科

緑を溶かす
新しい、駅前空間の生かし方

駅前の建物により分断された緑あふれる空間をつなぎ、静岡県の三島らしい自然と密接にした建築を作った。中間領域である回廊を張り巡らせることで、緑を建物の中に溶かしていく。地域の再構築のモデルを示す。

339
大内 眞埋奈 (おおうち まりな)
東京工業大学 工学部 建築学科

木のまちの輪廻

東京都奥多摩町。フィールドワークの集積。生業の空間開示。林業のリズムと材のモジュール(単位寸法)によって支配された空間は、街の人々とその息遣いを共有する。「木のまちの輪廻」。

347
波多野 歩実 (はたの あゆみ)
富山大学 芸術文化学部 芸術文化学科

鋳物語
金屋町を事例とする定住者増加のための研究と提案

舞台となる富山県の金屋町はもう動き出している。私はその動きに沿って素敵な未来を想像してみた。

340
前田 祥明 (まえだ よしあき)
近畿大学 建築学部 建築学科

浸食する公園

近年の都市部では緑の重要性が見直されているが、都市部で見かける緑は表面的なものや人工的なものが多く、それは本来の緑とは言えない。そこで本来の緑と身近に関わることのできる場所を設計する。
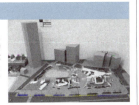

348
小林 和敬 (こばやし かずたか)
立命館大学 理工学部 建築都市デザイン学科

白妙の石楼

古来より富士山の山岳信仰のもと、登拝の玄関口として栄えていた山梨県富士吉田市。
寂れていく地方都市を野性的身体を呼び起こす霊峰の甦生計画によって、再興する。

341
種村 紘喜 (たねむら ひろき)
福井工業大学 工学部 建築生活環境学科

川の流れのように
旧草津川に流れる歴史と伝統工芸の姿

時代とともに継承されてきた伝統工芸。機械化の発達や人口減少による花丁工芸師の減少により、今後10年でどれだけのものが失われるのか？ この提案は、伝統工芸を残していくための1つの手段なのではないか？

349
町田 純一 (まちた じゅんいち)
神奈川大学 工学部 建築学科

継承する想い
秩父セメント第2工場の空き建屋における博物館の提案

谷口吉郎設計の旧・秩父セメント第2工場のコンバージョン(用途転換)。工場という閉じられた場所を地域に開き、地域住民に親しみをもってもらうことでセメント工場の歴史や記憶を残し、建物群として将来的に保存されるきっかけをつくる。

350　>>特別賞

平木 かおる　ひらき かおる
東京都市大学 工学部 建築学科

まなざしの在る場所
『写真のこころ』から読み解く視空間

作品としての写真を撮ること、見ること、価値を守り、愛でること。写真評論家、平木収著『写真のこころ』を読み解きながら、人のまなざしと、写真のための空間を考える。

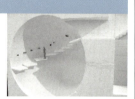

360

深田 隼人　ふかだ はやと
工学院大学 建築学部 建築デザイン学科

想いを醸成するワイナリー

果樹栽培によって支えられてきた、山梨県笛吹市境川町の衰退に抗うワイナリーの計画。来訪者を地域活動の参加者、運営者へと段階的に引き込み、この街への愛情と誇りをもつ、新たな仲間の輪を築いていく。

352

渡辺 杏奈　わたなべ あんな
千葉大学 工学部 建築学科

旋回するアプリオリ

ものが見えすぎて嫌になったとき、声が聞こえすぎて疲れたとき、わたしはアプリオリを旋回する。

362

伊藤 珠李　いとう じゅり
宮城大学 事業構想学部 デザイン情報学科

音をみる。
サウンドスケープデザインを踏まえて

目を閉じた時、いったい何が見えるだろうか。視覚情報を取り除いた時、そこには普段見えない音の世界が広がる。音にも色があり、景色がある。目で見えるものだけでなく、耳で聞こえるものと向き合ってみる。

353

鬼頭 美絵　きとう みえ
信州大学 工学部 建築学科

よみがえる、水辺の賑わい

都市開発の中で姿を消した城の堀。かつては街の中心として、また憩いの場として常に賑わう水辺空間だった。堀を復元し、水辺と一体化した美術館を設計する。寂れた地方中心市街地に賑わいと誇りを取り戻す。

363

加藤 鈴菜　かとう れいな
琉球大学 工学部 環境建設工学科

季節感へのコンプレックス
建築の植物化

本計画は、沖縄で過ごす中で生まれた季節感へのコンプレックスを原動力とするものである。新たな季節感をつくり出すために、地域に根ざした行事を念頭に置いて周期を設定し、それに合わせて変化する建築を提案する。

354

谷口 和広　たにぐち かずひろ
九州大学 工学部 建築学科

編む建築

い草という畳表に使われる素材を用いて、建築空間の新しい成り立ち方を提案する。い草を編んだ生地によって建築空間を編む。そこから従来の建築空間とは違うものを見出す。

366　>>日本二

元村 文春　もとむら ふみはる
九州産業大学 工学部 建築学科

金魚の水荘
街を彩る金魚屋さん

金魚の郷、熊本県長洲町。長洲町には、たくさんの養魚場があり、街の独特な風景をつくり出している。この金魚の住処に注目し、隠れて見えづらかったものを顕在化する。小さな金魚の住処から、新たな街の風景を考える。

355

三井 貴裕　みつい たかひろ
神戸大学 工学部 建築学専攻・建築学科

日本再考

グローバル化が進む社会の中で、日本はどのようにして自国の独自性を維持していくのだろう。日本文化を研究し発信する施設を東京の上野に計画し、今後の日本のあり方を考える。

367

岡部 絢子　おかべ あやこ
東京都市大学 工学部 建築学科

子育ての芽

ある日、子供は親の仕事の都合に関係なく熱を出す。保育園に預けることのできない子供のために親は仕事を休み会社にいづらくなる。そこで、仕事を休めない共働きの親の代わりに病児の面倒をみる場所を提案する。

358

奥村 光城　おくむら こうき
九州大学 工学部 建築学科

異邦人の箱

コルビュジエのモデュロールは1,829mmという1人の身長をもとにつくられたものだった。多様な人種、価値観が共存する現代において、空間の寸法は人間にとってどうあるべきなのか。

369

吉田 宗弘　よしだ むねひろ
慶應義塾大学 環境情報学部 環境情報学科

公開基礎空地群

人口減少社会の中でも、人口が増加する新興住宅街。既存住宅の「基礎」を公開空地のように公に開くことはできないだろうか。新たな「家揚げ(移動工事)」の手法とそれによりできるであろう豊かな都市像を提案する。

370
大崎 圭祐　おおさき　けいすけ
大阪大学 工学部 地球総合工学科
The ark of city

人の自然への憧憬は公園という形を介して、「ユートピア」として街に存在していた。人口減少が進めば、公園の立場も変わるだろう。
単に疑似自然を再現する場所から次の段階に進んだ、都市縮退の時代における新しい公園のあり方を模索する。

376
太田 悠香　おおた　ゆか
工学院大学 建築学部 建築デザイン学科
いどばた
うつろうまちの大工の学校

祭事の街、長野県の下諏訪町。祭事の日は活気があふれる反面、日常は寂れ、祭にも影響が出ている。街の大小の変化に対応する大工の学校を提案することで、日常・非日常を問わず賑わいある街をめざす。

371
山西 輝　やまにし　ひかる
信州大学 工学部 建築学科
じもから京・ぱきのおぢ駅

駅前活性化を目的とした、地域施設の合築による長野県の小諸駅の建替え計画。街との境界壁を減らし、どこか家っぽさをもつ駅に。街の玄関口にふさわしく小諸の特徴があふれ、地域交流拠点となる駅の提案。

377
尼崎 帆夏美　あまさき　はなみ
和歌山大学 システム工学部 環境システム学科
距離の再編

日雇い労働者が多く住む大阪のあいりん地区に、さまざまな人々が交わる場をつくる。

372
岩間 夏希　いわま　なつき
信州大学 工学部 建築学科
FOREST MUSEUM
芸術館がつくる森

「芸術のまち」長野県安曇野市にコンサートホールを核とした芸術館を計画する。みすみすしい森の中に滞在するように、外部と内部が入り組む。自然豊かな安曇野らしい、「ひと・もの」とのつながり方の提案。

378
小林 泰典　こばやし　やすのり
千葉大学 工学部 建築学科
neo librarism

情報化が進む社会。メディアの基盤となる図書館空間はどのように変化していくのか。情報媒体の変化が空間に与える影響を考える。

373
早川 凌平　はやかわ　りょうへい
関西大学 環境都市工学部 建築学科
縦の風景の象徴

神戸の横と縦の風景。横の発展は縦の切断を生み大切な縦の風景が埋もれつつある。縦は横をつなぎ、場所の力と縦の風景が断片的に存在する複合的な風景。そんな神戸の「ゲニウス・ロキ(地霊)」を映し出し、縦の風景を取り戻す。

379
小林 周平　こばやし　しゅうへい
東洋大学 理工学部 建築学科
皇居超未来都市計画
超未来における東京23区都市改造

南極の氷はすべて溶け、海面上昇は止まらない。水に沈んでしまう東京で、東京23区の人々を東京の中心である皇居に住まわせ、自然によって人が住めなくなった東京の未来都市を計画する。

374
工藤 遼一　くどう　りょういち
北海学園大学 工学部 建築学科
跡と址
人の歩んだ軌跡

北海道小樽市は古い歴史をもち、観光地として有名である。しかし繁栄当時の住宅は老朽化し、現在、取壊しが進んでいる。そんな歴史の詰まった住宅をリノベーション(改修)し、後世へ残していく建築を提案する。

380
泰川 恵多朗　やすかわ　けいたろう
新潟大学 工学部 建設学科
童ぬ杜

高齢化過疎化が進む沖縄県宮古島市字狩俣。居住区域と森の境、ウヤガン祭の動線上に子供の遊び場「杜」を計画する。杜を通じて子供たちは伝統祭祀に参加し、やがて杜は学校となる。未来の狩俣のための計画。

375
古澤 えり　ふるさわ　えり
東京大学 工学部 建築学科
√六本木

都心部に生え続けるチョウコウソウビルディングを、どこまでも建築的に解くための提案。

383
金箱 彰　かねばこ　あきら
新潟大学 工学部 建設学科
舟小屋のある風景

集落に現存する舟小屋を中心とする建物を、護岸建設以前の海水域でつなぎ合わせ、1つの施設群とする。舟小屋、漁場を内包した漁師、集落の住民、来訪者、海をつなぐ6次産業の拠点を計画する。

385
内海 友博　うちかい　ともひろ
東洋大学　理工学部　建築学科

Utopia mall
近未来型集落の提案

廃墟化したショッピングモールに消費や生産、居住が一体となった近未来型の集落のような都市を提案する。日本の郊外における地域性とノスタルジーをもつこの場所は、現代の郊外住民にとってユートピアなのである。

386
合田 知代　ごうだ　ともよ
京都造形芸術大学　芸術学部　環境デザイン学科

小さな商い、大きな複合

ものづくりを続ける町工場と周辺で暮らす人たちとの間に「小さな商い」を設計。住人の共有の場を街の中に点在させ、生産から消費までの関係をつなげることで地域の今後を継続していく計画。

387
勝 孝　かつ　たかし
京都工芸繊維大学　工芸科学部　造形科学域 デザイン・建築学課程

更新
都市の地下インフラの新しい在り方

膨大な地下空間を残す、京都市の山ノ内浄水場跡地。厚さ1.5m、高さ5mのコンクリートで囲まれた地下遺構を活用し、地下を中心とした新たなインフラのあり方を提案。インフラと社会の新たな関係性を構築する。

388
常川 雄太　つねかわ　ゆうた
新潟大学　工学部　建設学科

湯けむりに誘われて

かつて医療の一環として活用されていた温泉を再び活用し、さまざまな人が集い、つながり、癒される場所を提案する。日常生活から解放された人々は、湯や人の温かみによって心身ともに健康になっていく。

389
井ノ口 果穂　いのぐち　かほ
武庫川女子大学　生活環境学部　建築学科

A GARBAGE SQUARE

迷惑施設とされる清掃工場が生活の場から遠ざけられ、不要物がゴミとして安易に捨てられ、ゴミを排出した後のことを生活者が忘れがちな現代。人々が日常的にゴミの問題を意識することができる場を提案する。

391
大野 智佳　おおの　ともか
東京理科大学　工学部　第一部　建築学科

街に消える小学校

子供は、何でもない場所に世界をつくることができる。小学校を街の中に解放する。街の余白に子供たちの世界があふれ、それに呼応して街の人も余白に世界をつくり出す。小学校を「ほどく」ことで、街を結んでいく。

392
山村 和美　やまむら　かずみ
京都造形芸術大学　芸術学部　環境デザイン学科

鴨川ΔハレΔ舞台

京都の鴨川デルタにみんなが作る仮設の舞台の提案。毎年9～11月の期間に舞台が立ち上がる。祭の振る舞いのような工法自体が京都の季節のイベントになり、新たな風景をつくり出していく。

393
田原 健太　たはら　けんた
九州産業大学　工学部　建築学科

開き家
増える空き家、豊かになる生活

空き家を街に対し開いていく。空き家を減築し補強することで、街の中に光と風を通し、緑を広げ、新たな場を再編していく提案。空き家が増えるたびに街の緑が広がり、生活が豊かになっていく。

394　>>日本一　Y S F
小黒 日香理　おぐろ　ひかり
日本女子大学　家政学部　住居学科

初音こども園

都市で育つ子供のための建築。マチのなかでいろいろな人と出会うとき、小さな生き物に触れるとき、走りまわって遊ぶとき、子供たちが、はじめて都市を感じる瞬間に私はそっと手を差し伸べたい。

395
新谷 明日香　しんがい　あすか
九州産業大学　工学部　建築学科

文化地区の両面（ふたおもて）
通える舞台の提案

最後に舞台芸術を観に行ったのはいつですか？さまざまな歴史をもちながらも、常に更新される文化芸能活動。人々の文化芸能に触れる機会が少ないと感じ、日常場面に現れる舞台を設計した。思い出に残る舞台の1つとなるように。

397
達 吉洋　たつ　よしひろ
法政大学　デザイン工学部　建築学科

梅の再始点
点在する梅文化センター

梅の失われた梅の公園、今年秋から再び植樹が始まる。再生まで十数年かかる生育段階の間に、この土地と人に梅を定着させるには、成長を見守り楽しむ場所が必要である。梅文化を学ぶ建築が点在し、梅と人とをつなぐ。

398
新冨 凌汰　しんとみ　りょうた
千葉大学　工学部　建築学科

続きの町へ

郊外住宅地のこれから。人口減少という事実がある以上、「衰退」も変化の1つの選択肢として計画に組み込む。流動的な変化に対してコンテナを用いた新たな郊外住宅地像を提案する。

400

岡田 政英　おかだ まさひで
多摩美術大学 美術学部 環境デザイン学科

apartment houses HOME

高齢者の孤独死や孤立化が問題視される今日、住民同士の交流や認知がますます必要とされている。私は住宅が集まった集合住宅を1つの家、住人を1つの大きな家族として感じられるような建築を設計した。

408

大原 一葉　おおはら かずは
和歌山大学 システム工学部 環境システム学科

朽ちるを愛でる

美術館には作品を保存し、原型を保つことを良しとする価値観がある。日本庭園や古民家のように、古びること、朽ちることの美しさを愉しむものがあっても良いのではないか。

409 (Y)

寺岡 波瑠　てらおか はる
名城大学 理工学部 建築学科

同じ景色を見て、私は笑いた姉は泣いてた
私性による集合的記憶の再構成

近代産業遺産の価値とは？ ある造船所を題材にしてさまざまな時代に詠まれた短歌を利用した建築を考えた。真実の価値と建築の可能性の探求に私は没頭した。

403

土屋 柚貴　つちや ゆき
東洋大学 理工学部 建築学科

晴織る

「閉鎖」「隔離」「管理」……。堅牢な建築に必ずしも価値があるわけではない、と、姉との生活は教えてくれた。「外環境=晴れ」を織り込み、統合失調症患者のための「羽織る場」を描く。

410 (Y)

横江 優太　よこえ ゆうた
首都大学東京 都市環境学部 都市環境学科

すきまのある集合住宅

都内の賃貸住宅の半数を占めるのは単身者住戸だが、空間は閉鎖的だ。そこで、ここに「すきま」を挿入し、人々の交流を生む。美大生や音大生が生活する単身者住戸のポテンシャル(潜在力)を引き出し、周辺の商店街に活気をもたらす提案。

405

橋本 悠希　はしもと ゆうき
九州産業大学 工学部 建築学科

ここで夏をすごしませんか？
避暑地の提案

私の地元にはダムがある。普段の生活とはかけ離れたもの。しかし、夏はダムの冷気が風に乗って運ばれ自然のクーラーとして涼むことができる。夏、海や鍾乳洞に行くようにダムの近くで涼める場所を提案。
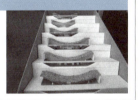

411

大石 剛　おおいし たける
信州大学 工学部 建築学科

Promenade Garden

大学農学部構内の演習林の中を縫うように計画した植物園は、大学と地域をつなぐ媒介的役割をもつ。これにより大学と地域の結びつきが強化された憩いの場が発生し、今まで以上のより具体的な地域連携が可能になる。

406

宮武 純也　みやたけ じゅんや
信州大学 工学部 建築学科

拡散性ハコモノ博物館

博物館は重要な文化施設の1つである。しかし、今までは市民が訪れるという一方通行的な関係性であった。これに対して、街に溶け込み、街に溶け込まれる博物館を設計した。

413

田原迫 はるか　たはらさこ はるか
京都大学 工学部 建築学科

うつせみの
知覚する身体のための建築　モーリス・メルロ=ポンティ ラジオ講演1948年より

「建築は、世界とわたしの間にからだを取り戻す装置とならないだろうか」。メルロ=ポンティによる講演を題材に、「知覚する身体」のための建築を構想する。身体と精神、知覚と理性、生と死——。対立と優劣が溶ける場所。

407

山田 一眞　やまだ かずま
信州大学 工学部 建築学科

傾斜が構築する複合のかたち

積層建築という都市建築の基本モデルをもとにした、傾斜空間で構築する図書館と美術館。市民の活動の連続により、公共の場が鉛直方向に発生する。また、傾斜という特性によりプログラムのずれ、転換が生まれる。

414

染谷 和真　そめや かずま
工学院大学 建築学部 建築デザイン学科

マチいっぱいに奏でる声
現代の新しい形の保育施設の提案

昔と違い人々が交流をしなくなった影響か、現代では多くの人々が子供の声までも騒音と感じてしまっている。そんな中、新しい保育施設の形として、交流を生むことで騒音問題を解消するこども園を提案する。

415
Paz Casado, David　ぱすかさど だう ぃど
摂南大学　理工学部　建築学科

テクノロジーパークが生み出す ソーシャルコネクション
大阪キタの新たな都市核

私はテクノロジー業界の促進のために、エマージング・タレント戦略（新鋭のデザイナーやブランドの展開）により、各企業の社会活動を統合する、創造テクノロジーエリアを提案したい。

416　Ⓨ Ⓢ
河中 宗一朗　かわなか しゅういちろう
北海学園大学　工学部　建築学科

湖水の景

北海道三笠市の桂沢湖。2020年度に完成予定のダム嵩上げ工事によって水没する運命にある湖畔の公園に、変化する水位に対応した新たな湖畔公園を提案する。

417
大内 冴　おおうち さえ
北海道芸術デザイン専門学校　国際建築工学　建築デザイン学科　建築士専攻

Plantrail

何気なく歩く場所に生えている植物が実は絶滅の危機にある種だった、ということがよくある。各地に広がるそんな発見を集結し、再生させることで水辺を緑豊かにする計画。

418
若杉 美由紀　わかすぎ みゆき　　仙田 諭史　せんだ さとし　　森崎 慧　もりさき けい
早稲田大学　創造理工学部　建築学科

防災の庭先
減築による都市更新の提案

木密地域（木造住宅密集地域）である東京の京島で、減築によって、自律的に防災拠点を創出する街の更新の提案。木密の危険な場所を減築・除却した街の余白に最小単位の避難庭、庭を街に展開させるための託児所と集合住宅を計画した。

420
藤澤 佑太　ふじさわ ゆうた
近畿大学　建築学部　建築学科

農村における公共空間の創出

兵庫県市川町は田園風景の広がる農村である。過疎化とともに離農者も増え、かつての活気を失っていく街。これからの農村のあり方を示し、いくつかの小さな拠点を起点としたまちづくりを試みる。

423
美藤 和也　びとう かずや
九州産業大学　工学部　建築学科

はじまりをたどる

愛媛県今治市関前諸島の岡村島は、平成7（1995）年に橋が架かり、5つの島の終着地となったため、観光客が増加傾向にある。海岸線を計画地とし、島のための建築を提案する。増えつつある観光客と島民を建築でつなぐ。

425
杉浦 友裕　すぎうら ともひろ
信州大学　工学部　建築学科

街に解く小学校

小学校の余裕教室と校舎間空間を活用し、小学校に特別教室と関連した地域施設を複合させる。地域の活動が児童の学校生活の背景となり、児童の学校生活が地域の活動の背景となるような見通しのよい関係を構築する。

426
竹中 敦哉　たけなか あつや
千葉大学　工学部　都市環境システム学科

渋谷広告おばけ

メディアテークは収蔵施設ではない。コミュニケーションを生む文化施設だ。メディアと空間とコミュニケーションを一体にしてアーカイブ（収蔵）する「渋谷広告おばけ」を提案する。

427　Ⓨ
瀬田 周平　せた しゅうへい
工学院大学　建築学部　建築デザイン学科

ARTPIA
瀬戸内アートの島々を結ぶ海の拠点

広島県の百島にアートとツーリストの拠点をつくる。瀬戸内を結ぶハブとして、生活の場とアトリエとして、ミュージアムとして、ここはアートの新しい前線基地となる。そしてそこは、どこにもない「ユートピア」となる。

428
五十嵐 愛実　いがらし あいみ
工学院大学　建築学部　建築デザイン学科

まなびのまち
廃校を活用した商業と教育の複合施設

廃校になった校舎を商業施設に活用した。さまざまな年代の人々が集まるこの施設で、子供たちが金銭のやり取りやサービスを学ぶ社会学習をしたり、近隣住民や他校の子供たちとコミュニケーションをとる場所を提案する。

429
大井 雅史　おおい まさふみ　　今津 文沙　いまづ みさ　　今井 梨花　いまい りか
早稲田大学　創造理工学部　建築学科

横浜ミレトス
横浜スタジアム　内陸ウォーターフロント

湾岸の賑わいを陸側へと引き込んだ新規のウォーターフロントを提案する。横浜の日本大通り、横浜公園、横浜スタジアムの3つの公共空間を同時に再開発し、海から街中へと連なるパブリックスペースの軸を形成した。

430
山口 将治　やまぐち まさはる
大阪市立大学　工学部　建築学科

谷のあそびミチ

遊びは子供の世界を豊かにする。一方で子供にはケガなどの危険がつきまとう。それでも子供は遊ぶ。自らの世界を広げるために。子供のためにできること。危険を取り払うことではなく、危険を理解させること。子供の世界を色付ける「遊び場」を提案する。

431
小松 寛征 (こまつ かんせい)
東海大学 工学部 建築学科
小岩闇市ベニスマーケット再び
見えない都市のヴォイドを可視化するメディアマーケット

かつて東京の小岩の街をつなぐ仮設都市空間であった闇市ベニスマーケットを現代に再生する。都市の裏にあるボイド(空白)に情報が行き交う道をつくって可視化し、街と人をつなぐメディアマーケットを提案する。

443
髙山 薫 (たかやま かおり)
武蔵野大学 環境学部 都市環境専攻
philosophia

東京の哲学堂公園「哲学の庭」のモチーフになった11人の人物。緑豊かな公園で「みえる・みえない」「ある・ない」「いる・いない」を体感する場所。生きる時代や生活スタイルが違っていても、ここにあるものは皆同じ。

432
川鍋 哲平 (かわなべ てっぺい)
千葉大学 工学部 建築学科
雨のち

精神疾患を負う患者の「社会復帰」を支援するグループホーム。過渡期にある現状から次の一歩を踏み出すための精神科グループホームを提案する。

445
黒田 紗由美 (くろだ さゆみ)
近畿大学 建築学部 建築学科
こふんぼう

大阪の允恭天皇陵古墳の周辺にあるほとんどの建物は古墳に対して閉ざされている。このことは、この土地に対して適切ではない。古墳の緑を取り込むような建物こそが古墳の周辺にあるべき建物である。

433
李 熙徳 (り ふぃど)
千葉大学 工学部 建築学科
都市の余白に
雑居ビル群コンバージョン計画

東京の岩本町にあるテナントオフィス群の中を商業施設にコンバージョン(用途転換)する。ビル間を行き来する来客と、入居中のオフィスワーカーとが混在することで、街に新たな賑わいが生まれる。

446
梅澤 佑太 (うめざわ ゆうた)
慶應義塾大学 環境情報学部 環境情報学科
SHIBUYA Dom-ino Model
資本主義が最も極端な形で現れる土地における建築原理とその行き着く未来

渋谷という広告により壁面と床面の価値が逆転した街では、「Dom-inoモデル」は合理性を失う。これは、行き過ぎた資本主義が支配する東京の渋谷という街における最も社会環境に適した建築原理と、その実践の提案である。

438 (Y)
三武 良輔 (みたけ りょうすけ)
東京理科大学 工学部 第一部 建築学科
Linear Sprawling Suburb
as a new model of suburban development

郊外が急速に発展しはじめたベトナムのホーチミン市郊外。均質的な郊外開発に代わり、都市のスプロール(無秩序・無計画に伸び拡がる)空間を幹線道路沿いに3次元的に展開させた、新しい郊外開発を提案する。

448 (Y)
大須賀 嵩幸 (おおすか たかゆき)
京都大学 工学部 建築学科
3f
次世代型自在展開式農場

水耕栽培の確立により、農業は土を必要としなくなった。今ここに、農業を土から解放する。本計画は赤道上に敷地を3つ設定し、新たな農場の姿を垣間見ようとする試みである。

439
富永 美彩子 (とみなが みさこ)
九州産業大学 工学部 住居・インテリア設計学科
漂う記憶
商店街の更新と人々の中にいきるかおり

何気ない瞬間、懐かしいと感じ思い出す「におい」の先にあるそれぞれの記憶。子供を中心に商店街の記憶を残すためのツールとして「におい」を用いる。形態としての記憶だけでなく、人の中に深く記憶されるための提案。

449
柳原 逸聖 (やなぎはら いっせい)
神戸芸術工科大学 芸術工学部 環境デザイン学科
道沿いの建築土木(ふうけい).kWh

滋賀県竜王町の幹線道路沿いのインフラを生かし、支柱を立て営農を継続しながら太陽光発電を行なう施設の計画。地方都市で乱開発されるメガソーラーを地域の工作物資源として生かし、農家の生業をアップデートする。

441
丸山 鉄朗 (まるやま てつろう)
東京工業大学 工学部 建築学科
GATEWAY for EXPRORERS＝NARITA

日本の玄関口「成田空港」、そこに「探検家の出発点」となるターミナルを計画。日本の空港に不足している「日本らしさ」や「単純な動線」を詰め込んだ作品を作った。ハイテクと日本伝統を融合したデザインにした。

452 (Y)(S)(F)
田中 太樹 (たなか たいじゅ)
芝浦工業大学 工学部 建築・土木学群 建築学科
劇テキ・サカ場
北区赤羽一番街の演劇を核としたコミュニティ空間の提案

混沌が人々を魅了する街、東京都北区赤羽。北区の個性、地場劇団の演劇を核とし酒場を取り込むことでコミュニティ空間を形成する。活気に満ちあふれたその場所は予期せぬ出会いや出来事を演出する都市装置となる。

453
岡田 真弥　おかだ　まさや
神戸芸術工科大学　芸術工学部　環境デザイン学科

とある棟割長屋の建替え計画
生きられた家に住みつくかたち

昭和元(1926)年に建てられた、大正末期の形式を強く感じさせる棟割長屋、すなわち「生きられた家」を賃貸住宅として建て替える計画である。「生きられた」から「生きられる」に向けて、新たな空間を獲得する。

465
庭山 隼拓　にわやま　はやた
総合学園ヒューマンアカデミー東京校　デザインカレッジインテリア＆空間デザイン専攻

僕と人を繋ぐ家

人とのつながりによる暮らしの提案。我々が暮らす家、そこに「生活の芯」を閉じ込めたことで、人と関わらずとも暮らしは成り立つ。外に出ること、人とつながること。外に無数に散らばる「生活の芯」。知らない人に会いに行こう。

454
佐藤 峻亮　さとう　しゅんすけ
立命館大学　理工学部　建築都市デザイン学科

ユビキタスの陽口

建築のあり方は社会に導かれ、ユビキタス(ネットワークですべてがつながる)社会においてもまた変わるだろう。人と情報の新たなインターフェースとなるプロトタイプを提案することで、ユビキタス社会に建築が呼応する。

466
吉田 昂平　よしだ　こうへい
北海学園大学　工学部　建築学科

つながる器

食料自給率1,100%の北海道、十勝地方。その中心都市である帯広に、6次産業化を促進する施設の提案。6次産業化を図ることで、昨今の社会状況が与える十勝への悪影響を地域の活力へと変換していきたい。

456
福島 大地　ふくしま　だいち
名城大学　理工学部　建築学科

苔むす柱
佐久島における養殖場の提案

近年、アートプロジェクトで活性化している愛知県の佐久島。次段階として人の定住化が求められる。そこで新たな仕事場として養殖場を提案する。海苔の養殖で用いる支柱を建築的要素とし、人と自然が共生した空間をつくる。

468
廣田 貴之　ひろた　たかゆき
大阪工業大学　工学部　建築学科

ツギハギ
「貸す－借りる」の関係が編むまち

「無駄」を省いてきた効率社会。これは評価軸を変えると有用な「資源」を捨ててきたとも言える。本提案は、地域に眠る「資源」を「貸す－借りる」という行為により「流通」させることで「つながり」を再生するものだ。

457
加藤 賢一　かとう　けんいち
芝浦工業大学　工学部　建築・土木学群　建築学科

みんなの家
除染廃棄物を用いた町の記憶の保存

私の故郷、福島県の楢葉町は放射能に汚染された。「除染」により私たちの生活の痕跡は放射能と共に削り取られ、「除染ゴミ」として疎まれている。故郷の表層(＝震災前の大切な記憶)で築かれた「みんなの家」を提案する。

471
武藤 真理子　むとう　まりこ
慶應義塾大学　環境情報学部　環境情報学科

アイダイドコロ
戸建住宅街改造計画

閉ざされた戸建住宅が立ち並ぶ退屈な住宅街に、住人の生活が漏れ出す場所「アイダイドコロ」を設置することで、コミュニティや街の個性が生まれていく。

462
原部 早穂　はらべ　さほ
北海道芸術デザイン専門学校　国際建築工学　建築デザイン学科　建築士専攻

SAPPORO METASITE

個々の記憶という形で都市の中にひっそりとアーカイブ(収蔵)されているものたち。その昔、用水路として人々をつないだ場所で、都市に点在する記憶という情報を媒体として人々をつなぐ、ノード(結び目)としての建築を提案する。

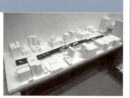

472
佐藤 未和　さとう　みわ
東北工業大学　工学部　建築学科

繋げる用水

仙台には昔、四ツ谷用水という生活水に使用されていた水があったが、今では工業用水として本流のみ流れている。現代における近隣問題を解決するべく、再び水を使った魅力的な空間により、近隣の新たな仕組みを提案する。

464
森泉 彩　もりいずみ　あやか
千葉大学　工学部　建築学科

人生意気に感ず

現在、日本の商店街は、大型店の出現やニーズの変化により全国的に衰退しつつある。木造ラーメン構造を用いたSI工法で店舗を更新し、2階に大学生のための住居を設けた、流動性の高い新しい商店街の基盤を提案する。

473
中村 健太郎　なかむら　けんたろう
慶應義塾大学　総合政策学部　総合政策学科

建築の生態学

過去半世紀を通して培われた設計方法論上の諸実践を相対化する、オルタナティブ(代替的)な設計思想と実践のあり方を構想する。本作品は、建築の「メタコード(コードを処理するためのコード)」である。

474
小池 潤　こいけ じゅん
立命館大学 理工学部 建築都市デザイン学科
河岸に浮舟　山練る蔵並
半田運河再生計画

「知多の半田は蔵の町、酒蔵、酢の蔵、木綿蔵」と謳われてきた愛知県半田市。近年、水質悪化などにより地域から疎まれる存在となった半田運河に、舟運により地域資源をつなぐ地域ネットワークを形成し、舟運の拠点施設として山車祭りや醸造食文化のコミュニティ施設を計画する。

475
南 嗣美　みなみ つぐみ
北海道科学大学 空間創造学部 建築学科
ポケットの中の怪獣

「情報」という肉体なき魂から生まれる圧倒的で神秘的な風景を、図書館を史料りることで呼び起こす。

483
高良 大樹　たから だいき
東京工芸大学 工学部 建築学科
孵化する都市
世帯と暮らしのrecomposition

住民たちが自ら組合をつくり、1つながりとなった街区を想定する。敷地に建つ既存の住宅から孵化するように、各世帯の暮らしが外にあふれ出し、家や敷地境界から外れた新たな暮らしが始まる。

485
白石 矩子　しらいし のりこ
東京電機大学 未来科学部 建築学科
鉄塔のある風景

千葉県の本納地域の地下深くにある天然ガスは、鉄塔によって掘られ街のエネルギー源となる。鉄塔のもとに集う人々は日々の生活、文化、歴史を紡ぐ。

486
澤田 侑樹　さわだ ゆうき
大阪市立大学 工学部 建築学科
災害と暮らす
小さな村の小さな防災

建築は津波に勝つことはできない。日本で最も高い津波が来る街で、暮らしの受け継ぎ方を提案する。

489
清水 万莉奈　しみず まりな
名古屋工業大学 工学部 第一部 建築・デザイン工学科
第2の始発点

都市空間において不必要とされ、その存在を放っておかれているモノ。それらに手を加えて再び都市の中で機能させるとともに、その過程に子供を関わらせ、モノに対する社会の認識を変える建築を提案する。

491
藤田 海斗　ふじた かいと
工学院大学 建築学部 建築デザイン学科
えびなの庭

現代において均質で快適な環境が提供される一方、日本人が大切にしてきた変化を空や土で感じることができなくなってきている。そこで、人が変化を再認識することができ、街においても均質化を阻止する提案を行なう。

493
土井 康永　どい やすなが
近畿大学 建築学部 建築学科
「地」になじむ
富田林歴史資料施設

大阪の南部、都心から少し離れた古い町家が今も残る富田林寺内町、重要伝統的建築物群保存地区に指定され、町家活用店舗が増えることで観光地化しつつあるここで、地元住民と来訪者が共存できる街のあり方を提案する。

494
伊藤 祐介　いとう ゆうすけ
芝浦工業大学 工学部 建築・土木学群 建築学科
寿町四千人住宅
公営被保護者共同住宅及び店子事業

対象敷地は横浜市中区寿町。現在は全人口7,442人の76%が生活保護受給者。本設計では、寿町のその特徴を活かし、中区にいる被保護世帯を寿町に集めて、被保護者が暮らしやすい環境をつくる。

495
関 隆史　せき たかし
東京電機大学 未来科学部 建築学科
剥離の海

豊かな生活を求め、土木で街と海をつないだ50年。人は砂と闘い続けたが、自然の力は強大で、異物を吐き出すように再び砂で埋め尽くされる。負けた技術は取り残され、剥がれたピースは歪み、街を変える。剥離した街に自戒の建築が建つ。

496
佐藤 仁美　さとう ひとみ
東京電機大学 未来科学部 建築学科
ほんをめくる、この街を読む
知る・考える・作るサイクルを生み出す、地域活動施設の提案

「人を導く建築」でこれからの公共施設のあり方を提案する。緑化し続けていくベッドタウンを敷地に、点在する公共施設を巡るように配置し、自然に人が進みたくなるような空間と連続した建物を設計した。

497
小知和 建吾　こちわ けんご
芝浦工業大学 工学部 建築・土木学群 建築学科
谷都を編む
モビリティがつなぐ人と環境

街はつながりを失ってしまった。横浜市磯子区の住宅密集地には住民たちのコミュニティスペースはなく、残された自然も街の裏側に隠れてしまった。街のつながりを取り戻すために、人と街をつなぐバス停を提案する。

498
御供 崇尚　みとも たかひさ　成井 至　なるい いたる　大岩 奈央　おおいわ なお
早稲田大学　創造理工学部　建築学科

大きな古時計

観光資源として利用される産業遺構に、現代における空間的な活用方法を提案する。新潟県佐渡島に現存する金山遺構の一部を内包する建築。再生可能な資源を貯蔵する大きな古時計、精神的な拠点、奥として位置づける。

506
坂本 陽太郎　さかもと ようたろう
東京大学　工学部　建築学科

浅草六区劇場群
ヒラキの再解釈として

故きものに新しきものが混ざり、全体として複雑で豊かな体験を実現する。そんな東京の浅草六区の盛り場空間を再解釈した、立体的なストリートに解放された現代の見世物小屋的劇場群。

499
大石 隆誠　おおいし りゅうせい
東京電機大学　未来科学部　建築学科

5.7kmのアーカイブ

都市を発展させた末、ローカル鉄道に将来、廃線となる可能性が1％でもあるのであれば、今のことだけではなく、その先について考えるべきである。そんな中で鉄道の記憶をどう残し継承していくか考える。

508
酒井 諒　さかい りょう
東京理科大学　理工学部　建築学科

具象的ノード
街をつなぎ、自然へと誘う

橋という土木的構造物に建築としての固有性を問う。対岸の街同士をつなぎ、都市から自然へと誘う具象的ノード(結び目)。街の賑わいを表象し拠点となる新たな橋のあり方を提案する。都市の日常生活の連続の中の非日常。

514
八島 由貴　やしま ゆき
宮城大学　事業構想学部　デザイン情報学科

森のチャペル
泉ヶ岳の環境を活かしたウエディングの提案

四季折々の緑豊かな自然に囲まれた「ハレ」の舞台として、宮城県の泉ヶ岳にリゾートチャペルを提案する。建物が雪景色に溶け込むランドスケープ(景観)を実現し、やさしい光と木の温もりが心地よい木造建築をめざす。

502
池 隆裕　いけ たかひろ
秋田県立大学　システム科学技術学部　建築環境システム学科

蔵再生計画
新たな時を刻み、まちにひらく

人と空間を多く必要としていた酒蔵では、酒造技術の近代化により、作業は省力化、空間は省スペース化されている。建築物ストックとして存在する蔵とその周辺の地域資源に着目し、新たな観光資源としての活用方法を提案する。

515
河合 玲奈　かわい れな
北海道大学　工学部　環境社会工学科

筒の余白、ひとの温度。
シモキタ再出発物語

鉄道地下化と道路の新設が進む東京の下北沢。街並みは建築的特徴によるのではなく、各建物の個性が滲み出てつくられる。「筒の余白」をその個性で埋め、未来に余白を残す。街を愛す主体である「ひとの温度」で染める。新たに愛される下北沢を。

503
竹内 悠　たけうち はるか
千葉大学　工学部　建築学科

まちの番頭さん

ある日見つけた、近所の古い銭湯。そこには人々を見守り続ける「番頭さん」がいた。今、存続の危機にある銭湯とその周辺に手を加え、多様な問題を抱える人々を見守る「番頭さん」のような空間を設計し、街の活性化を図る。

516
春山 祐樹　はるやま ゆうき
法政大学　デザイン工学部　建築学科

Contemporary Japanese Architecture Museum

子供でも知っている社会的出来事と建築の関係を知ってもらうことで建築をもっと多くの人に考えてもらい、感じてもらい、そして楽しんでもらえる、建築・空間・展示が一体となったミュージアムを設計する。

504
藤波 凌　ふじなみ りょう
工学院大学　建築学部　建築デザイン学科

RE: WORK
はたらくことの再考：これからのはたらく「場」とは

働くことが多様化し、「組織」から「個」へと変化していくこれからの働く場の提案。働く、休む、交わる、が1つの居場所として溶け合い、広がることによって、人々の振る舞いをより豊かなものへと広げていく。

517
大嶽 伸　おおたけ しん
名古屋工業大学　工学部　第一部　建築・デザイン工学科

綿雲ターミナル

敷地は名古屋の産業を支えた中川運河。物流の中心が水路から鉄道や陸路にシフトするにつれ運河を使う流れがなくなり、人々の生活から離れた産業遺構と化した。ここに都心部への新たな流れを生み出すターミナル空間を提案する。

518
今川 怜子 (いまがわ れいこ)
近畿大学 建築学部 建築学科
新しいカタチのホテル

3.11は多くの被害をもたらした。さまざまな手が施されたが、震災後にできることは限られている。事前に生活スペースを完備した常設の避難所のような空間を都市につくれないかと考えた。

528
加藤 彩季 (かとう あき)
京都大学 工学部 建築学科
遊園地を脱構築する語

遊園地は建築と言えるか。閉館し、毎日人々が訪れるようになった遊園地は、遊園地から建築になったのではないか。敷地から物語のきっかけを拾い上げ、それをもとに廃遊具を巡るホテルを作る。遊園地と建築の間の設計。

520
本山 真一朗 (もとやま しんいちろう)
東京理科大学 工学部 第一部 建築学科
祭雲の俤

その地域がまだ村だった頃から行なわれてきた祭礼は、変容していく都市に合わせて受け継がれてきた。本提案では現代化された平凡な都市に祭礼のための建築を挿入し、氏子全体を1つの祭礼のための街としてつくり上げる。

529
山下 悠太 (やました ゆうた)
千葉大学 工学部 建築学科
湖をあらためて見つめて

当たり前のようにたたずむ雄大な自然の恩恵を忘れ、自然を穢したことはないだろうか。資源はあくまで借り物である。この汚れてしまった湖を自然に還し、未来に渡しつなぐために、この地と関わる人に恵みをもたらす提案。

523
本間 万理 (ほんま まり)
慶應義塾大学 環境情報学部 環境情報学科
いろは会商店街更新
多重螺旋階段と並行世界

シャッター街の更新を促すリノベーション(改修)装置の提案。既存の店舗(兼住宅)の階段部分を二重螺旋にすることで内部空間を2つに完全に分解する。階段コア(建物の核)は、採光と換気と住人の干渉のコアにもなる。

531
片岡 さくら (かたおか さくら)
東北大学 工学部 建築・社会環境工学科
紙の園 はぐくむ すく つかう

手漉和紙の工房と住まいを設計する。仙台に伝わる柳生和紙に学びながら、原材料となる植物を育て、和紙を漉き、そして使うまでを一体となって行なう場所をつくる。

524
松島 宏治郎 (まつしま こうじろう)
東北大学 工学部 建築・社会環境工学科
空と海
ため池と棲むまち

人口減少が深刻となる香川県丸亀市のため池に棲まう提案。ため池のもつ水のつながりを街のつながりへと変えることで、小規模分散型のコミュニティをネットワーク化させる。

532
山崎 すみれ (やまざき すみれ)
千葉大学 工学部 建築学科
ディアスポラの丘に

私たちは今、街を見ていない。変化を傍観し受け入れることに慣れてしまった私たちが、ただただ新しいものを消費し続ける日々の向かう先に。

525
横尾 周 (よこお しゅう)
慶應義塾大学 総合政策学部 総合政策学科
子安山

木密地域(木造住宅密集地域)のような既存の再開発が難しいエリアに対し、漸進的合意形成プロセスを提案する。一般的な合意形成にかかる膨大な時間と労力を減らすだけでなく、街の風景を残しつつ面積を増やす手法を提案する。

533
上中 美紀 (かみなか みき)
近畿大学 建築学部 建築学科
くじらの町の水産海洋研究所

和歌山県太地町における「捕鯨問題の緩和」「水産業の振興」のための観光施設を含む水産海洋研究所の計画である。研究所と海を緩やかなスロープでつなぎ、養殖・飼育実験が研究所と連動していく。

527
内田 慎 (うちだ しん)
名城大学 理工学部 建築学科
金生山の緑橋

地域の活力として消費されている石灰の山、岐阜県の金生山。削られた形跡を残しつつ、この山を新しい地域の拠り所とし、自然に還すための建築を提案する。

534
宮本 凱土 (みやもと かいと)
東京都市大学 工学部 建築学科
Log
時代景の通過

度重なる増改築によって維持され続けている東京の上野駅。ここにあるLog(記録)を編集し集積する。過去のLogは未来の駅を指し示す地図となり人々の記憶の中にある駅を喚起する。時代を横断する建築。

535
門田 啓暉　もんでん　ひろき
大阪大学　工学部　地球総合工学科
僕らを隔てたのは大きな川と、巨大な鉄とコンクリートの塊でした。

河川をまたぐ橋の下の利用方法を考える。河川があること、橋が存在することによって生まれる空間。そこに図書館を挿入することにより、新たな「橋」のあり方を提案する。

540
増田 湧志　ますだ　わくし
大阪大学　工学部　地球総合工学科
地方の継ぎ方

兵庫県たつの市は「播磨の小京都」と呼ばれる城下町。観光シーズンに、街に点在する飲食店から週に何日か出張で来てもらうための、大きな食堂をたつの市龍野町の真ん中に作る。

536
水越 俊宇　みずこし　としいえ
筑波大学　芸術専門学群　デザイン専攻　建築デザイン領域
日本橋川、5つの光明

景観問題の代表例である東京の日本橋川と首都高速道路を題材として、都市の空間について再認識するための提案。首都高の都心環状線(C1)が老朽化して使われなくなった場合を想定し、高架を川の水上交通ターミナルとして再利用する。

542
小杉 真一朗　こすぎ　しんいちろう
日本大学　理工学部　建築学科
東京街道
既存線状空間を再編集した次世代型インフラストラクチャーの提案

既存インフラ・ネットワークをかいくぐりながら、自転車と歩行者のためのインフラストラクチュアを提案する。東海道五十三次を参照し、東京のレインボーブリッジと日本橋に2つの建築を作る。

537
鷲海 正輝　おしうみ　まさき
近畿大学　建築学部　建築学科
領域を紡ぐ都市核

領域をつなぎ、都市に一体化と多様性を生み出す建築を設計する。

538
田島 直挙　たじま　なおたか
東京電機大学　未来科学部　建築学科
share display
趣味・関心の可視化

現代、ネットという仮想的で見えないものの中に、個人の趣味や関心が可視化され、多数に共有されるコミュニケーションが生まれている。今日、逆にリアルな関係が生み出せる空間に意味があるのではないか。

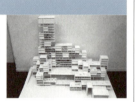

543
稲田 昌平　いなだ　しょうへい
佐賀大学　理工学部　都市工学科
TOUKA
全体を透過し、空間を等価する

熊本県人吉市の人吉駅を対象とする。石造りの人吉機関庫に対し、曖昧な空間を持ち、全体を透過し、新旧2つの空間を等価にする空間を提案する。

INDEX _ Name
出展者名索引

	よみがな	氏名	ID
あ	あいみ よしき	相見 良樹	050
	あおば さくら	青葉 桜	133
	あきなが りょう	秋永 凌	032
	あさい ようへい	浅井 翔平	183
	あじさか こうへい	鯵坂 康平	249
	あなみず ひろあき	穴水 宏明	201
	あまさき ほなみ	尼崎 帆夏美	377
	あらいえ さわこ	新家 佐和子	238
い	いいだ みほ	飯田 美帆	182
	いがらし あいみ	五十嵐 愛実	428
	いけ たかひろ	池 隆裕	502
	いけだ かおる	池田 薫	327
	いしかわ いっぺい	石川 一平	079
	いしかわ えり	石川 恵理	086
	いしもと ゆきひろ	石本 遊大	264
	いずたに かずき	泉谷 一輝	074
	いたい だいき	板井 大樹	016
	いたくら しょうご	板倉 彰吾	344
	いちかわ あやね	市川 綾香	113
	いちの さやか	市野 清香	139
	いとう じゅり	伊藤 珠李	362
	いとう ゆうすけ	伊藤 祐介	494
	いとう ゆうた	伊藤 優太	305
	いなだ しょうへい	稲田 昌平	543
	いなば くるみ	稲葉 来美	242
	いのうえ よしの	井上 喜乃	307
	いのぐち かほ	井ノ口 果穂	389
	いまい りか	今井 梨花	429
	いまがわ れいこ	今川 怜子	518
	いまだ ゆうき	今田 夕稀	110
	いまつ みさ	今津 文沙	429
	いわせ みお	岩瀬 美緒	116
	いわま なつき	岩間 夏希	372
う	うざわ しんご	鵜沢 信吾	255
	うちかい ともひろ	内海 友博	385
	うちだ しん	内田 慎	527
	うちだ ゆうすけ	内田 裕介	287
	うちだ ゆか	内田 有香	345
	うめざわ ゆうた	梅澤 佑太	446
え	えだもと しょうこ	枝元 翔子	128
	えのもと なな	榎本 奈奈	225
	えんどう あきら	遠藤 明	166
	えんどう まさやす	遠藤 正恭	040
お	おう しゅんさい	王 隽斉	003
	おおい まさふみ	大井 雅史	429
	おおいし たける	大石 剛	411
	おおいし りゅうせい	大石 隆誠	499
	おおいわ なお	大岩 奈央	498
	おおうち さえ	大内 冴	417
	おおうち まりな	大内 真理奈	339
	おおえ ゆうじ	大江 優司	209
	おおくぼ ゆうや	大久保 佑耶	085
	おおさき けいすけ	大崎 圭祐	370
	おおすか たかゆき	大須賀 嵩幸	448
	おおた みづき	太田 みづき	017
	おおた ゆか	太田 悠香	376
	おおたけ しん	大嶽 伸	517
	おおぬま みさこ	大沼 美朝子	058
	おおの ともか	大野 智佳	391
	おおはら かずは	大原 一葉	408
	おおまち かずや	大町 和也	082
	おおや みほ	大谷 羊帆	232
	おかだ まさひで	岡田 政英	400
	おかだ まさや	岡田 真弥	453
	おかべ あやこ	岡部 絢子	367
	おかもと しゅんき	岡本 隼樹	219
	おがわ りく	小川 理玖	055

	よみがな	氏名	ID
	おくむら こうき	奥村 光城	358
	おぐろ ひかり	小黒 日香理	394
	おぐろ ゆうみ	小黒 由実	288
	おざき たける	尾崎 健	149
	おざわ たくま	小澤 拓磨	187
	おしうみ まさき	鷲海 正輝	537
	おにづか くるみ	鬼塚 来未	008
	おの なおき	小野 直輝	210
	おのき あつき	小野木 敦紀	165
	おりた だいき	織 大起	324
	おりた ちあき	折田 千秋	162
か	かきうち みほこ	垣内 美帆子	097
	かさはら くるみ	笠原 胡桃	244
	かじた やすあき	鍛治田 祥尚	319
	かたおか さくら	片岡 さくら	531
	かたやま きょうすけ	片山 京祐	215
	かたやま ゆうき	片山 優樹	164
	かつ たかし	勝 孝	387
	かと しゅうへい	加登 柊平	054
	かとう あき	加藤 彩季	528
	かとう あや	加藤 采	126
	かとう けんいち	加藤 賢一	457
	かとう たいせい	加藤 大誠	153
	かとう れいな	加藤 鈴華	363
	かねこ ちほ	金子 千穂	020
	かねばこ あきら	金箱 彰	383
	かまたに じゅん	釜谷 潤	285
	かみなか みき	卜中 美紀	533
	かめおか たかひこ	亀岡 貴彦	276
	かわい ひろたか	川合 宏尚	141
	かわい れな	河合 玲奈	515
	かわさき みつよし	川崎 光克	027
	かわなか しゅういちろう	河中 宗一朗	416
	かわなべ てっぺい	川鍋 哲平	432
	かわもと りょう	川本 稜	092
	かん たつお	菅野 達夫	052
き	きくち つよし	菊池 毅	272
	きし そのみ	岸 苑実	078
	きたじま あきら	北島 明	321
	きたむら しょう	北村 将	243
	きとう みえ	鬼頭 美絵	353
	きのした ゆうき	木下 雄貴	226
	きはら まさと	木原 真慧	174
	きむら たかまさ	木村 貴将	293
	きむら ともみ	木村 友美	070
	きりや まなと	桐谷 万奈人	335
く	くさの しょうた	草野 祥太	081
	くどう りょういち	工藤 遼一	374
	くにきよ なおゆき	國清 尚之	029
	くまがい なおや	熊谷 直也	104
	くらかず かおり	倉員 香織	037
	くろだ さゆみ	黒田 紗由美	445
	くわばら ゆき	桑原 由貴	294
こ	こいえ もえこ	古家 萌子	103
	こいけ じゅん	小池 潤	474
	ごうだ ともよ	合田 知代	386
	こうの てつや	高野 哲也	090
	こうの ゆうた	河野 裕太	042
	こくぶ しょうご	国分 将吾	018
	こさか さとみ	小坂 諭美	103
	こすぎ しんいちろう	小杉 真一朗	542
	こたち なつみ	小刀 夏未	323
	こちわ けんご	小知和 建吾	497
	こばやし かずたか	小林 和敬	348
	こばやし こうや	小林 航也	312
	こばやし しゅうへい	小林 周平	379
	こばやし じゅんや	小林 洵也	102

	よみがな	氏名	ID
	こばやし だいち	小林 大陸	310
	こばやし やすのり	小林 泰典	378
	こま なつみ	高麗 夏実	077
	こまつ かんせい	小松 寛征	431
	こまつ めい	小松 萌	321
	こむろ たつあき	小室 龍昭	309
	こやま やすふみ	小山 恭史	151
	さいとう あき	斎藤 愛佳	165
さ	さかい りょう	酒井 諒	508
	さかぐち けい	坂口 佳	262
	さかもと なつこ	阪本 菜津子	198
	さかもと ようたろう	坂本 陽太郎	506
	さくらい たかよし	櫻井 貴祥	289
	さくらだ こうた	櫻田 康太	223
	ささき こうたろう	佐々木 広太郎	231
	さとう しゅん	佐藤 駿	304
	さとう しゅんすけ	佐藤 峻亮	454
	さとう ひとみ	佐藤 仁美	496
	さとう みわ	佐藤 未和	472
	さとう ゆうき	佐藤 由基	069
	さわだ ゆうき	澤田 侑樹	486
	さわだ りさ	澤田 莉沙	318
し	し しょうまい	支 小咪	221
	しおだ なおや	塩田 直哉	195
	しどう たくみ	志藤 拓巳	095
	しのはら ゆうき	篠原 裕貴	100
	しばやぶ りょうすけ	柴薮 綾介	192
	しみず まりな	清水 万莉奈	489
	しもかわ しょうへい	下川 翔平	127
	じょ かぎょう	徐 佳凝	010
	しょうじ りか	庄子 利佳	274
	しらいし のりこ	白石 矩子	485
	しらとり だいき	白鳥 大樹	245
	じん こうたろう	陣 昂太郎	184
	しんがい あすか	新谷 明日香	395
	しんどう たくや	進藤 拓哉	263
	しんとみ りょうた	新冨 凌汰	398
す	すぎ たくま	杉 拓磨	007
	すぎうら ともひろ	杉浦 友裕	425
	すぎやま かりん	杉山 花梨	337
	すぎやま はやとし	杉山 颯俊	299
	すずえ ゆうや	鈴江 佑弥	114
	すずき しゅんや	鈴木 俊哉	124
	すずき だん	鈴木 弾	232
	すずき とうこ	鈴木 登子	232
	すずき のぶひさ	鈴木 叙久	051
	すとう よしあき	須藤 嘉顕	109
	すみよし かずき	住吉 一起	330
	すわ たくみ	諏訪 匠	277
	すわき じゅんぺい	洲脇 純平	062
せ	せき たかし	関 隆史	495
	せた しゅうへい	瀬田 周平	427
	せんだ さとし	仙田 諭史	418
そ	そう しじゅん	宗 士淳	196
	そめや かずま	染谷 和真	414
た	たいら ちあき	平良 千明	281
	たおか ひろかず	田岡 宏和	024
	たから ようた	高以良 陽太	170
	たかしま りんご	高嶋 健仙	250
	たかなし まさひろ	高梨 真弘	146
	たかはし こうた	高橋 洸太	205
	たかはし しょう	髙橋 翔	203
	たかはし まもる	髙橋 衛	230
	たかはし ゆうすけ	高橋 佑輔	061
	たかはし ゆうた	高橋 祐太	067
	たかはし ようすけ	高橋 洋介	248
	たかはら みおり	髙原 三織	331

147

よみがな	氏名	ID
た		
たかやま かおり	髙山 薫	443
たから だいき	高良 大樹	483
たけうち はるか	竹内 悠	503
たけさわ ひろと	竹澤 洸人	110
たけなか あつや	竹中 敦哉	426
たけのうち まな	竹之内 眞菜	257
たけもり けんと	竹森 健人	292
たけや はじめ	武谷 創	001
たけやま かな	武山 加奈	235
たじま なおたか	田島 直挙	538
たじま もとき	田島 雅己	025
たつ よしひろ	達 吉洋	397
たつみ ゆうすけ	辰己 祐輔	332
だて かずほ	伊達 一穂	206
たなか けんいちろう	田中 健一郎	021
たなか たいじゅ	田中 太樹	452
たに だいぞう	谷 大蔵	014
たにぐち かずひろ	谷口 和広	354
たねむら ひろき	種村 紘喜	341
たはら けんた	田原 健太	393
たはらさこ はるか	田原迫 はるか	413
たむら ももこ	田村 桃子	237
ち		
ちば ゆうすけ	千葉 雄介	150
ちん きふん	陳 奇勲	045
つ		
つかごし まさき	塚越 仁貴	066
つきもり たけお	月森 健夫	194
つくい もりみ	津久井 森見	266
つちだ りょう	土田 稜	088
つちや ゆき	土屋 柚貴	403
つねかわ ゆうた	常川 雄太	388
つねまつ ゆうすけ	常松 祐介	190
つぼい りほ	坪井 里穂	279
て		
てらおか はる	寺岡 波瑠	409
と		
どい やすなが	土井 康永	493
とうでん なつみ	東田 夏海	259
とがし けんや	富樫 賢也	326
とだ ゆうと	戸田 勇登	080
とみなが みさこ	富永 美彩子	439
とみやす たつろう	冨安 達朗	199
な		
ないとう たすく	内藤 佑	213
なかい かずや	中居 和也	297
ながお ゆき	長尾 柚希	291
なかにし かいと	中西 海人	087
なかむら かつひろ	中村 勝広	130
なかむら きょうすけ	中村 教祐	148
なかむら けんたろう	中村 健太郎	473
なかむら しゅんすけ	中村 駿介	296
なかむら はるか	中村 遥	254
ながや みさき	長屋 美咲	117
ながやま いつき	永山 樹	084
なるい いたる	成井 至	498
に		
にしお たくま	西尾 拓真	115
にしくら しょうた	西蔵 祥大	138
にしざわ かほ	西澤 佳歩	239
にしな ともき	仁科 智貴	333
にしの しょう	西野 翔	306
にしむら ともや	西村 朋也	006
にしやま ふみあき	西山 史晃	089
にった べん	新田 ベン	007
にへい けんと	二瓶 賢人	315
にわやま はやた	庭山 隼拓	465
ぬ		
ぬかた ななこ	額田 奈菜子	290
の		
のくら だいき	野倉 大輝	246
のした けいた	野下 啓太	176
のじま じゅんぺい	野嶋 淳平	140
のだ あゆむ	野田 歩夢	216
のだ ゆうすけ	野田 裕介	228

よみがな	氏名	ID
のはら なおこ	野原 直子	022
は		
はぎのや さき	萩野谷 早紀	033
ぱく じょんす	朴 正洙	261
はしもと たくま	橋本 卓磨	253
はしもと ゆうき	橋本 悠希	405
はせがわ のぶひろ	長谷川 敦大	240
はせがわ りこ	長谷川 理子	314
はたの あゆみ	波多野 歩実	347
ばば ともみ	馬場 智美	013
はまだ ひろき	濱田 洋耀	260
はまもと さやか	濱本 清佳	072
はやかわ りょうへい	早川 凌平	373
はやし かずき	林 和希	002
はやし かな	林 加奈	224
はやし けんと	林 健斗	134
はらべ さほ	原部 早穂	462
はるやま ゆうき	春山 祐樹	516
はんざわ かおる	半澤 薫	328
ひ		
ひがしの けんた	東野 健太	234
びとう かずや	美藤 和也	423
ひの かずき	日野 一貴	212
ひらい ななこ	平井 七々子	007
ひらおか しおり	平岡 志織	129
ひらき かおる	平木 かおる	350
ひらの ゆうた	平野 優太	200
ひらやま ゆうき	平山 雄基	038
ひろた たかゆき	廣田 貴之	468
ひろはた ゆうき	廣畑 佑樹	073
ふ		
ふかだ はやと	深田 隼人	360
ふきぬき しょうへい	吹抜 祥平	011
ふくしま けいすけ	福島 啓奨	137
ふくしま だいち	福島 大地	456
ふくやま ふみの	福山 ふみの	258
ふじえだ たいき	藤枝 大樹	158
ふじおか しゅうと	藤岡 宗杜	229
ふじさわ ゆうた	藤澤 佑太	420
ふじた かいと	藤田 海斗	491
ふじた たく	藤田 拓	064
ふじた まさひろ	藤田 雅大	181
ふじなみ りょう	藤波 凌	504
ふしみ ひろき	伏見 啓希	179
ふじもと まさひろ	藤本 雅広	155
ふたしま とうた	二島 冬太	093
ふなはし ななこ	舟橋 菜々子	112
ふるさわ えり	古澤 えり	375
ほ		
ほそかわ なみ	細川 奈未	268
ほりべ よしき	堀部 芳樹	136
ほんま まり	本間 万理	523
ま		
まえしば ゆうや	前芝 優也	026
まえだ よしあき	前田 祥明	340
まきた ひかる	牧田 光	313
まきた りょう	牧田 涼	056
まきの ゆうや	牧野 佑哉	163
まごめ あゆむ	馬籠 歩	091
ますだ わくし	増田 湧志	540
まちだ じゅんいち	町田 純一	349
まつおか えみ	松岡 瑛美	162
まつしま こうじろう	松島 宏治郎	524
まつだ かつまさ	松田 克将	342
まつだ まりな	松田 茉利奈	204
まつばやし こうすけ	松林 幸佑	053
まみや なえこ	間宮 苗子	105
まるい しの	丸伊 紫仍	044
まるやま てつろう	丸山 鉄朗	441
まるやま りょうた	丸山 良太	214
み		
みかみ ようへい	三上 陽平	308
みずこし としいえ	水越 俊宇	536

よみがな	氏名	ID
みずの ゆめ	水野 由女	119
みたけ りょうすけ	三武 良輔	438
みつい たかし	三井 崇司	142
みつい たかひろ	三井 貴裕	355
みつや こうき	三屋 皓紀	154
みとも たかひさ	御供 崇尚	498
みなみ つぐみ	南 嗣美	475
みなみの たかし	南野 騰志	175
みやざき しん	宮崎 信	300
みやじま はるか	宮嶋 春風	321
みやた のりかず	宮田 典和	233
みやたけ じゅんや	宮武 純也	406
みやもと かいと	宮本 凱土	534
む		
むとう まりこ	武藤 真理子	471
むらかみ ちか	村上 智可	282
むらかみ ひろき	村上 裕貴	111
むらやま だいき	村山 大騎	107
も		
もちい ひでとし	持井 英敏	030
もとむら ふみはる	元村 文春	366
もとやま しんいちろう	本山 真一朗	520
もり さとし	森 知史	207
もり しゅうた	森 秀太	145
もり ゆうや	森 遊耶	065
もり ゆうや	森 優也	301
もりいずみ あやか	森泉 彩	464
もりさき けい	森崎 慧	418
もりた しゅういち	森田 秀一	039
もんでん ひろき	門田 啓暉	535
や		
やしま ゆき	八島 由貴	514
やすかわ けいたろう	泰川 恵多朗	380
やなぎはら いっせい	柳原 逸聖	449
やの ひかる	矢野 ひかる	036
やまおか よしひろ	山岡 義大	320
やまぎし たつひろ	山岸 龍弘	185
やまぐち くんぺい	山口 薫平	047
やまぐち まさはる	山口 将治	430
やまぐち ゆうた	山口 悠太	173
やまぐち ゆか	山口 裕香	252
やまざき すみれ	山崎 すみれ	532
やました なおゆき	山下 尚行	161
やました ゆうた	山下 悠太	529
やまだ あやね	山田 文音	131
やまだ かずま	山田 一眞	407
やまにし ひかる	山西 輝	371
やまむら かずみ	山村 和美	392
やまもと ちひろ	山本 千尋	197
やまもと ゆういち	山本 雄一	048
やまもと りょう	山本 稜	220
やまもり ひさむ	山森 久武	122
よ		
よこえ ゆうた	横江 優太	410
よこお しゅう	横尾 周	525
よしかわ なおや	吉川 尚哉	041
よしだ こうへい	吉田 昂平	466
よしだ むねひろ	吉田 宗弘	369
よしなが かずま	吉永 和真	147
よしむら りょう	吉村 凌	275
よねざわ さとし	米澤 聡志	322
り		
り ふぃど	李 煕徳	433
わ		
わかすぎ みゆき	若杉 美由紀	418
わたなべ あんな	渡辺 杏奈	352
わたなべ だいち	渡邊 大地	132
わたなべ ふみひこ	渡邉 文彦	218
わたなべ ゆい	渡辺 結衣	273
P		
ぱずかさど だゔぃど	Paz Casado, David (ダヴィド・パスカサド)	415

INDEX _ School
学校名索引

	学校名	ID
あ	愛知工業大学	107 142
	青山製図専門学校	045
	秋田県立大学	502
う	宇都宮大学	315
お	大分大学	016
	大阪大学	020 073 112 128 129 130 154 155 207 310 323 344 370 505 540
	大阪工業大学	024 030 050 062 074 082 114 174 229 234 468
	大阪市立大学	136 175 228 319 322 330 331 430 486
か	神奈川大学	159 276 278 348
	金沢工業大学	299 332
	関西大学	373
	関西学院大学	262 292
き	九州大学	001 029 037 093 140 206 354 358
	九州産業大学	366 393 395 405 423 439
	京都大学	002 003 011 021 092 095 097 131 147 263 413 448 528
	京都工芸繊維大学	038 162 165 213 290 387
	京都造形芸術大学	126 386 392
	近畿大学	028 064 069 179 218 297 307 340 470 445 493 518 533 537
け	慶應義塾大学	025 081 091 122 266 369 446 471 473 523 525
こ	工学院大学	110 293 313 360 376 414 427 428 491 504
	高知工科大学	018 053
	神戸大学	013 014 066 300 301 320 355
	神戸芸術工科大学	449 453
	国際理工情報デザイン専門学校	260
さ	佐賀大学	543
し	滋賀県立大学	183
	静岡文化芸術大学	152
	芝浦工業大学	065 187 200 210 216 219 258 264 281 304 337 345 452 457 494 497
	首都大学東京	223 410
	昭和女子大学	022 182 273
	信州大学	353 371 372 406 407 411 425
せ	成安造形大学	291
	摂南大学	310 415
そ	総合学園ヒューマンアカデミー東京校	465
た	多摩美術大学	400
ち	千葉大学	080 109 181 192 201 205 252 285 288 324 333 352 378 398 426 432 433 464 503 529 532
	千葉工業大学	127 132
つ	筑波大学	294 536
と	東海大学	431
	東京大学	010 190 375 506
	東京藝術大学	224
	東京工業大学	006 339
	東京工芸大学	441 483
	東京電機大学	087 485 495 496 499 538
	東京都市大学	058 077 084 086 111 115 145 198 230 350 367 534
	東京理科大学	047 070 072 164 166 170 207 214 220 221 233 254 261 296 308 309 314 328 391 438 508 520
	東北大学	027 032 041 044 078 100 524 531
	東北芸術工科大学	235 244
	東北工業大学	231 245 472
	東洋大学	033 051 056 163 226 282 306 379 385 403
	富山大学	008 237 238 239 347
	豊田工業高等専門学校	048
	豊橋技術科学大学	054
な	長岡造形大学	042 141
	名古屋大学	113 116 139 158 161 184 243 246 249
	名古屋工業大学	036 089 102 259 289 489 517
に	新潟大学	248 268 380 383 388
	新潟工科大学	137 326
	日本大学	017 039 052 067 146 149 150 151 176 195 196 203 212 242 272 275 279 305 312 542
	日本工学院専門学校	061 255
	日本女子大学	055 394
ひ	兵庫県立大学	253
ふ	福井工業大学	104 341
	法政大学	040 105 185 199 209 215 397 516
ほ	北海学園大学	374 416 466
	北海道大学	133 173 515
	北海道科学大学	475
	北海道芸術デザイン専門学校	417 462
ま	前橋工科大学	085 088
み	宮城大学	257 362 514
む	武庫川女子大学	389
	武蔵野大学	443
	室蘭工業大学	225 250
め	明治大学	148 197 240 327
	名城大学	090 117 118 119 153 194 204 277 335 409 456 527
り	立命館大学	079 134 348 454 474
	琉球大学	124 342 363
わ	和歌山大学	377 408
	早稲田大学	103 232 321 418 429 498
	早稲田大学芸術学校	007

APPENDIX

付篇

出展者データ 2016　Exhibitors' Data
開催概要 2016　Program
ファイナリスト一問一答インタビュー　Finalist Q&A
表裏一体──ウラ日本一決定戦（ファイナル中継サテライト会場）
過去の入賞作品 2003-2015　Award Winners
関連企画やイベントに参加して　SDLをもっと楽しむ──仙台建築都市学生会議とは

Exhibitors' Data
出展者データ 2016

■出展数
登録作品数：545作品
出展作品数：385作品

＊データの内容は、出展者の応募登録の際に、公式ホームページ上で実施したアンケートへの回答をもとに集計したもの（STEP 1-2: 2016年1月8日15:00〜2月13日15:00）。

■出展者の男女別人数（人）

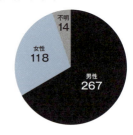

不明 14
女性 118
男性 267

＊複数人のグループはメンバー全員を含む（全399人、うち不明14人）

■出展者の出身地域（人）

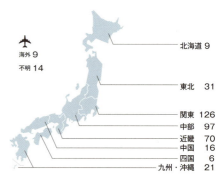

海外 9
不明 14
北海道 9
東北 31
関東 126
中部 97
近畿 70
中国 16
四国 6
九州・沖縄 21

＊出展者の出身地を集計
＊複数人のグループはメンバー全員を含む（全399人、うち不明14人）

■建築を志した動機（人）

動機	人数
両親・兄弟・知人から影響を受けて	86
本や雑誌、テレビなどから影響を受けて	77
なんとなく	76
実際の建築物に影響を受けて	48
適性があると思ったから	36
たまたま進学できた学科だった	18
進路指導で示唆されて	8
その他	36

＊複数人のグループはメンバー全員を含む（全399人、うち不明14人）

■影響を受けた、あるいは好きな建築家（人）

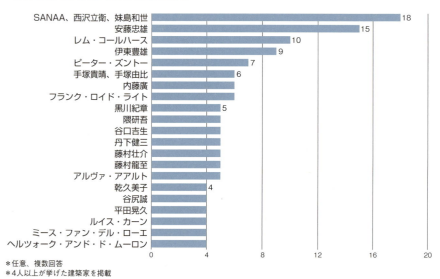

SANAA、西沢立衛、妹島和世　18
安藤忠雄　15
レム・コールハース　10
伊東豊雄　9
ピーター・ズントー　7
手塚貴晴、手塚由比　6
内藤廣
フランク・ロイド・ライト
黒川紀章　5
隈研吾
谷口吉生
丹下健三
藤村壮介
藤村龍至
アルヴァ・アアルト
乾久美子　4
谷尻誠
平田晃久
ルイス・カーン
ミース・ファン・デル・ローエ
ヘルツォーク・アンド・ド・ムーロン

＊任意、複数回答
＊4人以上が挙げた建築家を掲載

■出展作品のカテゴリー分類（1）プロジェクト・タイプ（作品数）

①新築　②リノベーション　③コンバージョン　④その他

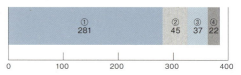

① 281　② 45　③ 37　④ 22

■出展作品のカテゴリー分類（2）ビルディング・タイプ（作品数）

①公共施設　②集合住宅　③商業施設　④都市計画　⑤住宅
⑥アート施設　⑦教育施設　⑧交通施設　⑨児童福祉施設　⑩高齢者福祉施設
⑪その他福祉施設　⑫オフィスビル　⑬医療施設　⑭宗教施設　⑮その他

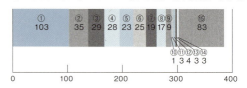

① 103　② 35　③ 29　④ 28　⑤ 23　⑥ 25　⑦ 19　⑧ 17　⑨ 9　⑩ 1　⑪ 3　⑫ 4　⑬ 3　⑭ 3　⑮ 83

Program
開催概要 2016

「卒業設計日本一決定戦」のコンセプト

「公平性」=
学校の枠や師弟の影響を超えて、応募した学生の誰もが平等に立てる大きなプラットホーム(舞台)を用意すること。
- 学校推薦、出展料不要
- 学生による大会運営

「公開性」=
誰もが見ることができる公開の場で審査すること。
- 広く市中に開かれた場所での審査
- 書籍、展覧会(メディアミックス)による審査記録を含む大会記録の公開/アーカイブ化

「求心性」=
卒業設計大会のシンボルとなるような、誰もが認める建築デザインの拠点となり得る会場を選ぶこと。
- せんだいメディアテークでの開催
- 世界的に活躍する第一線級の審査員

2016年大会テーマ
境界を解く

開催日程
予選　2016年3月5日(土)11:00～18:00
セミファイナル　2016年3月6日(日)9:00～13:30
ファイナル(公開審査)
2016年3月6日(日)15:00～20:00
作品展示　2016年3月6日(日)～13日(日)10:00～19:00
(初日は9:00開場、最終日は15:00まで)

会場
予選／セミファイナル／作品展示：
せんだいメディアテーク
(5階ギャラリー3300／6階ギャラリー4200)
ファイナル(公開審査)：
せんだいメディアテーク　1階オープンスクエア

審査方法
1. 予選
全出展作品から上位100作品を選出。審査員が展覧会場を巡回しながら審査する。各審査員は100票をめやすに投票。学生スタッフが投票された目印のシールを展示キャプション(作品情報を表示する札)に貼り付ける。得票数をもとに、協議の上で100作品をめやすに予選通過作品を決定する。

◆予選審査員
小野田泰明／櫻井一弥／佃悠／手塚貴晴／土岐文乃／中田千彦／西澤高男／福屋粧子／堀井義博／堀口徹／本江正茂／厳爽

2. セミファイナル
①グループ審査
審査員を2人ずつに分けた3グループと審査員長、計4グループに分かれて、展覧会場を巡回しながら審査する。先の3グループは、予選通過100作品(100選)を3分割し、それぞれ1/3の33作品群を担当し、各10作品を選出。審査員長は100選を中心に審査し、10作品をめやすに選出。各グループごとの選出作品には松竹梅の3段階で評価を付ける。
②ディスカション審査
◎審査員プレゼンテーション
各グループごとに、各選出作品の評価点を解説。
◎ディスカション
グループ審査での選出作品を対象に、協議の上でファイナリスト10組および補欠3組を決定する。以下の条件を満たせない場合、補欠作品が繰り上げでファイナリストとなる。
- 現地で本人と連絡がとれること
- 指定時間までに本人が公開審査会場に到着できること

◆セミファイナル審査員
審査員長　西沢立衛
審査員　手塚貴晴／田根剛／成瀬友梨／倉方俊輔／福屋粧子／小野田泰明
司会進行　櫻井一弥

3. ファイナル(公開審査)
①ファイナリスト10組によるプレゼンテーション(各5分)。質疑応答(各8分)。
②追加の質疑応答、ディスカション(70分)により各賞を決定。

◆ファイナル審査員
審査員長　西沢立衛
審査員　手塚貴晴／田根剛／成瀬友梨／倉方俊輔／福屋粧子／小野田泰明
司会進行　本江正茂
コメンテータ(下記の中継会場で、審査の実況解説)
東京エレクトロンホール宮城(601、602会議室)：
佃悠／西澤高男／堀口徹
せんだいメディアテーク(7階スタジオシアター)：
櫻井一弥／土岐文乃／中田千彦／堀井義博

賞
日本一(盾、賞状、賞品＝Herman Miller「Aeron Chair グラファイト」〈提供：株式会社庄文堂〉)
日本二(盾、賞状)
日本三(盾、賞状)
特別賞　2点(賞状)

応募規定

1. 応募方法
『せんだいデザインリーグ2016　卒業設計日本一決定戦』公式Webサイト上の応募登録フォームにて応募(2段階)を受付。

2. 応募日程
STEP 1：メンバー登録
2016年1月8日(金)15:00～2月5日(金)15:00
STEP 2：出展登録
2016年1月8日(金)15:00～2月13日(土)15:00

3. 応募資格
大学または高専・専門学校で都市・建築デザインの卒業設計を行なっている学生。共同設計の作品も出展可能(共同設計者全員が応募資格を満たすこと)。
＊出展対象作品は2015年度に制作された卒業設計に限る。

4. 必要提出物
- パネル
A1サイズ1枚、縦横自由。スチレンボード等を使用しパネル化したもの(5mm厚)。表面右上に「出展ID番号」を記載。
- ポートフォリオ
卒業設計のみをA3サイズのクリアファイル1冊にまとめたもの。表紙(1ページめ)に「出展ID番号」を記載。
- 模型(任意)
卒業設計用に作成したもの。
＊1人あたりの作品の展示可能面積は「1m×1m」まで。
＊梱包物の総重量は、原則「50kg」まで。
＊ポートフォリオは返却しない。パネルは原則返却する。

主催
仙台建築都市学生会議
せんだいメディアテーク

Photos by Toru Ito, Hajime Saito.

APPENDIX

Finalist Q&A
ファイナリスト一問一答インタビュー

Question 問

①受賞の喜びをひとことでお願いします。
②この喜びを誰に伝えたいですか?
③プレゼンテーションで強調したことは?
④勝因は何だと思いますか?
⑤応募した理由は?
⑥一番苦労したことは?
⑦大学での評価はどうでしたか?
⑧卒業論文(卒論)のテーマは?
⑨来年度の進路は?
⑩どうやってこの会場まで来ましたか?
⑪建築を始めたきっかけは?
⑫建築の好きなところは?
⑬影響を受けた建築家は?
⑭建築以外に今一番興味のあることは?
⑮Mac or Windows? CADソフトは何?
⑯SDL(せんだいデザインリーグ 卒業設計日本一決定戦)をどう 思いますか?

Answer 答

日本一 ID394 小黒 日香理
(血液型不明・さそり座)

①身に余る光栄です。
②ご指導いただいた先生・先輩方、お手伝いをしてくれた後輩・同期、ずっと応援してくれた家族に伝えたいです。
③案をわかりやすくすることです。
④作品に対してたくさんのご意見をいただけたことと、お手伝いさんがとても優秀だったことだと思います。
⑤審査員が、魅力的だったからです。
⑥自分のしたかったことを、わかりやすく伝えることに苦労しました。
⑦学内の林雅子賞選定会で、竹山聖賞をいただきました。
⑧卒業設計と同様です。
⑨東京藝術大学の北川原温研究室に進学予定です。
⑩新幹線。
⑪子供の頃から工作が好きで、めざすようになりました。
⑫芸術と人と環境と関わりをもっているところです。
⑬妹島和世さん、西沢立衛さん、アルヴァロ・シザ、アントニ・ガウディ。
⑭写真を勉強したいです。
⑮Mac、Vectorworks。
⑯全国の建築学生と会えるお祭のような自由な場所だと思います。

日本二 ID366 元村 文春
(A型・しし座)

①とてもうれしいです。
②矢作さん、テツさん、同期の仲間、手伝ってくれた後輩、家族、協力してくださった金魚屋さん、本当にありがとうございました。
③長洲町と金魚の魅力。
④小さな金魚の住処から町の大きな風景までの可能性を提示できたこと。
⑤たくさんの人に作品を見ていただきたかったから。
⑥模型製作。
⑦金賞でした。
⑧なかったです。
⑨実家に就職します。
⑩青春18きっぷ。
⑪ABC建築道場に入門したこと。
⑫さまざまな可能性を感じることができること。
⑬ピーター・ズントー。
⑭金魚の飼育。
⑮Windows、Jw_cad。
⑯夢の舞台。

日本三 ID037 倉員 香織
(O型・みずがめ座)

①素直にうれしいです。驚きました。
②模型を作ってくれた、のんちゃん、こーだいくん、健くん、はるき、さくらちゃん、こんちゃん、にっくん、慧ちゃん、いのえもん、いおりん、さっくん、なおや、たけちゃん、でぃーの、若狭。愚直であることを大いに良しとしてくださった鵜飼先生。いつも遥か先を走っている鵜飼研究室の現役・OBの先輩方。自分が1年生だった時に、仙台で感動を与えてくださったSDL2012ファイナリストの先輩方。
③心打たれる空間をつくりたい、ということです。
④愚直さと強固な意志、でしょうか。
⑤卒業設計の一区切りとして自分の作品を客観的に見たいということと、全国の学生がどんなことを考え、何を作ったのか知りたかったからです。
⑥自分を信じる、ということが一番難しかったように思います。
⑦学内では同率で4番でした。
⑧瞑想空間において光と陰影がどのように影響するのかを研究しました。
⑨長崎のアトリエ設計事務所に就職します。
⑩鈍行列車で来ました。ゆっくり北上したかったので。
⑪自分が好きなことを集めたら、自ずと建築という選択になりました。
⑫心の底から感動できるところ。飽きが来ないところ。
⑬内藤廣さん、安藤忠雄先生、Jorn Utzon氏、Peter Zuntor氏。
⑭絵本制作。
⑮Macを使用していますが、CADではなくトレーシングペーパーと鉛筆です。
⑯出展する側にとっても、観る側にとっても本当にすばらしい大会だと思います。あれだけの数の模型を設置し、スケジュールをうまく回していた実行委員のみなさんには頭が上がりません。本当にありがとうございました。

特別賞 ID029 國清 尚之
(O型・しし座)

①ちょっとは胸を張れる結果が残せたかなって感じです。
②ブラックで有名なアトリエクニキヨに最後まで付いてきてくれた後輩です。他の人にはやはり悔しい思いなしには伝えられないです。
③(なれませんでしたが)作品そのものの化身となって魅力を語ることです。
④正直に言えば、今はわかっていないです。だから負けたんだと思います。3カ月後くらいにはわかればいいかなって感じです。そのためにも、もっと作品の声に耳を傾けたいと思います。
⑤自分の成長した姿を責任をもって見せたい人がいたからです。
⑥自分自身を納得させること。
⑦箸にも棒にもかかりませんでした。
⑧竹材を用いたテンセグリティ構造の仮設テントへの適応可能性の考察。
⑨東京藝術大学大学院。
⑩ダッシュ、自転車、地下鉄、飛行機、バス、新幹線、徒歩。
⑪工学部 機械航空工、エネルギー科、建築、地球環境工、物質科学工、電気情報工
ほらね?
⑫自分自身に答えのない問いを与え続けてくれること、自分の答えを上回る課題をいつでも与えてくれることです。
⑬五十嵐淳氏。
⑭人間の3大欲求。
⑮Mac、AutoCAD。
⑯半分実力、半分運のゲーム。そこで与えられた運を自分自身の力で新しい縁に変えられてはじめてゲーム以上の価値になると思います。

Photos by Izuru Echigoya, Hajime Saito.

特別賞　ID350　平木 かおる
（A型・おうし座）

①超、超うれしいです!! 建築をやっててよかった！
②このプロジェクトに関わってくれたすべての人たち、特にいとしく仮ってた父に届したいです。
③父の言葉と、私のつくった空間の関係です。
④自分にしかできないテーマと、でき上がった空間の印象が大きかったのかと思っています。
⑤先輩方が出展していたのを見ていて、自分も応募すると決めていました。
⑥言葉で表された写真への思いや考えを、空間としてデザインすること。
⑦講評で名前は挙がるものの賞はもらえず、でした。
⑧論文は書いていません。
⑨アトリエで修業したいと思います。
⑩夜行バスで東京→仙台、そこから徒歩です。
⑪高校時代に進路で迷って、理系分野とデザイン分野に興味があったことから。
⑫でき上がったものが、人間に関わりながら存在し続けること。
⑬フランク・ロイド・ライト。
⑭この卒業設計を通して、写真の世界に興味をもてました。
⑮Mac、Vectorworks。
⑯憧れの舞台でした。建築学生生活の中で、一番、熱いお祭だと思います。

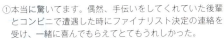

ファイナリスト　ID030　持井 英敏
（O型・いて座）

①本当に驚いてます。偶然、手伝いをしてくれていた後輩とコンビニで遭遇した時にファイナリスト決定の連絡を受け、一緒に喜んでもらえてとてもうれしかった。
②両親と手伝ってくれた最高な「持井ヘルプ部」のみんな。そして面倒を見ていただいた福原先生。
③全体を伝えることです。かつ嘘くさいプレゼンテーションをしない。
④模型と案の伝え方や、色味・言葉選びを学内と各展覧会とで変えたこと。でもまだ勝っていません。
⑤先輩に憧れて……。
⑥SDLの前日に胃腸炎になりました。つらかった。
⑦最優秀賞をいただけました。
⑧論文はなかったです。
⑨大学院に進みます。
⑩飛行機で来ました。
⑪モノを作ることがしたくて、たまたま辿り着きました。
⑫答えがないところ、今のところは。
⑬まだ、探しているところです。
⑭新居の模様替え。
⑮Mac、AutoCAD。
⑯運営の努力と歴史もあってか、かなり確立されていると思います。建築学生にとっては客観的に作品を数多く見られるいい機会だと思います。

ファイナリスト　ID090　高野 哲也
（B型・おとめ座）

①評価軸が数ある建築ですが、今回、受賞できたことは大変うれしく思います。
②お兄さんと家族、熱心な指導をしてくださった柳沢先生、お手伝いのほなみさん、まきくん、ちゆきさんに感謝を込めてお伝えしたいです。
③自閉症という障害が、この作品を通して知ってもらえるようなプレゼンテーションを心がけました。
④熱意、それだけだと思います。
⑤先輩方がめざしてきた舞台なので、私にとっては目標であり、憧れでもありました。
⑥卒業設計では、特に苦労したことはなく、制作期間は楽しい毎日でした。それよりも、自閉症の人々が今日も苦しんでいることに対して、とても悔しく苦しい思いがありました。
⑦大学内での評価は3位でした。
⑧「自閉症の兄の手書き地図からみた空間把握と生活領域」です。
⑨同じ名城大学の大学院へ進学します。
⑩名古屋港からフェリーで来ました。
⑪大学へ進学する時、ものづくりが好きということもあり、建築学科を選択したのが、建築を学びはじめたきっかけです。
⑫提案を絵で表現しつつ、それらを3次元で扱うところ。
⑬石井修。
⑭3歳から高校卒業まで、サッカーをしていたので、サッカー観戦です。
⑮Windows、Vectorworks2008。
⑯SDLといった大会が存在することは、学生にとって大きな目標になります。日本の建築の教育的な立ち位置としては、とても重要な大会であると感じています。私にとってSDLは憧れであり、目標であり、通過点です。

ファイナリスト　ID109　須藤 嘉顕
（B型・ふたご座）

①いや、負けてるんで。
②支えてくれたすべての人。
③やさしいだけの建築が、いかに胡散臭いか。
④あの。負けてるんで。
⑤全国の学生と同じ土俵に立てるから。
⑥全部。
⑦学内1位。
⑧データベースに基づく頭付きスタッドボルトの基礎研究。
⑨就職。
⑩友だちとレンタカーで。
⑪小学生の頃にコロッセオに惚れた。
⑫じじいになってもできるところ。
⑬Satoshi Okada、アルヴァロ・シザ、堀部安嗣、新関謙一郎、カルロ・スカルパ。
⑭日本酒。
⑮Mac、Vectorworks、ArchiCAD。
⑯やや運ゲーの大会、憧れの舞台。

ファイナリスト　ID367　岡部 絢子
（A型・いて座）

①とてもうれしいです。
②家族と相談に乗ってくれたり手伝ってくれた同期、お手伝いの人、本当にありがとうございました。
③模型を使っての空間の見え方。
④屋根の形がいろんな人の目を引いてくれたと思います。
⑤卒業設計の思い出づくりが出ました。
⑥テーマ、方向性がなかなか決まらなかったこと。
⑦最優秀、ではないですが優秀賞でした。
⑧卒論は書いてないです。
⑨未定。
⑩お金がなくて夜行バス。
⑪祖父母の家の建替え現場を見て、建築に興味が湧きました。
⑫正解がないところ。いろいろな人がいろいろな感性で考えられるところ。
⑬手塚さんだと思います。
⑭旅行。
⑮Mac、Vectorworks。
⑯全国から同じところをめざしている学生たちが集まれる数少ない機会だと思います。もっと出展者同士の交流ができたらいいな、と思います。

ファイナリスト　ID452　田中 太樹
（O型・みずがめ座）

①夢のようです！！！
②最後までお手伝いをしてくれた後輩たち、憲一、潤、はせゆか、めぐみちゃん、惇之介、むっちゃん、そしてご指導くださった原田先生、大野さん、木俣さん、互いに切磋琢磨し合った同期に！
③計画していることが楽しそうに思ってもらえるように模型写真をできるだけ多く載せました！
④劇場と酒場という見たことのない組合せと、ハッと思わせるようなタイトルですかね……。
⑤SDLは昔から見に来ていて憧れの舞台だったからです。
⑥敷地の選定と形のルール決めに苦労しました。
⑦優秀作品選考会には選出されましたが、優秀賞はもらえず入賞というかたちに終わりました。
⑧卒業論文はありませんでした。
⑨そのまま芝浦工業大学大学院の原田研究室に進みます。
⑩同じ大学の友だちと自動車で来ました。
⑪祖父がよく工具を扱ってものづくりをしている姿を見て、「ものをつくる」といっことに興味をもったからです。めとは、手先が器用なほうだと思っていたので活かせると思いました。
⑫新たな世界に触れさせる力をもっていることです。
⑬伊東豊雄さん。
⑭朝ドラですかね……（笑）。
⑮Macで、CADはVectorworksを使っています。
⑯大学4年間の集大成をぶつけるにはもってこいの大会で非常に良い大会です。私にとってSDLとは、「人生で一度きりのまたとないチャンス」です。

APPENDIX

表裏一体
ウラ日本一決定戦
（ファイナル中継サテライト会場）

Photos by Toru Ito, Hajime Saito, Senhiko Nakata, Sendai Student Network of Architecture and Urbanism.

コメンテータの意見が割れる場面も
──「ウラ日本一決定戦」（その1）

ファイナル中継「東京エレクトロンホール宮城（宮城県民会館）」サテライト会場

堀口 徹
（ファイナル中継「エレクトロンホール」サテライト会場コメンテータ、予選審査員）

＊文中の作品名は、サブタイトルを省略
＊文中の（ ）内の3桁数字は、出展者のID番号。
＊smt＝せんだいメディアテーク
＊SDL＝せんだいデザインリーグ 卒業設計日本一決定戦
＊エレクトロンホール＝東京エレクトロンホール宮城（宮城県民会館）

今年は、せんだいメディアテーク（smt）1階のオープンスクエアで公開審査が開催されたことに伴い、smtから徒歩3分、同じ定禅寺通り沿いにあるエレクトロンホールの6階会議室がサテライト会場となった。確保された約200席のうち約6割が埋まった状態。東北大学の佃悠を進行役に、東北芸術工科大学の西澤高男、立命館大学（大会当時）の堀口徹という予選審査員を務めた3人で、北は北海道、南は沖縄から会場に詰め掛けた来場者と共にファイナル審査の中継を見守った。
中継開始前に、予選とセミファイナルを振り返りつつ、今年の感想、ファイナル審査の見どころを来場者に紹介。ファイナル審査開始後は、審査員による質問やコメントの狙いを解説した。特に今年の公開審査の行方を左右したキーワードでもある「アンチテーゼ（対立命題）」としての卒業設計をめぐっては、3人のコメンテータの中でも意見が分かれる展開に。
サテライト会場の来場者の拍手で選ぶ恒例の「ウラ日本一決定戦」（その1）は、ファイナリストのプレゼンテーション終了後、後半のファイナル・ディスカション開始前に行なった。結果は、元村案『金魚の水荘』（366）への支持が最も多く「ウラ日本一」。次いで高野案『そして、自閉症のままおじいさんになればいい。』（090）、倉員案『壁の在る小景』（037）、小黒案『初音こども園』（394）という順番であった。

ほぼ満席の会場で
公開審査の行方を見守る
──「ウラ日本一決定戦」(その2)

ファイナル中継smt7階サテライト会場スタジオシアター

中田 千彦
(ファイナル中継smt7階サテライト会場コメンテータ、予選審査員)

会場の席はほぼ満席。今回のサテライト会場の中では最も快適な聴講環境の筆頭であるsmt7階のスタジオシアターでは、予選審査員を務めた櫻井、土岐、堀井、中田の4人が中継を見ながらコメントを挟むというスタイルで行なった。前半のファイナリストによるプレゼンテーションが終わった段階で、来場者の挙手によりこのサテライト会場で予想する有力作品を選出したところ、元村案『金魚の水荘』(366)と高野案『そして、自閉症のままおじいさんになればいい。』(090)を推す人が多く、後半に向けてこの2作品が注目されていた。

後半のファイナル・ディスカションでは、観客は審査員の評価の意外な変化に一喜一憂しつつ、審査員とファイナリストの発言を固唾を飲んで聞いていた。最終的な日本一決定の瞬間には、その結果を意外に思う声も少なからず上がった。閉場前に、再度、このサテライト会場で選出する「ウラ日本一決定戦」(その2)への挙手による投票を実施したところ、元村案『金魚の水荘』(366)が「ウラ日本一」という結果。相変わらず高野案『そして、自閉症のままおじいさんになればいい。』(090)を推す人も少なくなく、公開審査での評価とは異なる結果がもたらされた。このサテライト会場の観客は、現場のムードに流されず、ある意味では冷静に動向を注視し、公開審査とは別の視点から今年のSDLを俯瞰することができたのかもしれない。

APPENDIX

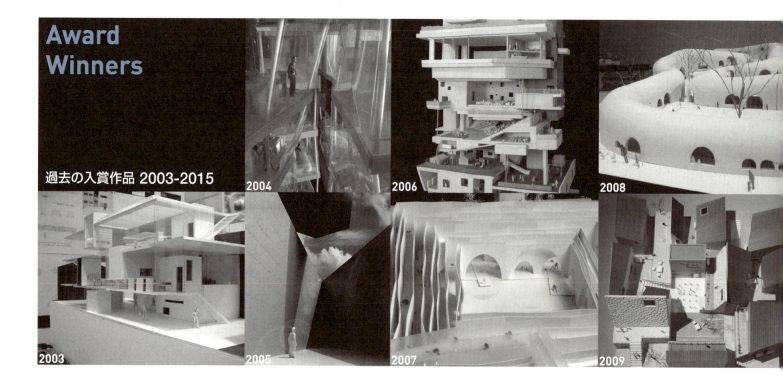

Award Winners
過去の入賞作品 2003-2015

2003
日本一	庵原義隆	東京大学	『千住百面町』
日本二	井上慎也	大阪大学	『hedora』
日本三	秋山隆浩	芝浦工業大学	『SATO』
特別賞	小山雅由	立命館大学	『軍艦島古墳』
	納見健悟	神戸大学	『Ray Trace...』

審査員長　伊東豊雄
審査員　塚本由晴／阿部仁史／小野田泰明／仲隆介／槻橋修／本江正茂
登録作品数232　出展作品数152
展示3/7-9・公開審査3/9
会場　せんだいメディアテーク 1階オープンスクエア

2004
日本一	宮内義孝	東京大学	『都市は輝いているか』
日本二	永尾達也	東京大学	『ヤマギハ／ヤマノハ』
日本三	岡田朋子	早稲田大学	『アンブレラ』
特別賞	稲垣淳哉	早稲田大学	『学校錦繍』
	南俊允	東京理科大学	『OVER SIZE BUILDING――おおきいということ。その質。』

審査員長　伊東豊雄
審査員　阿部仁史／乾久美子／小野田泰明／竹山聖
登録作品数307　出展作品数207
展示3/10-16・公開審査3/14
会場　せんだいメディアテーク 6階ギャラリー4200

2005
日本一	大室佑介	多摩美術大学	『gernika "GUERNIKA" museum』
日本二	須藤直子	工学院大学	『都市の原風景』
日本三	佐藤桂火	東京大学	『見上げた空』
特別賞	石沢英之	東京理科大学	『ダイナミックな建築』
	藤原洋平	武蔵工業大学	『地上一層高密度日当たり良好(庭付き)住戸群』

審査員長　石山修武
審査員　青木淳／宮本佳明／竹内昌義／本江正茂
登録作品数523　出展作品数317
展示3/11-15・公開審査3/13
会場　せんだいメディアテーク 6階ギャラリー4200

2006
日本一	中田裕一	武蔵工業大学	『積層の小学校は動く』
日本二	瀬川幸太	工学院大学	『そこで人は暮らせるか』
日本三	大西麻貴	京都大学	『図書×住宅』
特別賞	三好礼益	日本大学	『KiRin Stitch――集合住宅再開発における森林共生建築群の提案』
	戸井田雄	武蔵野美術大学	『断面』

審査員長　藤森照信
審査員　小川晋一／曽我部昌史／小野田泰明／五十嵐太郎
登録作品数578　出展作品数374
展示3/12-16・公開審査3/12
会場　せんだいメディアテーク 6階ギャラリー4200

2007
日本一	藤田桃子	京都大学	『kyabetsu』
日本二	有原寿典	筑波大学	『おどる住宅地――A new suburbia』
日本三	桔川卓也	日本大学	『余白密集体』
特別賞	降矢宜幸	明治大学	『overdrive function』
	木村友彦	明治大学	『都市のvisual image』

審査員長　山本理顕
審査員　古谷誠章／永山祐子／竹内昌義／中田千彦
登録作品数708　出展作品数477
展示3/11-15｜会場　せんだいメディアテーク 6階ギャラリー4200
公開審査3/11｜会場　せんだいメディアテーク 1階オープンスクエア

2008
日本一	橋本尚樹	京都大学	『神楽岡保育園』
日本二	斧澤未知子	大阪大学	『私、私の家、教会、または牢獄』
日本三	平野利樹	京都大学	『祝祭都市』
特別賞	荒木聡、熊谷祥吾、平須賀信洋	早稲田大学	『余床解放――消せないインフラ』
	植村康平	愛知淑徳大学	『Hoc・The Market――ベトナムが目指す新しい国のスタイル』
	花野明奈	東北芸術工科大学	『踊る身体』

審査員長　伊東豊雄
審査員　新谷眞人／五十嵐太郎／遠藤秀平／貝島桃代
登録作品数631　出展作品数498
展示3/9-15｜会場　せんだいメディアテーク 6階ギャラリー4200／7階スタジオ
公開審査3/9｜会場　仙台国際センター 大ホール

2009
日本一	石黒卓	北海道大学	『Re: edit... Characteristic Puzzle』
日本二	千葉美幸	京都大学	『触れたい都市』
日本三	卯月裕貴	東京理科大学	『THICKNESS WALL』
特別賞	池田隆志	京都大学	『下宿都市』
	大野麻衣	法政大学	『キラキラ――わたしにとっての自然』

審査員長　難波和彦
審査員　妹島和世／梅林克／平田晃久／五十嵐太郎
登録作品数715　出展作品数527
展示3/8-15｜会場　せんだいメディアテーク 6階ギャラリー4200／5階ギャラリー3300
公開審査3/8｜会場　東北大学百周年記念会館 川内萩ホール

Photos (2003-2005) by the winners of the year.
Photos (2006-2011) by Nobuaki Nakagawa.
Photos (2012-2015) by Toru Ito.

2010

日本一　松下晃士　東京理科大学　『geographic node』
日本二　佐々木慧　九州大学　『密度の箱』
日本三　西島要　東京電機大学　『自由に延びる建築は群れを成す』
特別賞　木藤美和子　東京藝術大学　『歌潮浮月──尾道活性化計画』
　　　　齊藤誠　東京電機大学　『つなぐかべ小学校』
審査委員長　隈研吾
審査員　ヨコミゾマコト／アストリッド・クライン／石上純也／小野田泰明
登録作品数692　出展作品数554
展示3/7-14｜会場　せんだいメディアテーク 6階ギャラリー4200／5階ギャラリー3300
公開審査3/7｜会場　東北大学百周年記念会館 川内萩ホール

2011

日本一　冨永美保　芝浦工業大学　『パレードの余白』
日本二　蛯原弘貴　日本大学　『工業化住宅というHENTAI住宅』
日本三　中川沙織　明治大学　『思考回路factory』
特別賞　南雅博　日本大学　『実の線／虚の面』
　　　　大和田卓　東京理科大学　『住華街』
審査委員長　小嶋一浩
審査員　西沢大良／乾久美子／藤村龍至／五十嵐太郎
登録作品数713　出展作品数531
展示3/6-11｜会場　せんだいメディアテーク 6階ギャラリー4200／5階ギャラリー3300
公開審査3/6｜会場　東北大学百周年記念会館 川内萩ホール

2012

日本一　今泉絵里花　東北大学　『神々の遊舞』
日本二　松井一哲　東北大学　『記憶の器』
日本三　海野玄陽、坂本和繁、吉川由　早稲田大学　『技つなぐ森』
特別賞　西倉美祝　東京大学　『明日の世界企業』
　　　　塩原裕樹　大阪市立大学　『VITA-LEVEE』
　　　　張昊　筑波大学　『インサイドスペース オブ キャッスルシティ』
審査委員長　伊東豊雄
審査員　塚本由晴／重松象平／大西麻貴／櫻井一弥
登録作品数570　出展作品数450
展示3/5-10｜会場　せんだいメディアテーク 6階ギャラリー4200／5階ギャラリー3300
公開審査3/5｜会場　東北大学百周年記念会館 川内萩ホール

2013

日本一　高砂充希子　東京藝術大学　『工業の童話──パブりんとファクタロウ』
日本二　渡辺育　京都大学　『世界の終りとハードボイルド・ワンダーランド』
日本三　柳田里穂子　多摩美術大学　『遺言の家』
特別賞　田中良典　武蔵野大学　『漂築寄（ひょうちくき）──旅する建築　四国八十八箇所編』
　　　　落合萌史　東京都市大学　『落合米店』
審査委員長　高松伸
審査員　内藤廣／宮本佳明／手塚由比／五十嵐太郎
登録作品数777　出展作品数415
展示3/10-17｜会場　せんだいメディアテーク 6階ギャラリー4200／5階ギャラリー3300
公開審査3/10｜会場　東北大学百周年記念会館 川内萩ホール

2014

日本一　岡田翔太郎　九州大学　『でか山』
日本二　安田大顕　東京理科大学　『22世紀型ハイブリッドハイパー管理社会──失敗した郊外千葉ニュータウンと闇市から展開した立石への建築的転写』
日本三　市古慧　九州大学　『界隈をたどるトンネル駅』
特別賞　齋藤陸　千葉大学　『故郷を歩く』
　　　　城代晃成　芝浦工業大学　『地景の未来──長崎と建築土木（ふうけい）の編集』
審査委員長　北山恒
審査員　新居千秋／藤本壮介／貝島桃代／五十嵐太郎
登録作品数555　出展作品数411
展示3/9-16｜会場　せんだいメディアテーク 6階ギャラリー4200／5階ギャラリー3300
公開審査3/9｜会場　東北大学百周年記念会館 川内萩ホール

2015

日本一　幸田進之介　立命館大学　『都市の瘡蓋（かさぶた）と命の記憶──広島市営基町高層アパート減築計画』
日本二　鈴木翔之亮　東京理科大学　『彩つく連鎖──都市に棲むミツバチ』
日本三　吹野晃平　近畿大学　『Black Market Decipher』
特別賞　清水襟子　千葉大学　『未亡人の家』
　　　　飯田貴大　東京電機大学　『杣（そま）ノ郷閣（きょうかく）──林業を再興するための拠点とシンボル』
審査委員長　阿部仁史
審査員　山梨知彦／中山英之／松岡恭子／五十嵐太郎
登録作品数461　出展作品数350
展示3/1-6｜会場　せんだいメディアテーク 6階ギャラリー4200／5階ギャラリー3300
公開審査3/1｜会場　東北大学百周年記念会館 川内萩ホール

APPENDIX

関連企画やイベントに参加して
SDLをもっと楽しむ
——仙台建築都市学生会議とは

全国の建築学生が卒業設計日本一をめざし、白熱した議論を繰り広げるメインの審査と並行して、会期中、会場の随所では来場者をもてなす企画が、学生会議によって実施されている。こちらにもぜひ立ち寄ってSDLを満喫してほしい。

*smt＝せんだいメディアテーク
*SDL＝せんだいデザインリーグ 卒業設計日本一決定戦
*学生会議＝仙台建築都市学生会議

SDL2016関連学生企画

梱包日本一決定戦

ムダなく、強く、機能的なタンス型梱包箱が多数

SDL出展作品の繊細で壊れやすい模型を守る鎧となる梱包箱。梱包日本一決定戦では、梱包箱も大切な作品の一部と考え、運送と設営の視点からすぐれた梱包を評価し表彰している。今年は、学生会議の企画局が審査した。

今年の梱包箱について感じたのは、ムダのないタンス型の梱包が多いということ。一見何の変哲もない四角い箱を開けると、非常にわかりやすい案内表示があったり、精密な設計による引き出しやすい棚があったりと、「きれいに展示してほしい！」という出展者の強い気持ちが伝わってきた。

その中で、見た目、機能、丈夫さが飛び抜けてすぐれていたのが太田悠香さん（工学院大学）の梱包箱である。梱包テープなしでもきちんと閉まる扉や、扉の裏表に貼られた説明書きの親切さ、さらには人間1人の体重をかけてもゆがみもせず、運搬の際に重ねても安心という点が高評価を得た。また、日本二となった染谷和真さん（工学院大学）の梱包も扉や引き出しの精密さがすばらしく、太田さんと同様の点で評価された。特にそのシンプルさと美しさは審査会場内で際立っていた。日本三になった高以良陽太さん（東京理科大学）の梱包は、箱の側面に斜めの切れ目が入り、扉が上側に開く個性的な設計。立ったままで出入れの作業ができ、床を広く使わずにすむこの梱包も、日本一、日本二に負けない梱包として評価された。

（星 幸乃）

梱包日本一（左）
梱包日本二（上）
梱包日本三（右）

日時：2016年3月4日（金） 15:00-15:40
場所：smt 6階ギャラリー4200 バックヤード
審査員：学生会議企画局
受賞：
梱包日本一＝太田 悠香（工学院大学、ID376）
梱包日本二＝染谷 和真（工学院大学、ID414）
梱包日本三＝高以良 陽太（東京理科大学、ID170）
賞品：
梱包日本一＝レーザー距離計ライカディスト（ライカジオシステムズ）

特別講評会企画
エスキス塾

SDLは、出展者や来場者が、会場に展示される多くの作品について対話をし、さまざまな価値感を発信・共有する場でもある。そこで、ファイナル（公開審査）に残った10作品以外の出展者にもプレゼンテーションと講評の場を用意することを目的として、本企画を開催した。講評者には建築評論家の五十嵐太郎氏と建築家の堀井義博氏を招き、発表者として出展者40人が参加した。

パネルとポートフォリオを使ったプレゼンテーションの後に、1人ずつ質疑応答を行なった。講評者はすでに各作品を目にしていたため、発表者は短時間で何に焦点を当てて作品を紹介するのかが「エスキス塾」では肝となった。議論の内容は、作品についてだけでなく、作品名の重要性や、今後学生が何を考えるべきか、などにも及び、熱く語る講評者の言葉に、参加者のみならず来場者や大会運営スタッフも熱心に耳を傾けた。

例年、SDLの展覧会期中は、来場者が会場を回りながら、気になる作品のポートフォリオを読み込む姿が一般的である。しかし、今回の「エスキス塾」で出展者が自らの作品を説明したことは、来場者にとっても作品のより深い理解の手助けとなり、企画終了後、参加作品を目当てに来場者が展覧会場を回る姿が印象的であった。

（小山内 祥多）

日時：2016年3月7日（月） 14:00-18:30
場所：smt 5階ギャラリー3300 ホワイエ
講評者：五十嵐 太郎（東北大学大学院教授）、堀井 義博（予選審査員、AL建築設計事務所）
発表者（参加出展者）：30人（出展登録時の申込みにより抽選）＋10人（講評者により選出）
講評会：1人につきプレゼンテーション2分 ＋ 質疑応答3分
来場者：約100人

映像企画
ファイナリスト──栄光のその先

SDLは、今年で14回めを迎えた。過去13回の大会に出展されたのは合計5,263作品、ファイナル（公開審査）に進んだファイナリスト（上位10選）は130組も生まれた。
過去のファイナリストを取材し紹介するこの企画では、これまでに4人のファイナリストを取材し、その映像を公開してきた。
3年めとなる今回は、過去に取材したファイナリストとは異なった分野で活躍している人物を対象として、SDL2003特別賞受賞者の納見健悟氏を取材。彼は、株式会社山下ピー・エム・コンサルタンツの広報部で働きながら自身が代表を務める株式会社フリーランチを経営するなど、2つの仕事をこなす。本映像は、建築学生の新たな可能性を見出せる内容となっている。
取材を通してわかったことは、現在の活動の原点は彼の学生時代にあったということである。学生時代の興味や活動が、現在の仕事にまで影響を与えている。来場者の大半を占める建築学生たちの中には、卒業を迎え将来進むべき道について考えている人もいるであろう。本企画が、それぞれの未来を考える1つのきっかけとなることを願っている。（渡辺 琢哉）

◆本編上映
日時：2016年3月6日（日）16:35-16:45
場所：smt（1階オープンスクエア、各階の公開審査中継スクリーン）、サテライト会場[東京エレクトロンホール宮城]にて同時上映
※上映した映像は、SDL公式webサイトとYouTubeで視聴できる
[SDL公式webサイト] http://gakuseikaigi.com/nihon1/16/

Cafe yomnom
カフェでひとやすみ

SDL会期中の8日間、smtで、学生会議のメンバーが店員となりカフェ「Cafe yomnom」を営業した。飲食物の販売に加えて、店内には過去の出展作品のポートフォリオを展示し、映像企画「ファイナリスト──栄光のその先」を上映。より多くの来場者に過去のSDLや過去の出展者の現在を知ってもらうきっかけの場を提供した。また、店内の随所に多様な植物を配し、来場者が気軽に集えてくつろげるような空間を演出。SDLの憩いの場として、来場者に親しまれる場となった。
（萱場 智美）

日時：2016年3月6日（日）10:00-19:30　3月7日（月）-12日（土）10:00-18:30　3月13日（日）10:00-16:00
場所：smt 7階スタジオa（6日）／smt 6階南面（7-13日）
メニュー：コーヒー（1杯100円）、マフィン8種類（各300円、350円）
協力：ドトールコーヒーショップ、40計画

団体名：仙台建築都市学生会議
設立年度：2001年
活動拠点：せんだいメディアテーク
活動：毎週水曜日に通常会議を開催
2015年度代表＝吉田 宗一郎
　　　副代表＝谷津 健志
http://gakuseikaigi.com/index.html
✉ info@gakuseikaigi.com

仙台建築都市学生会議とは

仙台建築都市学生会議とは、仙台を中心に建築を学ぶ有志の学生が大学の枠を超えて集まり、せんだいメディアテークを拠点として活動している建築学生団体である。2001年のせんだいメディアテーク開館を機に設立された。私たち学生会議は、建築やそれを取り巻くデザインに関する活動を行なっている。日常の主な活動には、社会に対する問題提起からテーマを設定し設計を進めるテーマ設計をはじめ、メンバーが互いにプレゼンテーションする建築の勉強会、各大学の課題講評会、建築家を招いたレクチャー、即日設計、建築ツアーなどが挙げられる。
そして3月には、せんだいデザインリーグ　卒業設計日本一決定戦（SDL）をせんだいメディアテークと共同開催している。

阿部 仁史／五十嵐 太郎／石田 壽一／小野田 泰明／櫻井 一弥／竹内 昌義／槻橋 修／佃 悠／土岐 文乃／中田 千彦／馬場 正尊／福屋 粧子／堀口 徹／本江 正茂／厳 爽　　※氏名は50音順

せんだいデザインリーグ2016
卒業設計日本一決定戦
OFFICIAL BOOK

Collaborator
[仙台建築都市学生会議アドバイザリーボード]
阿部 仁史(UCLA)
堀口 徹(近畿大学)
槻橋 修(神戸大学大学院)
五十嵐 太郎・石田 壽一・小野田 泰明・佃 悠・土岐 文乃・本江 正茂(東北大学大学院)
櫻井 一弥(東北学院大学)
竹内 昌義・馬場 正尊(東北芸術工科大学)
福屋 粧子(東北工業大学)
中田 千彦(宮城大学)
厳 爽(宮城学院女子大学)

[仙台建築都市学生会議]
小山内 祥多・篠原 豪太・谷津 健志・吉田 宗一郎・小柳 志織・真田 修志(東北大学)
伊藤 賢也・関口 諒(東北学院大学)
神山 将哉・堀金 照平・渡辺 琢哉・渡邊 千史(東北工業大学)
小坂 彩佳・坂下 和泉・萱場 智美・高橋 悠・丹 紀子・金井 利紗・五味田 遥稀・佐藤 梨紗・武井 里帆(宮城大学)
齋館 真美・石原 静佳(宮城学院女子大学)
星 幸乃(仙台高等専門学校)

[仙台建築都市学生会議2015メンバー]
片岡 さくら・佐藤 甫(東北大学)

[せんだいメディアテーク]
横山 恵理・服部 暁典(企画・活動支援室)／清水 有(企画事業係長)

[ゲスト・コメンテータ]
西澤 高男・堀井 義博

[図面提供]
伊東豊雄建築設計事務所

Editorial Director
鶴田 真秀子(あとりえP)

Co-Director
藤田 知史

Art Director & Designer
大坂 智(PAIGE)

Photographer
伊藤 トオル／越後谷 出／斉藤 肇

Editorial Associates
髙橋 美樹／長友 浩昭／宮城 尚子／山内 周孝

Producer
種橋 恒夫(建築資料研究社／日建学院)

Publisher
馬場 栄一(建築資料研究社／日建学院)

Special Thanks to: the persons concerned

せんだいデザインリーグ2016
卒業設計日本一決定戦 オフィシャルブック
仙台建築都市学生会議 + せんだいメディアテーク 編
2016年7月30日 初版第1刷発行

発行所・株式会社建築資料研究社
〒171-0014 東京都豊島区池袋2-38-2-4F
Tel.03-3986-3239 Fax.03-3987-3256
http://www.ksknet.co.jp

印刷・製本：図書印刷株式会社

ISBN978-4-86358-438-9
©仙台建築都市学生会議＋せんだいメディアテーク 2016　Printed in Japan
本書の無断複写・複製・転載を禁じます。